Alexander Stevens
Falsch verdächtigt

PIPER

Zu diesem Buch

»In diesem Buch wird von zahlreichen zerstörten Leben, vernichteten Existenzen und nicht wiedergutzumachenden Folgen falschen Verdachts berichtet. Nicht immer liegt es an voreingenommenen, karrieresüchtigen oder fahrlässig handelnden Ermittlern, wenn Menschen falsch beschuldigt werden. Nicht immer dauert es bis zu einem Prozess, an dessen Ende ein Urteil steht, das die Wahrheit ans Licht bringt. Auch vorher bereits angerichteter Schaden kann irreversibel sein, Freispruch hin oder her (...)
Alexander Stevens zerlegt die Fälle wie unter dem Brennglas in ihre Bestandteile und zeigt, was die schnelle Schlagzeile verschweigt. Mit seinem Fachwissen als Strafverteidiger ordnet er Sachverhalte und klärt über jene Hintergründe auf, die die Gerichte bei ihren Entscheidungen zu berücksichtigen haben. Kennt man sie nicht oder ist man nicht bereit, sie nüchtern zur Kenntnis zu nehmen, führt man die Öffentlichkeit in die Irre, schürt falschen Verdacht und ruiniert das Vertrauen in den Rechtsstaat.«

Dr. Alexander Stevens ist Fachanwalt für Strafrecht und einem breiten Publikum als Buchautor und Anwalt in verschiedenen TV-Formaten bekannt (u. a. *Die spektakulärsten Kriminalfälle der Geschichte, Richter Alexander Hold* und *Paragraphen-Schlupflöcher*). Zuletzt erschienen von ihm bei Piper der Spiegel-Bestseller *9 ½ perfekte Morde, Verhängnisvolle Affären, Aussage gegen Aussage* und *Der perfekte Mord?*.

Alexander Stevens

FALSCH VERDÄCHTIGT

Schockierende Fälle des bekannten Strafverteidigers

PIPER

Mehr über unsere Autorinnen, Autoren und Bücher:
www.piper.de

Von Alexander Stevens liegen im Piper Verlag vor:
Falsch verdächtigt
Der perfekte Mord?
Aussage gegen Aussage
Verhängnisvolle Affären
9 ½ perfekte Morde

MIX
Papier | Fördert gute Waldnutzung
FSC® C021394

PRODUZIERT MIT VERANTWORTUNG

Originalausgabe
ISBN 978-3-492-31870-9
1. Auflage August 2023
6. Auflage Oktober 2025

Für einen direkten Kontakt und Fragen zum Produkt wenden Sie sich bitte an: *info@piper.de*
Umschlaggestaltung: zero-media.net, München
Umschlagabbildung: Julian Hartwig / NeonBlack und FinePic®, München
Satz: Eberl & Koesel Studio, Kempten
Gesetzt aus der Scala OT
Litho: Lorenz & Zeller, Inning am Ammersee
Gedruckt von ScandBook in Litauen
Printed in the EU

INHALTSVERZEICHNIS

VORWORT VON GISELA FRIEDRICHSEN

Der erste Fall, über den in diesem Buch berichtet wird, ist der des unglücklichen Johann Evangelist Lettenbauer. Achtzehn Jahre lang hielt man den schlichten, verwirrbaren Mann für den Mörder seiner Tochter und seines Enkels und ließ ihn im Zuchthaus und in einer Anstalt büßen. Als schließlich herauskam, wer die Tat wirklich begangen hatte, war Lettenbauer 82 Jahre alt. Die Täter musste man laufen lassen. Es war nichts mehr gutzumachen. Lettenbauers Geschichte ist als eine der tragischsten und unrühmlichsten in die bundesdeutsche Kriminal- und Justizgeschichte eingegangen. Was aber leider nicht heißt, dass man Lehren daraus gezogen hätte. Im Gegenteil. Dieser Fall könnte sich heute, mehr als 70 Jahre später, genauso wieder ereignen. Es müssen nur ein paar Dinge zusammenkommen – etwa eine etwas kauzige oder geistesschwache Person, Umstände, die sich den Ermittlern nicht sofort erschließen, sondern zu Spekulationen veranlassen, eine Tatversion, die dem ersten Anschein nach passt, oder ein Geständnis, zu dem sich der Verdächtige überreden lässt – und schon ist es wieder passiert.

Immer wieder gelangen diese Fälle an die Öffentlichkeit. Es sind diejenigen, die zufällig die mediale Aufmerksamkeit auf sich ziehen und Mitleid oder Empörung wecken, im Gegensatz zu jenen unbekannten Opfern der Strafjustiz, um die sich keiner schert. Stets geht es, wie bei Lettenbauer, um voreilige und fahrlässige Verdachtsschöpfung, weil jemand »komisch« wirkt, weil sich der Betreffende anders verhält als von den Ermittlern erwartet, weil man dem oder der Verdächtigen ein Verbrechen zutraut. Oder weil man stur an einer einmal aufgestellten Tathypothese festhält, unfähig, das eigene Handeln auch nur einmal kritisch zu hinterfragen.

Als Erstes fällt mir Harry Wörz aus Birkenfeld bei Pforzheim ein, der viereinhalb Jahre lang unschuldig im Gefängnis büßte, weil er angeblich seine von ihm getrennt lebende Frau 1997 hatte umbringen wollen, die seither schwerstbehindert ist. 2010 wurde er endlich freigesprochen und ist seither ein gebrochener Mann. Der mutmaßlich wahre Täter, Liebhaber des Opfers und Angehöriger der Pforzheimer Polizei, blieb bis heute unbehelligt.

Auch von Rudolf Rupp, der 2001 angeblich von seiner Familie zerstückelte und von Hofhunden aufgefressene bayerische Bauer, dessen Leiche man 2009 unversehrt aus der Donau zog, hat der eine oder andere wohl schon gehört. Seine Angehörigen hatten ihre Strafen da schon weitgehend verbüßt. Sie wurden freigesprochen, auch wenn die Justiz von ihrem Verdacht, sie hätten doch irgendetwas mit dem Tod Rupps zu tun, nicht abließ.

Dann wäre da noch Horst Arnold, der Lehrer aus Hessen, 2002 zu fünf Jahren Freiheitsentzug verurteilt, die er wegen angeblicher Vergewaltigung einer Kollegin bis zum letzten Tag absaß; den Freispruch 2011 aufgrund erwiesener Unschuld überlebte er nur um ein Jahr. Zur beruflichen Rehabilitation des Mannes hatte sich die Ministerialbürokratie nicht durchringen können.

Und jeder hat wohl von Ulvi Kulac gehört, 2004 wegen Mordes an der damals neunjährigen Peggy Knobloch zu lebenslanger Haft verurteilt, was auf unsägliche Polizeiarbeit und einen hochfahrenden Gutachter zurückzuführen ist. Zehn Jahre später wurde der geistig behinderte Mann freigesprochen. Trotzdem verstummte der Verdacht nicht, er habe die Tat doch begangen.

Gustl Mollath und Manfred Genditzki – zwei weitere Fälle für folgenreiche Falschverdächtigungen: Mollath war wegen falscher Anschuldigung, skandalöser Begutachtung und richterlicher Ignoranz acht Jahre lang in die geschlossene Psychiatrie gesperrt worden, bis er 2014 nach einem Wiederaufnahmeprozess endlich in Freiheit kam. Genditzki, der Hausmeister aus Rottach-Egern, steht nach dreizehn Jahren Haft wegen Mordes an einer alten Frau, die höchstwahrscheinlich versehentlich in ihre Badewanne gestürzt war, zum dritten Mal vor Gericht. Bis zuletzt hält die Justiz am einmal geschöpften Verdacht fest.

In diesem Buch wird von zahlreichen zerstörten Leben, vernichteten Existenzen und nicht wiedergutzumachenden Folgen falschen Verdachts berichtet. Nicht immer liegt es an voreingenommenen, karrieresüchtigen oder fahrlässig handelnden Ermittlern, wenn Menschen falsch beschuldigt werden. Nicht immer dauert es bis zu einem Prozess, an dessen Ende ein Urteil steht, das die Wahrheit ans Licht bringt. Auch vorher bereits angerichteter Schaden kann irreversibel sein, Freispruch hin oder her.

Es wird die Rede sein von einem Hochkriminellen, der den schwärmerischen Idealismus einer jungen Vollzugsbeamtin brutal ausnutzte, sie vergewaltigte und erpresste, bis sie angesichts der Behauptung des Verbrechers, sie habe ihn verführt, in bitterbösen Verdacht geriet und daran fast zugrunde ging.

Es wird beschrieben, wie schlüpfrige Gerüchte von einer farblosen *SPIEGEL*-Mitarbeiterin von einem MeToo-Verdacht bis hin zu einem Schuldbeweis aufgebauscht wurden, über dessen Sinnhaftigkeit nur spekuliert werden kann.

Alexander Stevens zerlegt die Fälle wie unter dem Brennglas in ihre Bestandteile und zeigt, was die schnelle Schlagzeile verschweigt. Mit seinem Fachwissen als Strafverteidiger ordnet er Sachverhalte und klärt – etwa im Fall Mockridge – über jene Hintergründe auf, die die Gerichte bei ihren Entscheidungen zu berücksichtigen haben. Kennt man sie nicht oder ist man nicht bereit, sie nüchtern zur Kenntnis zu nehmen, führt man die Öffentlichkeit in die Irre, schürt falschen Verdacht und ruiniert das Vertrauen in den Rechtsstaat.

Dabei scheut Stevens nicht davor zurück, fehlerhaftes Handeln klar zu benennen. Etwa im Fall eines Polizisten im Drogensumpf, der seiner verflossenen Freundin schaden wollte und schließlich sogar seine Anwälte bezichtigte, als er aus seinen Verstrickungen nicht mehr herausfand.

Der Rechtswissenschaftler Gustav Radbruch (1878–1949) fand für die Irrungen und Wirrungen der Rechtsfindung bedenkenswerte Worte:

»Der Deutsche ist geneigt, wenn der erste Westenknopf falsch zugeknöpft ist, auch den zweiten, dritten und letzten im selben Sinn weiterzuknöpfen, die einmal gewählte Linie stur festzuhalten, nicht nur aus Folgerichtigkeit, sondern auch aus ästhetischem Bedürfnis nach der geschwungenen Kurve und der ungebrochenen Linie.«

Und so bleibt denn auch der falsche Verdacht ein Verdacht, oftmals für immer.

DER AXTMORD

Menschen töten andere Menschen aus den sinnlosesten Motiven. In Edgar Allan Poes Kurzgeschichte »Das verräterische Herz« besaß das Opfer eine physische Anomalie in Gestalt eines blassblauen Auges, welches von einem dünnen Häutchen überzogen war und dem Auge eines Geiers ähnelte. Der Mörder konnte das Auge nicht ansehen, ohne von tödlichem Hass ergriffen zu werden und zu morden.

Im Gegensatz dazu erscheint der Streit über einen nicht gedeckten Frühstückstisch dann schon fast wieder als ein nachvollziehbares Mordmotiv. Doch hier kam alles ganz anders. Aber eins nach dem anderen ...

An einem lauen Frühlingsabend wurde eine Streifenbesatzung der Polizei in Eitorf an der Sieg zu einer Gaststätte beordert, deren Name dem Gewicht der späteren Enthüllung alle Ehre machen sollte.

Die beiden Polizisten ahnten davon jedoch noch nichts, als sie gegen 21 Uhr in der Gaststätte *Hammer* eintrafen. Sie waren eher ein wenig belustigt ob des vermeintlichen Routineeinsatzes: Grund war nämlich der Anruf eines angetrunkenen Gastes, der angeblich sehr wichtige Angaben zu einer noch unbekannten Straftat machen könne.

Derartigen Anrufen muss die Polizei nachgehen, sie erweisen sich aber in den allerwenigsten Fällen als ergiebig. Zwar erleichtern Menschen gar nicht selten unter Alkoholeinfluss ihr Gewissen, allerdings lässt auch das Urteilsvermögen von Betrunkenen bekanntermaßen rapide nach. Wenn es also nicht ohnehin ein dummer Telefonstreich ist, so beklagen sich die betrunkenen »Hinweisgeber« regelmäßig über vermeintliche Verfehlungen ihrer Nachbarn; über Ärger mit der Ehefrau, den die Polizei gefälligst zu lösen habe; über ein »illegales« Hausverbot in der Stammkneipe, gegen das die Polizei einschreiten müsse; oder sie bitten schlicht um eine kostengünstige Mitfahrgelegenheit. Aber selbst bei ernst gemeinten Hinweisen verschwenden die Beamten regelmäßig ihre Zeit damit, sich mit haltlosen Spekulationen und vermeintlich wichtigen Beobachtungen ohne Beweiswert, mit albernen Verschwörungstheorien oder ermüdenden Lebensbeichten und Selbstbezichtigungen ohne strafrechtliche Relevanz herumzuschlagen. Und selbst wenn die gebeichteten »Jugendsünden« doch einmal eine Straftat darstellen sollten, so ist diese in den allermeisten Fällen längst verjährt. Die Mitteilung eines Mordes, in diesem Fall sogar eines grausigen Doppelmordes, hat hingegen Ausnahmecharakter.

Es muss ein grauenvoller Anblick gewesen sein, dem die Polizeibeamten gegen 11 Uhr vormittags in dem ramponierten ländlichen Anwesen mit der Nummer 3 ½ nahe dem idyllischen Bodensee ausgesetzt waren: Die 23-jährige Maria lag auf dem Boden in einer großen Lache ihres Blutes, nicht weit davon der leblose Körper ihres zweijährigen Sohnes Arthur. Ganz in der Nähe befand sich auch die bluttriefende Tatwaffe: Den beiden Opfern war mit einer Axt der Schädel eingeschlagen worden.

Der überlebende Bewohner des heruntergekommenen Bauernhauses, der Rentner Johann Lettenbauer, begegnete den Polizeibeamten dagegen als ein den Umständen entsprechend durchaus gefasster Mann – oder besser gesagt ein bisschen zu gefasst. Ihre Fragen beantwortete er geradezu stoisch: »Wie i heimkomme tu, da war die Maria schon tot. Die Maria hat aufm Sofa gelegen. Das Kind aufm Boden. Und schwer geschnauft hat's. Des war ein harter Schlag für mich.«

Er habe morgens seiner Gewohnheit entsprechend Gras für seine drei Ziegen gemäht. Danach sei er nach Hause gegangen, wo seine Tochter normalerweise bereits das Frühstück gemacht habe. Da dies nicht der Fall war, sei es zum Streit mit ihr gekommen, daraufhin sei Lettenbauer erneut zum Grasmähen gegangen. Als er kurze Zeit später wieder nach Hause kam, habe er seine Tochter tot auf dem Sofa vorgefunden, seinen Enkel Arthur auf dem Boden liegend, in seinen letzten Atemzügen.

Johann Lettenbauer war aber nicht auf die Idee gekommen, die Polizei zu alarmieren, sondern hatte erst etwa eine halbe Stunde nach der vermeintlichen Auffindesituation bei seinen Nachbarn geklingelt, welche dann endlich den Notruf gewählt hatten. Dies erschien den Polizisten bereits sehr ungewöhnlich. »Ein Vater, der plötzlich der erschlagenen Tochter und dem in seinem Blut schwimmenden Enkelkind gegenübersteht, kann sich nur so teilnahmslos und gefühlskalt verhalten, wenn er in Beziehung zur Tat steht«, würden sie später vor Gericht aussagen und hatten damit ihren Hauptverdächtigen längst ausgemacht. Der frisch ausgewaschene, rosa schimmernde große Fleck auf Johann Lettenbauers Hemd machte die Sache nicht besser, ebenso wenig wie Lettenbauers Erklärung für den mutmaßlichen Blutfleck: Er habe den sterbenden Enkel vom Boden aufgehoben und an sich gedrückt, da er noch leicht zu atmen schien. Auf dem Weg zum Nachbarn sei er dann aber in Panik geraten, weil er nun das Blut seines toten Enkels auf seinem Hemd hatte. Was, wenn er verdächtigt würde, die Morde begangen zu haben – noch dazu mit seiner eigenen Handaxt, welche zuvor zur Tötung von Hühnern verwendet worden war? Deswegen habe er den Enkel aufs Sofa gelegt und sich erst einmal den Blutfleck aus dem Hemd gewaschen.

»Nur des hab i gmacht. Aber i hab selber nix weiter gmacht.«

Der noch vor den Polizisten eingetroffene Arzt indes berichtete, Lettenbauer habe bei seinem Eintreffen am Tatort noch völlig ungerührt sein Frühstück verspeist. Johann Lettenbauer wurde verhaftet.

Aber konnte der Streit um einen nicht gedeckten Frühstückstisch wirklich derartig eskalieren und aus einem bis dahin absolut unauffälligen Rentner einen grausamen Doppelmörder machen? So eindeutig, wie von den Ermittlern dargestellt, war die Beweislage dann doch nicht. Denn auch wenn sich an der Axt, die sich tatsächlich als Tatwaffe ermitteln ließ, ausnahmslos die Fingerabdrücke des rüstigen Rentners befanden, musste das noch lange nicht bedeuten, dass er die tödlichen Axthiebe auch selbst ausgeführt hatte: Immerhin war es ja sein eigenes Werkzeug, sodass seine Fingerabdrücke darauf keinen wirklich überraschenden Fund darstellten. Und auch sein vermeintlich so verdächtiges Verhalten nach dem Auffinden der grausam zugerichteten Leichen der eigenen Tochter und des Enkelkindes konnte man durchaus plausibel mit dem hieraus resultierenden Schockzustand erklären – vergleichbar mit den häufig im Radio vermeldeten Warnungen vor Personen auf der Fahrbahn, die nach einem Verkehrsunfall schockbedingt wortwörtlich »neben der Spur stehen«, anstatt sich in den sicheren Bereich abseits der Leitplanke zu begeben. So wäre auch das vom Arzt bekundete Frühstück erklärbar, das Lettenbauer nach dem grausigen Fund der beiden Leichen noch am Tatort zu sich nahm.

Und dann gab es noch die Aussage des neunzehnjährigen Nachbarmädchens, das just zur mutmaßlichen Tatzeit zwei Landstreicher direkt am Lettenbauer-Hof gesehen haben will. Ein Hinweis auf die unbekannten wahren Täter?

Nicht nach Einschätzung der Ermittler: Sie hielten die unbekannten Männer ohne weitere Nachforschungen für unverdächtige Wandersleute.

Da Lettenbauer in der Folgezeit aber auch weiterhin hartnäckig beteuerte, »das nicht gemacht« zu haben, nahm sich schließlich der in Polizeikreisen als besonders hart verschriene Kriminalrat Dorsch den Beschuldigten vor – mit durchschlagendem Erfolg. Nach wenigen Stunden Vernehmung hatte der Kriminalrat den Rentner »weichgekocht«. Noch am gleichen Tag konnte Dorsch der Staatsanwaltschaft eine »zusammenfassende Vernehmungsniederschrift« vorlegen, in der ein ausführliches Geständnis Lettenbauers enthalten war. Dass ein Gutachten des pathologischen Instituts der Universität Tübingen zu dem Ergebnis kam, dass die Tatschilderung in Lettenbauers Geständnis nicht mit der Beweislage übereinstimmte, spielte dabei aus Sicht der Ermittler keine Rolle: Schutzbehauptungen und Beschönigungen eines Mörders, um seine Tat in einem nicht ganz so grausamen Licht erscheinen zu lassen.

Dem Staatsanwalt erschien der Fall »vollkommen«. Johann Lettenbauer wurde angeklagt und in einem sehr zügigen Strafprozess nur vier Monate nach der Tat rechtskräftig verurteilt. Da half es auch nicht, dass Lettenbauer dann doch wieder kurz vor der Urteilsverkündung – das Geständnis hatte er längst widerrufen – jede Beteiligung an der Tat leugnete: »Gott ist mein Zeuge, dass ich unschuldig bin!«

Immerhin hatte ja auch der als zuverlässig bekannte Gerichtspsychiater Professor Ederle dem Angeklagten Lettenbauer nach sachverständiger Begutachtung attestiert, »intellektuell minderbegabt und seelisch plump« zu sein. Nach der Expertise des Professors sei somit auch auszuschließen, dass Lettenbauer überhaupt dazu in der Lage gewesen sei, sich ein solch ausführliches Geständnis gegenüber der Polizei einfach auszudenken – dazu sei er schlicht viel zu dumm.

Zumindest in Bezug auf seine Tochter gestand das Gericht Lettenbauer zu, sich »nur« des im Vergleich zu Mord deutlich milder bestraften Totschlags schuldig gemacht zu haben. Das Motiv dazu hatte er dem Gericht ja auch gleich noch selbst geliefert: Tochter Maria hatte am Morgen ihres Todes die Frage des Vaters nach dem Frühstück mit »Leck mich am Arsch!« beantwortet. Insoweit folgte das Gericht der Einlassung des Angeklagten Lettenbauer; allerdings auch wirklich nur insoweit. Das Gericht war nämlich fest davon überzeugt, dass Lettenbauer nach dem Streit um das Frühstück nicht wie von ihm vorgebracht seine Wut beim Mähen von Gras herausgelassen hatte, sondern vielmehr im Affekt seine Tochter mit der Axt ins Jenseits beförderte.

Warum er daraufhin auch noch seinen zweijährigen Enkel Arthur tötete, blieb aus Sicht der Kemptener Strafjustiz das einzige offene Rätsel an dem Fall – hier lautete das Urteil dann auch nicht mehr auf Totschlag, sondern Mord.

Die Akte des brutalen Doppelmordes wurde geschlossen. Das Urteil wurde in der Presse als »unübertrefflich« gefeiert, Lettenbauer aufgrund seines abermaligen Bestreitens als »hartgesotten bis zuletzt« beschrieben. Auch der Strafverteidiger schien von der Schuld seines Mandanten restlos überzeugt zu sein: Er verzichtete auf Rechtsmittel und besiegelte damit die Rechtskraft des Urteils. Im Gefängnis beteuerte Lettenbauer indes auch noch Jahre nach seiner Verurteilung hartnäckig seine Unschuld.

»Diesmal« müsse man seine Hinweise doch ernst nehmen, insistierte der eher unscheinbare angetrunkene Gast aus dem Wirtshaus *Hammer*. Es war unklar, was er damit meinte, aber ein Blick der Beamten auf Wirt und Stammgäste der Wirtschaft verriet, dass die theatralisch angekündigte »Lebensbeichte« des Mannes allen im Raum außer den beiden Beamten bereits seit Längerem vertraut war.

Seinerzeit habe er zusammen mit zwei weiteren Männern namens Manfred Jung und Wilhelm Schwall einige Einbrüche begangen. Er und sein Komplize Schwall seien bei einem ihrer Beutezüge dann aber gefasst und zu einer Haftstrafe verurteilt worden, Manfred Jung habe sich rechtzeitig absetzen können.

Die Enthüllung seiner angeblichen Serieneinbrüche war für die Polizei angesichts der bereits sehr lange zurückliegenden Zeit von eher untergeordnetem Interesse, worauf die Beamten den auskunftsfreudigen Kneipengast auch freundlich hinwiesen. Die Informationen, die er ihnen im Anschluss präsentierte, interessierten sie dafür umso mehr: Denn worum es ihm eigentlich ging, war das, was ihm Wilhelm Schwall später im Gefängnis erzählt haben soll. Demnach sei Schwall dabei gewesen, als Manfred Jung ein Jahr vor ihrer Verhaftung in der Gegend des Bodensees eine junge Mutter und ihr Kind mit einer Axt erschlagen habe.

Ein brisanter Vorwurf und – anders, als längst verjährte Einbrüche – einer, den die Beamten dann doch sehr ernst nehmen mussten. Schließlich ging es um einen auch nach knapp zwanzig Jahren nicht verjährten Mord, weshalb die Polizisten die Aussage des Mannes aus dem *Hammer* unverzüglich an die zuständige Kriminalpolizei weiterleiteten.

Es sollte sich herausstellen, dass der Mann in der Gaststätte *Hammer* nicht zum ersten Mal sein Wissen den Ermittlungsbehörden offenbart hatte. Bereits fünfzehn Jahre zuvor hatte ihn bei seinem abendlichen Bier das schlechte Gewissen so sehr geplagt, dass er einen Anruf bei der örtlichen Polizeidienststelle startete und schon damals den beiden angerückten Polizisten seine Kenntnisse mitteilte.

Die Beamten hatten seinerzeit auch an alle zuständigen Kriminalpolizeiinspektionen in der Bodenseeregion die Hinweise auf Wilhelm Schwall und Manfred Jung weitergegeben. Im idyllischen Umkreis des Bodensees ereignen sich wenige spektakuläre Verbrechen, schon gar keine Morde. Und wenn so etwas doch einmal passiert, vergisst man das nicht. Erst recht keinen grausigen Doppelmord, bei dem einem Kleinkind und dessen

Mutter der Schädel mit der Axt gespalten wurde. Es war also schnell klar gewesen, um welchen Fall es sich handeln könnte.

Doch aus Sicht der Ermittlungsbehörden in Kempten hatte es im Fall der ermordeten Maria und Arthur Lettenbauer nichts mehr zu ermitteln gegeben: Der Fall war doch längst geklärt, der Täter Johann Lettenbauer rechtskräftig verurteilt worden. »Die von dem Mitteiler aus der Gaststätte *Hammer* in Verdacht gezogenen Männer scheiden also als Täter bestimmt aus«, hieß es wörtlich. Dass schon im Zuge der damaligen Ermittlungen die Nachbarstochter zwei verdächtige Landstreicher in der Nähe des Tatorts gesehen hatte, interessierte in Kempten offenbar auch nach diesem brisanten Hinweis niemanden.

Und nun, fünfzehn Jahre später? Zu diesem Zeitpunkt saß der Verurteilte Johann Lettenbauer schon seit achtzehn Jahren im Gefängnis, mittlerweile war der inzwischen 81-jährige Rentner auf Weisung des Gerichts in einem geschlossenen Altenheim untergebracht worden.

Doch diesmal knöpfte sich die örtliche Polizei in Eitorf die beiden Herren Jung und Schwall vor, mit einem – zunächst – erwartbaren Ergebnis: Der mittlerweile 37-jährige Manfred Jung bestritt nachdrücklich, irgendetwas mit einem lange zurückliegenden Doppelmord zu tun zu haben. Es fiel schwer, dem Busfahrer mit der sympathischen Frau und dem Sohn von elf Jahren eine solch bestialische Tat zuzutrauen.

Ja, er sei in seiner Jugend auf die schiefe Bahn geraten, darauf sei er auch nicht stolz: Einbrüche, Diebstähle, Vandalismus. Dann jedoch sei er in die Fremdenlegion eingetreten, jene französische Eliteeinheit, die dafür berüchtigt ist, jeden aufzunehmen – auch Kriminelle –, um diese dann aber mit eiserner Disziplin und Härte umzuerziehen. Wer die Zeit in der Fremdenlegion erfolgreich übersteht, bekommt auf Wunsch auch eine neue Identität zugewiesen oder kann eine fingierte Todesnachricht nach Hause schicken lassen, was viele von Manfred Jungs Kameraden angesichts ihres Vorlebens getan hatten. Nicht so Manfred Jung. Sein Gewissen sei schließlich rein. Hätte er jemanden umgebracht, dann hätte er eine neue Identität angenommen oder wäre in der Legion und später in Frankreich geblieben. An eine »Sache« mit einer jungen Frau und einem Kind könne er sich wirklich nicht erinnern. Eigentlich recht überzeugend.

Anders dagegen Wilhelm Schwall. Der berichtete, dass sein Bekannter Manfred Jung immer mal wieder gefragt habe, ob noch etwas aus der »Sache« mit der jungen Frau und dem Kind geworden sei. Und an die »Sache« könne er, Wilhelm Schwall, sich noch sehr gut erinnern.

Seinerzeit seien die beiden als junge Burschen auf Wanderschaft durchs Land gezogen. An dem verhängnisvollen Tattag seien sie zufällig am Hof der Lettenbauers vorbeigekommen und hätten die junge Maria nach einer Flasche Wasser und einem Handtuch gefragt, um sich draußen zu waschen und zu rasieren. Anschließend hätten sie die Flasche und das Handtuch zurückgebracht. Manfred Jung habe dabei auf dem frisch gedeckten Frühstückstisch Brot und eine Hartwurst bemerkt und heimlich eingesteckt. Den Diebstahl der Hartwurst habe Maria Lettenbauer allerdings bemerkt und Jung wütend zur Rede gestellt, worauf dieser ihr zunächst mit der Wasserflasche auf den Kopf geschlagen habe. Als Maria Lettenbauer um Hilfe rief, habe Jung die in der Nähe liegende Axt ergriffen, ihr den Schädel eingeschlagen und unmittelbar im Anschluss auch das Kind ermordet, um die Entdeckung seiner Tat zu verhindern. Das Brot, die Streit auslösende Hartwurst und eine auf dem Tisch befindliche Taschenuhr habe Jung auch noch eingesteckt. Da Manfred Jung Handschuhe trug, habe er keine Fingerabdrücke auf der Axt hinterlassen. Nach dem Mord hätten Manfred Jung und er ihre Wanderschaft ohne weitere »Zwischenfälle« fortgesetzt.

Nachdem die Ermittler Jung mit Schwalls Aussage konfrontiert hatten, konnte er sich dann doch an die »Sache« erinnern, allerdings sei alles ganz anders gewesen: Maria Lettenbauer habe plötzlich mit einem Messer herumgefuchtelt, daraufhin habe er gewissermaßen in Notwehr erst die Flasche auf ihrem Kopf zertrümmert und anschließend noch mit dem Beil zugehauen.

Allerdings wollte sich Manfred Jung nicht daran erinnern, dass Maria Lettenbauer von dem Schlag umgefallen, geschweige denn daran gestorben wäre. Und ein Kind habe er schon gar nicht gesehen. Er habe nach dem Kampf fluchtartig das Haus verlassen und auf seinen Komplizen Schwall gewartet, der ihm nach mehreren Minuten aus dem Haus gefolgt sei. »Der Schwall hat mir auf der Rückfahrt nach Köln erzählt, er hat dem Kind eine jetupt.« Das Brot und die Hartwurst habe Schwall mitgenommen, an eine Taschenuhr könne er sich nicht erinnern.

Es bleibt unklar, wer von den beiden Komplizen die Wahrheit sagte. Schwall belastete Jung schwer, wirkte aber in seiner Aussage wenig überzeugend und gefiel sich in seiner Rolle als Kronzeuge nur allzu sehr. Die Behauptung des breitschultrigen, 1,89 Meter großen Jung, er hätte sich den angeblich drohenden Schlägen der zierlichen Maria mit einem einzigen Hieb des Beils erwehren müssen, war aber ebenfalls nicht glaubhaft – und das nicht nur, weil Maria laut Obduktionsbericht von mindestens vier Beilhieben niedergestreckt worden war.

Eines aber stand fest: Johann Lettenbauer hatte offenbar doch nichts mit der Sache zu tun. Denn was Schwall und Jung in ihren mehr oder weniger glaubhaften Geständnissen offenbart hatten, war eindeutig Täterwissen: Sei dies nun die zerbrochene Flasche auf Marias Kopf, die gestohlene Taschenuhr oder eben das frisch angerichtete Frühstück samt der Hartwurst. Und mit den Wahrnehmungen der neunzehnjährigen Nachbarin und dem Gutachten der Pathologie waren Schwalls und Jungs Angaben nun auch in Einklang zu bringen. Maria Lettenbauer war also nicht wegen eines Streits um einen nicht gedeckten Frühstückstisch, sondern wegen einer Hartwurst umgebracht worden.

Johann Lettenbauer jedenfalls saß fast achtzehn Jahre lang unschuldig hinter Gittern, bis er im Alter von 83 Jahren endlich in einem Wiederaufnahmeprozess freigesprochen wurde.

Aber wie konnte es zu einem solchen Justizirrtum kommen? Damals wie heute will die Justiz nicht wahrhaben, wie häufig Unschuldige fälschlich unter Tatverdacht geraten und leider auch zu Unrecht verurteilt werden.

Falsche Verdächtigungen sind selten das Ergebnis planvoller Racheakte, sondern geschehen im Gegenteil meist unbewusst oder – wie hier – einfach nur fahrlässig. »Ein Vater in Lettenbauers Situation hat seine Kleider zu zerreißen, zu kreischen. Ein Unschuldiger hat zu wissen, wie Unschuld dargestellt gehört«, hatten die beiden Kriminalbeamten seinerzeit ihren Tatverdacht gegen Lettenbauer begründet und sich ab diesem Moment ausschließlich auf ihn eingeschossen.

»Scheuklappeneffekt« nennen Psychologen dieses Phänomen heute, wenn man sich grob verkürzt zu schnell auf eine einzige Theorie festlegt. Wer Scheuklappen trägt, den erschreckt nichts, was abseits seines Weges liegt. Für Pferde in einer Menschenmenge mag das eine gute Sache sein, für die Arbeit von Polizei und Staatsanwaltschaft dagegen ist dieser Effekt sehr schädlich: Denn in der Folge werden alle Informationen nur noch so interpretiert, dass sie die eigene Theorie bestätigen.

Auf der Suche nach diesen Ankerpunkten kommt es zu einer Verschiebung der eigenen Wahrnehmung und Erinnerung – vom Entlastungs- zum Belastungsinhalt, weil die bereits bekannten belastenden Informationen wesentlich besser antizipiert und später erinnert werden. Entlastende Beweise werden dagegen einfach nicht mehr beachtet: Man denke nur an die junge Nachbarstochter, die offenkundig Schwall und Jung am Tatort gesehen hatte. Aber anstatt diesem objektiv naheliegenden und rationalen Ermittlungsansatz nachzugehen, konzentrierten sich Polizei und Staatsanwaltschaft lieber darauf, Lettenbauers merkwürdiges Verhalten nach Auffinden der Leichen nicht etwa als menschlich nachvollziehbares irrationales Handeln im Schockzustand, sondern als Beweis seiner angeblich kaltblütigen Gesinnung zu interpretieren.

Dieses Verhalten ist menschlich, aber man sollte sich dessen stets bewusst sein. Der sogenannte Ankereffekt kann dazu führen, durch unbewusste gezielte Nichtwahrnehmung oder Nichtbeachtung relevanter Tatsachen eine widerspruchsfreie innere Beziehung zwischen der eigenen Meinung und objektiv entgegenstehenden Informationen herzustellen. Denn der Mensch neigt unterbewusst dazu, eine widerspruchsfreie Beziehung zwischen seinem bekannten Wissen und seiner eigenen Meinung zu erstreben. Eine Störung dieses Gleichgewichts, die sogenannte »kognitive Dissonanz«, wird gemeinhin als unangenehm empfunden und bewusst oder unbewusst bekämpft. Entsprechend neigen alle Menschen dazu, zum einen Tatsachen, welche die eigene Ausgangshypothese bestätigen, zu überschätzen, und zum anderen dazu, entgegenstehende Fakten systematisch falsch zu interpretieren, getreu dem Motto »Was nicht passt, wird passend gemacht«. Zusätzlich sucht man intuitiv bevorzugt nach neuen Informationen, welche geeignet sind, die eigene vorgefasste Meinung noch weiter zu bestärken.

Ein Beispiel: Dass sich an Lettenbauers Handaxt dessen eigene Fingerabdrücke fanden, ist bei neutraler Betrachtung nicht sonderlich überraschend, hatte er sie doch tagein, tagaus benutzt. Die Fingerabdrücke bewiesen also gar nichts, doch die Ermittler interpretierten diese als vermeintlich erdrückenden Beweis seiner angeblichen Täterschaft. Der deutliche Hinweis der Nachbarstochter auf die Landstreicher Jung und Schwall als mögliche Alternativtäter wurde dagegen völlig ignoriert.

Dieser Teufelskreis setzte sich weiter fort: Weil Johann Lettenbauer angesichts der vermeintlich »erdrückenden Beweislage« der einzige Tatverdächtige war, wurde der Rentner vom hartgesottenen Kriminalrat Dorsch entsprechend »bearbeitet«.

Wie sehr, das ließ die Aussage eines der Ermittler im Wiederaufnahmeverfahren nur erahnen: »Auf Kapitalverbrechen, da war der Dorsch scharf.« Dorsch habe sich mit Lettenbauer in ein Kämmerlein zurückgezogen, wenig später kam er aus dem Vernehmungszimmer mit einem verschrifteten Geständnis zurück.

Dem Kriminalrat Dorsch reichte es aus, dass seine beiden Polizeikollegen von Lettenbauers Schuld überzeugt waren. Subjektiv sehen sich Polizeibeamte meist als neutral, aber man solidarisiert sich aufgrund der konstanten Zusammenarbeit dann eben doch viel eher mit den eigenen Kollegen als mit einem völlig fremden Tatverdächtigen.

Wie dieses Geständnis zustande kam, blieb unklar – wiederholt hat es Johann Lettenbauer jedenfalls nicht. Dennoch wurde dieses unter unsauberen Bedingungen zusammengeschriebene Geständnis dann später vor Gericht als unwiderlegbarer Beweis von Lettenbauers Schuld gewertet. Wir erinnern uns: Der Psychiater Professor Ederle bescheinigte dem Gericht sogar sachverständig, dass Johann Lettenbauer intellektuell unmöglich dazu in der Lage gewesen sei, sich das Geständnis einfach auszudenken. Im Wiederaufnahmeprozess gegen Lettenbauer dann die verräterische Aussage des renommierten Professors: »Sie müssen davon ausgehen, dass das Gutachten von dem Gesichtspunkt aus erstattet wurde, dass er es getan hat.« Was aber soll dann überhaupt der Beweiswert eines solchen Gutachtens sein?

Noch über Jahre hinweg setzte sich dieser »Schulterschlusseffekt« der Strafverfolgungsbehörden und Prozessbeteiligten gnadenlos durch: Selbst als man im Nachgang an den Mordprozess ganz konkrete Hinweise auf Jung und Schwall bekommen hatte – wir erinnern uns an den ersten Anrufversuch des Stammgastes aus der Gaststätte *Hammer* –, hielt man immer noch starr an der längst festgefahrenen Überzeugung fest, nur Johann Lettenbauer habe die beiden Morde begehen können.

Hätten die Ermittlungsbehörden wenigstens hier rational gehandelt, wäre Lettenbauer schon fünfzehn Jahre früher entlastet worden.

Aber selbst beim zweiten Anruf aus dem Wirtshaus weigerte sich die Staatsanwaltschaft Kempten, dem objektiv ernst zu nehmenden Hinweis nachzugehen. Nur den diesbezüglich unvoreingenommenen Ermittlern in Eitorf ist es zu verdanken, dass Schwall und Jung überhaupt vernommen wurden – und Lettenbauer damit mehr als achtzehn Jahre nach seiner Verurteilung endlich entlastet wurde.

Johann Lettenbauer war im Jahr 1947 zu Unrecht verurteilt worden. Seine Rehabilitierung erfolgte erst 1965. Alle Beteiligten sind längst tot. Aber was die Mechanismen der Vorverurteilung angeht, waren die Umstände damals nicht anders als heute. Der Fall hätte sich genauso gut im Hier und Jetzt abspielen können.

Ein aktuelleres Beispiel: Im Jahr 2004 wurde der geistig behinderte Ulvi Kulac vom Landgericht Hof wegen Mordes an dem 2001 verschwundenen Mädchen Peggy Knobloch zu einer lebenslangen Freiheitsstrafe verurteilt. Es gab weder eine Leiche noch sonstige Beweise gegen den Angeklagten. Grundlage der Verurteilung war vielmehr allein ein noch vor Prozessbeginn widerrufenes Geständnis, welches unter fragwürdigen Umständen zustande gekommen war: Angeblich hatte der Beschuldigte in einem Vieraugengespräch mit einem Ermittler sein Gewissen erleichtert, nachdem seine offizielle Vernehmung bereits abgeschlossen und sein Verteidiger schon nicht mehr zugegen gewesen war. Eine Tonaufzeichnung existierte nicht, das Gericht stützte die Verurteilung auch hier – wie im Fall Johann Lettenbauer – auf das »Gedächtnisprotokoll« des Vernehmungsbeamten.

Auch hier hieß es in der Urteilsbegründung, der geistig behinderte Ulvi Kulac wäre doch gar nicht in der Lage gewesen, sich ein solches Geständnis auszudenken.

Im Jahr 2014 wurde Ulvi Kulac in einem Wiederaufnahmeprozess vor dem Landgericht Bayreuth freigesprochen. Sein neuer Verteidiger legte dem Wiederaufnahmegericht die eidesstattliche Versicherung eines unbeteiligten Mannes vor, welcher den besagten Vernehmungsbeamten bezichtigte, ihm in einer Wirtschaft einmal in betrunkenem Zustand die Dienstwaffe an den Kopf gehalten zu haben.

Man mag somit gründlich spekulieren, wie derartige Vieraugengeständnisse wie in den Fällen Johann Lettenbauer oder Ulvi Kulac konkret zustande gekommen sein mögen. Wie es möglich sein kann, auch – oder vielleicht gerade – von Unschuldigen Geständnisse selbst schlimmster Kapitalverbrechen zu erzwingen, steht auf einem anderen Blatt und kann in meinem Buch *Aussage gegen Aussage* im Kapitel »Das Mords-Geständnis« nachgelesen werden. Nur so viel sei dazu gesagt: Auch das ist nicht selten, auch nicht in Deutschland und auch nicht in der heutigen Zeit. Als Grundlage einer Verurteilung sollten solche »Beweise« eines Rechtsstaates unwürdig sein.

Denn wer die ollen Kamellen aus den Jahren 1947 und 2004 für Geschichten aus grauer Vorzeit hält und glaubt, wenigstens heute sei alles anders, der blicke ins vergangene Jahr 2022: Nach einem jahrelangen Kampf der Anwälte im sogenannten »Badewannenmord« hat das Landgericht München nun die Wiederaufnahme des Verfahrens angeordnet. Nach dem Fund der Leiche einer 87-jährigen Rentnerin aus Rottach-Egern in ihrer Badewanne im Jahre 2008 hatte man sehr schnell den Hausmeister und engen Vertrauten der wohlhabenden Seniorin, Manfred Genditzki, der Tat verdächtigt. Dabei war man zunächst davon ausgegangen, dass Genditzki einen vorausgegangenen Diebstahl habe vertuschen wollen. Das ließ sich jedoch nicht bestätigen, im Gegenteil: Das vermeintlich gestohlene Geld kam nachweislich aus ganz legalen Quellen. Daraufhin stützte das Gericht seine vorgefasste Überzeugung von der Schuld des Angeklagten dann eben darauf, dass Genditzki die Seniorin in einer Badewanne ertränkt habe, um zu vertuschen, dass er sie in einem vorausgegangenen Streit verletzt habe.

Nun, vierzehn Jahre nach der vermeintlichen Tat, begründete das für den Wiederaufnahmeantrag zuständige Landgericht München I seine Entscheidung mit den von der Verteidigerin des Verurteilten eingeholten neuen Sachverständigengutachten, welche »in Verbindung mit den früher erhobenen Beweisen geeignet sind, zu einer für den Angeklagten günstigeren Entscheidung zu führen«. Demzufolge soll ein thermodynamisches Gutachten, mit dem eine neue ungefähre Eingrenzung des Todes- und damit auch des Tatzeitpunkts möglich sei, zu dem Ergebnis kommen, dass dieser außerhalb des Zeitfensters liege, welches das Gericht damals annahm, ergo Genditzki ein wasserdichtes Alibi zum Todeszeitpunkt hat. Zum anderen hatte eine computergestützte biomechanische Simulation des Tatgeschehens ergeben, dass auch ein »Sturzgeschehen« möglich wäre und die Seniorin damit ohne Fremdverschulden zu Tode gekommen sein dürfte.

Und Johann Lettenbauer? Er erhielt eine Haftentschädigung von 50000 Mark sowie Schmerzensgeld in Höhe von 60000 Mark – Letzteres, weil die Kriminalpolizei die erste Anfrage der Polizei im Jahr 1950 amtspflichtwidrig behandelt und dadurch seine Rehabilitierung um fünfzehn Jahre verzögert hatte.

Manfred Jung, der zur Tatzeit neunzehn Jahre alt und damit strafrechtlich betrachtet noch Heranwachsender war, musste sich in Kempten vor dem Jugendgericht verantworten, wurde aber zunächst freigesprochen. Das Kemptener Gericht konnte die Zweifel an den wenig glaubhaft wirkenden Bekundungen des Komplizen Wilhelm Schwall hinsichtlich der Ermordung des kleinen Arthur nicht überwinden, ein aus Sicht des Gerichts mutmaßlicher Totschlag von Maria Lettenbauer war mittlerweile verjährt. Die Staatsanwaltschaft legte allerdings erfolgreich Revision ein, Manfred Jung wanderte schließlich für sieben Jahre wegen der Tötung des kleinen Arthur ins Gefängnis.

Während des Prozesses gegen Manfred Jung erhielt das Gericht einen anonymen Brief, in welchem mehrere »Einwohner und Bürger« – wohlgemerkt zwanzig Jahre nach der eigentlichen Tat – behaupteten, dass Johann Lettenbauer eben doch der wahre Täter gewesen sei: Sein Enkel Arthur sei aus dem Inzest mit seiner Tochter Maria hervorgegangen, Lettenbauer habe beide getötet, um die Blutschande zu tilgen.

Womit wir wieder beim Thema »Falsche Verdächtigung« wären ...

ASCHE ZU ASCHE

»Am 20. 04. 20XX betrat der Angeklagte die Geschäftsräume des Bestatters Tom H. und forderte ihn auf, von seiner berechtigten Rest-Forderung gegen einen gewissen Marco S. in Höhe von 10 000 Euro Abstand zu nehmen.

Nachdem es wegen des Zahlungsrückstands für die Bestattungskosten der Mutter des Marco S. zu Unstimmigkeiten zwischen ihm und dem Bestatter gekommen war, berichtete Marco S. davon dem Angeklagten, für den Marco S. als Pferdebetreuer tätig ist. Dieser erklärte, ihn dabei zu unterstützen, die Sache zu bereinigen.

Noch am selben Tag fuhr der Angeklagte zum Bestattungsinstitut von Tom H. und teilte diesem mit, er sei gekommen, um die Zahlungsstreitigkeit zwischen ihm und Marco S. endgültig zu klären. Er habe im Kofferraum seines Pkw einen Baseballschläger, mit dem er so lange auf Tom H. einschlagen werde, bis dieser ›Blut kotze‹. Daraufhin forderte er den Bestatter auf, darüber nachzudenken, ob ihm seine Forderung gegen Marco S. dies wert sei. Dann legte der Angeklagte eine 500-Euro-Banknote in einen in der Nähe befindlichen geöffneten Ausstellungssarg, mit den Worten ›Dies ist doch besser als ein zertrümmerter Schädel‹. Durch diese Drohung sollte der Bestatter dazu gezwungen werden, auf seine berechtigte Forderung gegen Marco S. zu verzichten, wodurch Tom H. einen Vermögensschaden in Höhe von 9500 Euro erlitten hätte.«

Nachdem der Staatsanwalt den Anklagesatz verlesen hatte, wurde mit Spannung erwartet, was der schick gekleidete Herr auf der Anklagebank dazu sagen würde. Laut seines Vorstrafenregisters war er jedenfalls nicht zum ersten Mal in diesem Deliktsbereich aufgefallen, darüber konnte auch sein geradezu perfekt sitzender Anzug nebst doppelt gebundenem Windsor-Krawattenknoten und gelbgoldener Manschettenknöpfe nicht hinwegtäuschen. Und immerhin drohte dem Mann im Falle einer Verurteilung eine angesichts seiner zahlreichen Vorahndungen mehrjährige Haftstrafe.

Das Schöffengericht hatte ganz bewusst den großen Schwurgerichtssaal des Landgerichts für die Verhandlung dieser versuchten räuberischen Erpressung gewählt, schließlich hatte der Fall schon im Vorfeld in der schwäbischen Kleinstadt für reichlich Gesprächsstoff gesorgt. Obwohl es ja »nur« um die Drohung eines eingeschlagenen Schädels ging und die angekündigte Gewalttat nicht umgesetzt worden war, war der Fall dennoch in aller Munde. Dies lag allerdings maßgeblich an dem Bestatter. Als »Bestatter Ihres Vertrauens« hatte der schillernde Tom H. nämlich eine gewisse Bekanntheit erlangt. Unter dem Slogan »Paradise Flugbestattungen«, der in großen Lettern vor der Kulisse der Schweizer Alpen thronte, bot Tom H. zahlungskräftiger Kundschaft die Verstreuung der Asche über den Wolken an – werbewirksam angeblich als »einziger Flugbestatter Deutschlands«. Nach der Selbstdarstellung auf seiner Homepage erhielt Tom H. regelmäßig Aufträge aus dem gesamten Bundesgebiet und war sogar weit über Deutschland hinaus beliebt, wie die zahlreichen zufriedenen internationalen Kundenbewertungen eindrucksvoll belegen sollten. Über die letzten Jahre hatte Tom H. mit seinem mittelständischen schwäbischen Bestattungsunternehmen mit einigem Erfolg zahlreiche treue Kunden gewonnen, quasi »Stammkunden«, wobei der Begriff im Zusammenhang mit einem Bestattungsunternehmen dann doch etwas unpassend scheint.

Mittlerweile war Tom H. auch schlicht der einzige Bestatter in der näheren Region, die Konkurrenz hatte er mit seinen aggressiven Werbemaßnahmen ausgebootet. Denn Tom hatte keine Gelegenheit zur Werbung und auch kein Medium ungenutzt gelassen und war dabei auch nicht vor unkonventionellen und teils fragwürdigen Maßnahmen zurückgeschreckt: So prangten seine meterhohen Werbeschilder nicht nur in der Nähe aller Friedhöfe, auch bei der städtischen Klinik schillerte Toms Gesicht auf dem gegenüberliegenden großflächigen Werbebanner mit dem kessen Slogan »Schlecht behandelt? Hoffentlich gut vorgesorgt!« – im Hintergrund das Bild eines geöffneten schwarz lackierten Hochglanzsarges mit kuschlig flauschigem Inlay, neben der Flugbestattung in den Schweizer Bergen sein anderer »Bestseller« für die letzte Reise.

Dass nun der »Bestatter Ihres Vertrauens« Opfer eines Verbrechens geworden war, hatte man allerdings unter vorgehaltener Hand irgendwann kommen sehen. Zu unverschämt waren seine Preise, und als alleiniger Anbieter von Bestattungen in der näheren und weiteren Umgebung hatte er eine regelrechte Monopolstellung. Mit anderen Worten: Jeder Tote musste zu Tom H., ob er wollte oder nicht. Denn gestorben wird immer.

Aber nicht nur weil viele es als makaber empfanden, dass Tom H. mit schamlosen Preisen und pietätloser Werbung so viel Geld mit dem Tod verdiente, hatte man damit gerechnet, dass irgendwann einmal »etwas passieren« würde, sondern auch wegen Toms dreistem Umgang mit zahlungsunwilligen Kunden hatten viele Bürger ihre Ressentiments. Die Zahlungsmoral der Kunden im Bestattungsgewerbe ist generell erstaunlich schlecht, und bei Tom H.s manipulativen Verkaufsmethoden reute es so manche Angehörige dann doch, voreilig einer fünfstelligen Summe für eines der extravaganten Bestattungsangebote zugestimmt zu haben. Kunden mit geringem Einkommen konnten derartig hohe Bestattungskosten kaum stemmen, doch der geschäftstüchtige Tom H. lockte auch gern damit, dass man zunächst nur einen Teil anzahlen müsse, den Rest erst nach erfolgter Bestattung. Angesichts von Preisen, die bei rund 10 000 Euro begannen und nach oben kaum ein Limit hatten, war so eine Ratenzahlung für viele ein wahrer Segen, trifft der Tod einen doch häufig unvorbereitet. Doch zum Segen gesellte sich dann schnell auch der dazugehörige Fluch, denn Tom H. duldete keinen Wortbruch und insbesondere keinen Zahlungsverzug.

Mit einiger Regelmäßigkeit versuchten Angehörige im Nachgang zur Bestattung, zunächst noch den Preis herunterzuhandeln, doch bei dem knallharten Verhandler Tom H. bissen sie alle auf Granit. Denn der Bestatter bediente sich auch recht unkonventioneller Methoden, um die Zahlungsmoral seiner Kundschaft zu verbessern. Wer nicht pünktlich bezahlte, bekam eine einzige Mahnung mit kurzer Zahlungsfrist – danach machte man dann mit Tom H.s »Überzeugungsarbeit« in Sachen Zahlungswilligkeit Bekanntschaft. Die erste Eskalationsstufe bestand in Anrufen bei der näheren Verwandtschaft mit dem sinngemäßen Inhalt, dass der Verstorbene – läge er da nicht schon – doch schier im Boden versinken würde, würde er erfahren, dass er seiner Familie noch nicht einmal die Zahlung der Beerdigungskosten wert sei. Dies zeigte meist suffiziente Wirkung: Peinlich berührt beglichen die angerufenen Verwandten die fällige Restsumme oder motivierten die Erben, sich schleunigst um die Zahlung zu kümmern.

Zeigten die Anrufe keine Wirkung, folgte Stufe zwei: eine Rundmail an die gesamte Trauergesellschaft, deren Mailadressen sich Tom H. in weiser Voraussicht bereits im Vorfeld organisiert hatte, freilich unter dem Vorwand, ihnen Anfahrtsbeschreibung, Ablauf der Trauerfeier und nicht zuletzt auch virtuelle Trauerkärtchen zukommen zu lassen, schließlich sei sein Bestattungsdienst exklusiv und serviceorientiert.

Sollte auch diese Schmach nicht dazu führen, dass die Hinterbliebenen ihre Schulden bezahlten, griff Tom H. auf seinen firmeninternen Inkassodienst zurück: die »Men im Frack« (in Anspielung auf den Kinoklassiker *Men in Black*). Wenn seine Mitarbeiter gerade nicht ausgelastet waren, konnten sie sich einen kleinen Bonus dazuverdienen – sie mussten dazu lediglich den hartnäckigsten Schuldnern einen persönlichen Besuch abstatten, edel gekleidet mit Frack, Zylinder, gestärktem Hemd, Lackschuhen und einem auffälligen schwarz lackierten Hochglanzkoffer im Stil seines Bestsellersarges. Der Mann im Frack wies den Schuldner freundlich, aber bestimmt auf die offene Rechnung hin. Bei ausbleibender Zahlung war der auffällig gekleidete Herr in Schwarz fortan ein ständiger Begleiter des schäbigen Schuldners: Auf dem Weg zur Arbeit, zur Schule oder zum Kindergarten. Besonders wirkungsvoll war die stumme Mahnwache vor dem Haus des Zahlungsunwilligen, gut im Sichtfeld der gesamten Nachbarschaft platziert, mit Toms Firmenemblem auf den auffälligen Koffern.

Zusammengefasst kann man sagen, Bestatter Tom H. hatte es zu einem beträchtlichen Vermögen, zu lokaler Prominenz und zu einer stattlichen Zahl an Feinden gebracht – ein weiterer Grund, warum der Fall im gut abgesicherten Schwurgerichtssaal verhandelt wurde.

Zum Unmut der vielen Zuschauer gab es nach der Anklageverlesung zunächst eine längere Pause. Das Gericht hatte etwas Zeit für die Einlassung des Angeklagten reserviert, doch dieser schwieg eisern – ob auf anwaltlichen Rat oder aufgrund seiner bereits einschlägigen Erfahrung mit Polizei und Justiz sei dahingestellt.

Um 10 Uhr rief das Gericht dann den ersten Zeugen auf, Marco S., den mutmaßlichen Begünstigten der dem Angeklagten zur Last gelegten räuberischen Erpressung.

»Meine Mutter ist im vergangenen Jahr verstorben«, begann Marco S. mit brüchiger Stimme seine Aussage. Dem stämmigen Mann schien der Verlust noch immer sehr nahezugehen. »Sie war plötzlich tot«, fuhr Marco S. fort. Sein gesprochenes Wort war nur schwer zu verstehen, weil er mit gesenktem Kopf starr auf die Zeugenbank vor sich in Richtung Boden sprach. »Wir hatten wie immer gegen 18:30 Uhr zu Abend gegessen, danach haben wir noch ein wenig ferngeguckt. Irgendeine Doku über die Alpen. Ich bin dann nur kurz in mein Zimmer, weil ich mit meiner Freundin telefoniert habe. Als ich dann etwa eine halbe Stunde später zurück ins Wohnzimmer zu meiner Mutter kam, dachte ich, sie sei einfach nur eingeschlafen. Ich bin ins Bett, da mache ich mir immer noch Vorwürfe! Vielleicht hätte man ihr da ja noch helfen können. Vielleicht hätte ich sie noch retten können?«

Jetzt wirkte der große, breite Pferdepfleger fast schon apathisch: Zwischen den Fingern zwirbelte er nervös die Holzkügelchen einer Rosenkranzkette hin und her, seine Beine zitterten.

Die Vorsitzende Richterin wies den Zeugen behutsam darauf hin, dass eine derartig ausführliche Schilderung gar nicht nötig sei – für das Gericht waren ja nur die Umstände der Beauftragung des »Bestatters Ihres Vertrauens« Tom H. und die anschließenden Zahlungsstreitigkeiten von Bedeutung.

Doch der Hinweis war sinnlos. Marco S. brach in Tränen aus und erzählte weiter seine Geschichte. Er hatte nicht bemerkt, dass seine Mutter – wie sich durch die ärztliche Leichenschau herausstellen sollte – schon am Abend zuvor während des Telefonats mit seiner Freundin einen tödlichen Herzinfarkt erlitten hatte. Er hatte also die ganze Nacht noch mit seiner toten Mutter im Haus verbracht.

»Morgens bin ich dann wie immer in die Küche zum Frühstücken gegangen. Ich habe mich gewundert, dass meine Mutter nicht da war, sie trinkt doch dann meistens schon ihren Kaffee und macht sich ein Marmeladenbrot. Ich habe gerufen, keine Antwort. In ihrem Schlafzimmer war sie auch nicht. Und dann habe ich sie gesehen, im Wohnzimmer, immer noch auf ihrem Lieblingssessel. Aber sie atmete nicht mehr ...«

Marco S. schilderte in der Folge noch sehr ausführlich, welche Gefühle und Ängste der Tod seiner geliebten Mutter in ihm ausgelöst hatte. Dann kam er endlich auch auf den Verfahrensinhalt zu sprechen.

Er wollte sich irgendwie beschäftigen, um nicht in Verzweiflung zu verfallen, nachdem der Arzt seine Mutter für tot erklärt hatte. Also suchte er im Telefonbuch nach einem Bestatter. Dabei sei ihm dann gleich die große Werbeanzeige von Tom H.s Bestattungsinstitut mit der »Paradise Flugbestattung« ins Auge gestochen. Sie war die einzige mit einem Farbbild, ein zuversichtlich blickender Tom H. präsentierte eine glänzende Urne in Richtung eines atemberaubenden Alpenpanoramas. Marco S. sah darin ein Zeichen – hatte er nicht am Abend zuvor noch mit seiner Mutter diesen Dokumentarfilm über die Alpen angesehen, bevor sie friedlich entschlafen war? Seine Mutter hatte die Berge geliebt. Als er noch ein Kind war und sein Vater noch lebte, waren sie oft in die Schweizer Alpen gefahren. Meist zum Skifahren, aber oft auch im Sommer zum Wandern. Bei dem Gedanken an diese Zeit wurde Marco ganz warm ums Herz. Kurzum, die Flugbestattung über den Schweizer Alpen musste es für die Mama sein, sie hatte einen würdigen Abschied verdient.

Sein erster Eindruck von Tom H. sei noch sehr positiv gewesen. Der »Bestatter Ihres Vertrauens« sei sofort persönlich am Telefon erreichbar gewesen und habe Marco S. noch am selben Tag einen Termin in den Räumlichkeiten seines Bestattungsinstituts angeboten. Stolz hätte ihm Tom H. erzählt, wie Bestattung und Flug Hand in Hand gingen und wie lange sein Bestattungsinstitut nun schon mit einer alteingesessenen Schweizer Flugfirma zusammenarbeite. Diese spezielle Firma habe als einzige die offizielle Genehmigung aller 26 Kantone, um die Asche professionell im strahlend blauen Himmel über den Schweizer Alpen zu verstreuen. Gern könne er ihm auch ein Präsentationsvideo der exklusiven Flugbestattung zeigen, in welchem alle Fragen beantwortet werden würden.

Marco S. war begeistert. Tom H.s Werbeanzeige hatte wahrlich nicht zu viel versprochen. Das hätte seiner Mutter gefallen, das wusste Marco beim Anblick der an ihm vorbeiflimmernden Bilder sofort. Und alles so pietätvoll, feinsinnig und voller Respekt. Im Vorfeld sah man in dem Werbefilm, wie Tom H. den Hinterbliebenen bei der Auswahl der Urne behilflich war, selbstverständlich hatte sein Bestattungsinstitut ein breites Spektrum der verschiedensten Modelle von schlicht bis herrschaftlich vorrätig. In der hauseigenen Aussegnungshalle konnte man dann achtsam Abschied nehmen, gegen Aufpreis auch mit sakraler Orgelmusik, einem Violinenquartett oder gar einem kleinen Chor. Um den weiteren Weg bis hin zur eigentlichen Flugbestattung würde sich dann seitens des Bestattungsinstituts gekümmert, nebst der ganzen Bürokratie, die in Deutschland und der Schweiz anfallen würde, versteht sich. Sobald die Einäscherung vollzogen war, würde man dann über den Termin der anstehenden Flugbestattung benachrichtigt.

Marco S. unterschrieb alle notwendigen Formulare und bedankte sich herzlich bei Tom H. für die ausführliche Beratung. Neben der Flugbestattung hatte er auf Rat des Bestatters auch noch einen flauschigen Hochglanzsarg aus Edelholz erworben, ein exklusives Angebot im Hause des Tom H., kein Billigimport, sondern solide gefertigt im regionalen Schwabenland. Dass seine Mutter nur sehr kurze Zeit darin verweilen würde, ehe die Flammen den schweren Edelholzsarg samt Inhalt zu Asche verbrennen würden, war angesichts des ohnehin sehr gehobenen Preises für die Flugbestattung fast schon Nebensache. Der Gesamtpreis, den Marco am Ende erwarten durfte, übertraf seine Vorstellung nochmals um Längen. Aber seine Mutter war es ihm wert, auch wenn er wusste, dass er dafür noch sehr lange würde arbeiten müssen. Immerhin hatte ihm Tom H. ja auch eine Ratenzahlung angeboten: 10 000 Euro als Vorschuss, die restlichen 10 000 Euro in zwei Raten nach erfolgter Flugbestattung. Und ein ordentlicher Preisnachlass sei hierbei auch noch inkludiert gewesen.

Nachdem Marco S. den Vorschuss gerade so zusammengekratzt und auf ausdrücklichen Wunsch des Bestatters in bar bezahlt hatte, verlief zunächst alles wie versprochen und zu seiner Zufriedenheit. Am Nachmittag holten zwei ganz in edlem Schwarz gekleidete Mitarbeiter des Bestattungsinstituts seine Mutter von zu Hause ab. Bereits zwei Tage später lag sie aufgebahrt in Tom H.s Bestsellersarg in der firmeneigenen Aussegnungshalle, allerdings fand die Trauerfeier ohne weitere Gäste statt und mit Musik vom Band. Die weiteren 450 Euro für den Organisten wollte sich Marco S. dann doch sparen, seine Mutter war ja eh mehr Fan von volkstümlicher Musik aus dem Alpenland gewesen. Danach hieß es für ihn abschließen und nach vorne blicken, in Richtung der würdevollen Flugbestattung.

Marco S. wartete geduldig. Ganze sechs Monate zogen ins Land, ohne dass er vom »Bestatter Ihres Vertrauens« irgendetwas in Hinblick auf die anstehende Flugbestattung gehört hätte. Dann endlich kam der lang ersehnte Brief – doch zum Schrecken des trauernden Sohnes fand sich in dem Umschlag lediglich eine Abschlussrechnung über 20 000 Euro nebst einer scharfen Ermahnung, den ausstehenden Restbetrag von 10 000 Euro binnen einer Woche zu bezahlen. Ausweislich der Rechnung war die Flugbestattung in der Schweiz bereits wenige Wochen nach der Trauerfeier durchgeführt worden.

Dabei hatte Marco S. doch fest mit Tom H. vereinbart, dass man ihn vor dem Tag der Flugbestattung benachrichtigen würde! Ein regelrechter Stich sei Marco S. durch die Brust gefahren, hatte er sich doch fest vorgenommen, am Tag der Flugbestattung eine Kerze für seine verblichene Mutter anzuzünden und ihr Andenken mit dem gebührenden Ernst zu ehren. Nun war ihre Asche längst im Schweizer Himmel verstreut, und er wusste es noch nicht einmal. Er hatte im Kalender nachgesehen: Am Tag der Flugbestattung – es war ein Sonntag – hatte er überhaupt nichts Würdevolles getan oder gedacht. Er hatte sich mit seiner Freundin wegen der nicht ausgeräumten Spülmaschine gestritten und war dann mit seinem Kumpel in die Kneipe gegangen.

Jetzt hatte Marco S. die Chance, von seiner Mutter angemessen Abschied zu nehmen, endgültig verpasst. Ein ganz schön starkes Stück seitens des Bestattungsinstituts. Denn die quälenden seelischen Schmerzen, die dieser Fauxpas in Marco auslöste, waren ja mitnichten seine Schuld, sondern einzig die der Bestattungsfirma gewesen. Und das nahm er Tom H. schon übel, auch wenn dieser sicher nichts dafürkonnte, vermutlich war es ein Büroversehen.

Nachdem sich Marco S. am nächsten Tag langsam wieder gesammelt hatte, suchte er das persönliche Gespräch mit Tom H. Zumindest eine Entschuldigung hätte er erwartet.

Doch sein Anruf im Bestattungsinstitut verlief ganz anders: Tom H. selbst war derzeit unabkömmlich, hieß es. Die beiden ausstehenden Raten von je 5000 Euro seien längst überfällig, die Flugbestattung war jetzt ja schon fast ein halbes Jahr her. Die Benachrichtigung habe man nicht vergessen, so etwas sei bei Flugbestattungen aus organisatorischen Gründen gar nicht möglich. Der Chef habe so etwas ganz bestimmt nicht versprochen, zum Abschiednehmen sei schließlich die Trauerfeier in der Aussegnungshalle da gewesen. Gegen einen Aufpreis von 850 Euro könne man ihm ein Zertifikat über die durchgeführte Flugbestattung übersenden, zusammen mit einem Panoramabild der Schweizer Alpen. Da müsse aber zuerst die ausstehende Rechnung vollständig beglichen werden, und das binnen einer Woche, sonst müsse man die Angelegenheit dem internen Forderungsmanagement übergeben.

Marco S. war fassungslos. Nicht nur hatte Tom H. schlicht vergessen, ihn über die Flugbestattung seiner Mutter über den Schweizer Alpen in Kenntnis zu setzen – nunmehr leugneten die Handlanger des Bestatters auch noch die Verantwortung für diesen schlimmen Fehler und beharrten kalt und herzlos auf der zeitnahen Begleichung der offenen Rechnung. Er wollte unbedingt mit dem Bestatter selbst sprechen. Die Mitarbeiter versprachen dann immerhin einen Rückruf von Tom H. in den nächsten Tagen.

Doch statt des versprochenen Rückrufs fand Marco S. zwei Tage später lediglich eine Mahnung in seinem Briefkasten vor, in ziemlich unangemessenem Stil und mit der Androhung diverser Maßnahmen für den Fall der Nichtzahlung. Immer wieder probierte er, Tom H. telefonisch zu erreichen, bis er ihn schließlich persönlich am Telefon hatte. Doch der wies in barschem Ton jede Verantwortung von sich. Verträge seien einzuhalten, hieß es da nur unwirsch, gefolgt von einem abrupten »Auf Wiederhören«. Der einst so freundliche und einfühlsame Tom H. war nun gar nicht mehr so nett.

In der Folgezeit war der Chef des Bestattungsinstituts nicht mehr für Marco S. zu sprechen. Stattdessen dauerte es nicht lange, bis er die zweite und »letzte« Mahnung in seinem Briefkasten vorfand.

Sosehr jede Auseinandersetzung mit dem Bestattungsinstitut ihn belastete und auch zwangsläufig an seine verstorbene Mutter – Gott hab sie selig – erinnerte, er konnte und wollte nicht akzeptieren, dass Tom H. ihm trotz dieser schäbigen Behandlung auch noch den vollen Betrag in Rechnung stellen wollte. Marco S. ging es diesmal ums Prinzip. Daher widersprach er den Forderungen von Tom H. schriftlich mit einigem Nachdruck.

Man ahnt bereits, dass der zweiten und »letzten« Mahnung bald eine weitere Reaktion von Tom H. folgen würde, seine Methodik, die Zahlungsmoral säumiger Schuldner anzukurbeln, war schließlich hinlänglich bekannt. Also dauerte es nicht lange, und Marco erhielt abermals Post von Tom H., diesmal jedoch nicht in Form einer Mahnung, sondern in Form eines schlichten Handzettels, welchen ihm ein ganz in Schwarz gekleideter Mitarbeiter des Bestattungsunternehmens persönlich in den Briefkasten geworfen hatte:

ACHTUNG!
Wir fordern Marco S. auf, endlich die Bestattungskosten seiner verstorbenen Mutter zu begleichen.
Ihr Bestatter

Dieses Flugblatt war allerdings nicht nur im Briefkasten von Marco S. gelandet. Über die nächsten Stunden, Tage und Wochen teilten ihm Verwandte, Freunde, Bekannte und Nachbarn mit, selbiges Schreiben erhalten zu haben, und fragten natürlich auch, was es damit auf sich habe. Marco S. bereitete dies einige Mühe und Peinlichkeit, er war in erheblicher Erklärungsnot: Wer ist denn bitte schön so dreist, noch nicht mal die Bestattungskosten für die eigene Mutter zu bezahlen? Sein Rechtfertigungsversuch, es gehe ihm hier »ums Prinzip« und darum, die »miesen Machenschaften« des Bestatters Tom H. zu sanktionieren, erschien vielen als eine Schutzbehauptung. Plötzlich begegneten die Leute Marco S. mit einem gewissen Argwohn, die Flugblätter von Tom H.s Bestattungsunternehmen zeigten Wirkung.

Nur einer schien Verständnis für die Misere des Marco S. zu haben: sein Chef, der spätere Angeklagte, für welchen er als Pferdebetreuer zwei Pferde in einem nahe gelegenen Stall versorgte. Der Angeklagte hatte ebenfalls ein Exemplar der demütigenden Schmähschrift erhalten, nahm dies aber zur Erleichterung von Marco S. nicht zum Anlass, ihn zu maßregeln, sondern bot im Gegenteil seine Hilfe an. »Marco, da halte ich zu dir – als Chef und als Freund!«, habe der Angeklagte gesagt, ihm kumpelhaft auf die Schulter geklopft und dann vorgeschlagen, spontan bei dem Bestattungsinstitut vorbeizufahren und ein »ergebnisoffenes Gespräch« mit Tom H. zu führen – allein: Es wäre eben besser, wenn er als Freund die Angelegenheit mit Tom H. »von Mann zu Mann« klären würde, weil Marco S. zu sehr emotional involviert sei.

Noch am selben Abend sei der Angeklagte dann bei Marco S. zu Hause vorbeigekommen und habe ihm mitgeteilt, dass alles geklärt sei. Tom H. sei endlich zur Vernunft gekommen und hätte sich mit ihm auf eine Sofortzahlung von 1000 Euro statt der noch offenen 10 000 Euro geeinigt. Die 1000 Euro habe der Angeklagte sogleich für seinen Freund verauslagt, Marco könne mit der Sache nun abschließen. Das geliehene Geld würde er ihm einfach von seinem Lohn abziehen.

Damit war die unangenehme Angelegenheit für Marco S. endlich erledigt – dachte er. Doch nur wenige Tage später habe er dann einen Anruf von der Polizei erhalten, dass eine Strafanzeige gegen ihn und einen bis dato unbekannten Mann vorliege. Er müsse auf die Wache kommen. Dort habe man ihm dann gesagt, dass Tom H. Strafanzeige erstattet habe, weil er von einem Unbekannten mit Gewalt bedroht worden sei, die Forderung gegen Marco S. fallen zu lassen. Dort habe er ja schon alles erzählt, beteuerte Marco S.

Diese Antwort griff die Vorsitzende Richterin sehr gerne auf, um Marco S. endlich als Zeugen zu entlassen. Als Nächstes sollte der Polizist angehört werden, der seinerzeit die Vernehmung geführt hatte. Keiner der Verfahrensbeteiligten widersprach – zu langatmig waren die ausschweifenden Schilderungen des »Pferdebetreuers« über seine verstorbene Mutter gewesen. Außerdem hatte er zum eigentlichen Tatvorwurf ohnehin nichts beizutragen – und keiner glaubte ernsthaft daran, dass er etwas mit der mutmaßlichen Tat zu tun gehabt hatte, auch wenn er zu Beginn der polizeilichen Ermittlungen noch als Beschuldigter geführt worden war.

Zur Freude des Gerichts kam der als Nächstes als Zeuge einvernommene ermittelnde Polizeibeamte schnell und ohne Umschweife zur Sache. Seine Polizeidienststelle habe eine schriftliche Strafanzeige des renommierten Bestatters Tom H. erhalten, wonach dieser massiv bedroht worden sei. Man habe die Vorwürfe sehr ernst genommen und sofort an die Mafia gedacht, weil die in dem Schreiben beschriebene Methodik aus dem Milieu hinlänglich bekannt sei. Aus kriminalistischer Sicht ungewöhnlich sei in diesem Zusammenhang aber gewesen, dass der Tatverdächtige Marco S. zuvor noch nie polizeilich in Erscheinung getreten war. Daher habe man nicht lange gezögert und sich Marco S. vorgenommen, um der Sache auf den Grund zu gehen.

Marco S. sei der polizeilichen Vorladung sofort nachgekommen und habe auch gleich einer Vernehmung zugestimmt, obwohl er hierzu ja als Beschuldigter eines Strafverfahrens gar nicht verpflichtet gewesen wäre. Er sei regelrecht aus allen Wolken gefallen, als er gehört habe, was ihm vorgeworfen wurde. Auf die Polizeibeamten habe er von Anfang an einen ehrlichen und unverdächtigen Eindruck gemacht. »Ich habe nichts zu verbergen«, habe er immer wieder gesagt. Er sei vollständig kooperativ gewesen und habe auch ohne Umschweife den Namen des Angeklagten benannt sowie dessen Angebot, sich um die Sache zu kümmern. Die von Tom H. erhobenen Vorwürfe konnte er aber nicht glauben, er witterte vielmehr eine Art Verschwörung. Die Anzeige sei doch sicher wieder nur so ein dummer Trick von Tom H., um weiter Druck aufzubauen, um ihn entgegen der mit dem Angeklagten sicherlich fair ausgehandelten Absprache dann doch noch zur Zahlung der vollständigen Rechnungssumme zu zwingen. Er habe definitiv niemanden beauftragt, Tom H. den Schädel einzuschlagen oder ihn zu bedrohen, auch wenn der »herzlose, miese Geldhai das mehr als verdient hätte«. Immerhin habe er dem Angeklagten, dessen Namen und Adresse er der Polizei bereitwillig mitgeteilt hatte, auf dessen Anraten sogar eine schriftliche Vollmacht mitgegeben, damit Tom H. überhaupt erst über die Bestattungsangelegenheit von Marcos Mutter hatte sprechen dürfen. »Das hat uns dann vollständig überzeugt, denn wer gibt seinem ›Auftragsschläger‹ eine schriftliche Vollmacht mit?«, bekundete der pflichtbewusste Polizeibeamte.

Die Ermittler hätten somit schnell an die Unschuld von Marco S. geglaubt, die Staatsanwaltschaft folgte der Empfehlung der Polizei und stellte das Strafverfahren gegen ihn mit Abschluss der Ermittlungen ein. Ganz anders sah es aber bei dem anderen Tatverdächtigen aus, dem späteren Angeklagten. Schließlich war der – anders als Marco S. – kein unbeschriebenes Blatt, im Gegenteil: Sein Vorstrafenregister wies 41 Eintragungen auf, die meisten davon im einschlägigen Deliktsbereich. Sprich: Er war schon mehrfach rechtskräftig verurteilt worden, andere Menschen erpresst, bedroht und hin und wieder auch verprügelt zu haben, in mindestens einem Fall mit einem Baseballschläger.

Man mag nun einwenden, der Angeklagte habe kein echtes Motiv gehabt, für Marco S. eine schwere Straftat zu begehen. Andererseits hatte der Angeklagte auch in der Vergangenheit keinen großen Anlass dafür gebraucht, um sich mit einigem Nachdruck für die Interessen seiner »Family & Friends« einzusetzen. Beispielsweise war er zwei Jahre zuvor verurteilt worden, weil er den Spanischlehrer seiner sechzehnjährigen Tochter wegen einer Nichtigkeit brutal bedroht hatte. Das junge Mädchen hatte beharrlich gegen das Handyverbot im Unterricht verstoßen, bis der Lehrer das Mobiltelefon – den Regeln der Schule folgend – vorläufig konfisziert hatte. Daraufhin hatte ihn der Angeklagte vor der Schule abgepasst und ihm unverblümt damit gedroht, dass man künftig tatsächlich nur noch »Spanisch« verstehen würde, wenn er erst mal mit ihm fertig sei, ihm »sein dummes Froschmaul ordentlich zu stopfen«, würde er seiner Tochter nicht sofort das Handy wieder zurückgeben. Derzeit stand Marco S. sogar unter offener Bewährung, weil er nach einem Streit mit einem Radfahrer, der ihm wegen Missachtung der Vorfahrt auf seinen S-Klasse-Mercedes gespuckt hatte, diesen brutal misshandelt und genötigt hatte. Der Angeklagte war laut den Feststellungen des Urteils, welches später im Prozess gegen ihn auszugsweise verlesen werden sollte, während des Streits unvermittelt aus seinem Fahrzeug gestiegen, hatte den überraschten Radfahrer grob am Ohr gepackt und vom Fahrrad gezogen, wobei dummerweise fast das ganze Ohr abgerissen wurde. Anschließend zwang er den blutenden Mann, Jacke und Pullover auszuziehen und damit die Spucke von seinem Auto wegzuwischen – bei winterlichen Temperaturen um den Gefrierpunkt.

Auch profunde Kontakte zur Clankriminalität hatte man dem Angeklagten nachweisen können. Einige Jahre zuvor war er mehrfach im Zusammenhang mit spektakulären Coups krimineller Großfamilien als Hintermann bei diversen Abhöraktionen aufgefallen und schließlich verurteilt worden, weil er nach einem misslungenen Grundstückskauf kurzerhand das Grundbuchamt anzünden wollte, um so die Grundbuchauszüge mit den rechtmäßig eingetragenen Eigentümern zu vernichten.

Zu den 41 rechtskräftigen strafrechtlichen Verurteilungen kam noch eine Vielzahl von Verdachtsfällen, in welchen aus Mangel an Beweisen aber keine Anklagen erhoben wurden. Neben zahlreichen »normalen« Tatvorwürfen wie Körperverletzung, Nötigung und Erpressung fanden sich in der Liste polizeilicher Eintragungen auch eher exotische Delikte: Beispielsweise das Zerstören von Brut- und Laichplätzen bei einer Lachsaufzuchtfarm, deren Eigentümer ein von ihm angebotenes »gutes« Geschäft abgelehnt hatte. Wenige Tage später schwammen alle Fische tot auf der Wasseroberfläche, weil offenbar irgendjemand nachts Gift ins Wasser geschüttet hatte. Auch hinter banal klingenden Vorwürfen seines Vorstrafenregisters wie »unerlaubte Abfallbeseitigung« verbargen sich teilweise dramatische Geschichten: Ein ehemaliger »Geschäftspartner« des Angeklagten hatte im Nachgang zu einem »freundschaftlichen Disput« einen abgetrennten Schweinekopf vor seiner Haustür vorgefunden – zu einem Pferdekopf à la »der Pate« hatte es wohl nicht gereicht.

Selbst die Umstände, unter denen er seine spätere Ehefrau

kennengelernt hatte, schienen eine allzu deutliche Sprache zu sprechen. Diese hatte er auf ihrem Polterabend, am Tag vor ihrer Hochzeit, zufällig getroffen und sich unmittelbar in sie verliebt. Am nächsten Tag war ihr Verlobter dann aus »ungeklärten Gründen« nicht vor dem Traualtar erschienen, worauf sich die Braut sofort von ihm trennte und ein neues Leben mit dem jetzigen Angeklagten begann. Kurzum: Die Ermittler hielten die Aussage des Bestatters Tom H. für sehr glaubhaft, und sie trauten dem Angeklagten die Tat ohne Weiteres zu.

Was bei der aktuellen Angelegenheit rund um den Bestatter noch hinzukam: Der Angeklagte hatte anscheinend seinen eigenen »Freund« Marco S. auch noch übervorteilt. Denn laut der Strafanzeige des Bestatters habe dieser ihm lediglich 500 Euro in den offenen Sarg geworfen, wohingegen der Angeklagte seinem »Freund« gegenüber behauptet hatte, er habe sich mit Tom H. auf 1000 Euro geeinigt und diese für ihn gleich in bar verauslagt.

Das Gericht legte eine kurze Mittagspause ein, anschließend wurde mit Spannung die Aussage des Bestatters Tom H. erwartet. Er war schließlich der eigentliche Grund des regen Zuschauer- und Presseauflaufs im Gerichtssaal. Die versuchte räuberische Erpressung an sich war kein besonders außergewöhnlicher Tatvorwurf, aber die Umstände dieses Falles hatten ja schon etwas Groteskes an sich: Bestatter im eigenen Bestattungsinstitut vor offenem Sarg mit dem Tode bedroht ... Böse Zungen behaupteten, man habe es den zahlreich erschienenen Journalisten geradewegs ansehen können, dass sie sich wünschten, der Baseballschläger wäre doch zum Einsatz gekommen, Tom H. rücklings in den offenen Sarg gefallen und der Angeklagte hätte den Deckel zugemacht ...

Vermutlich war Tom H. auch deshalb nicht allein zu seiner Zeugenvernehmung gekommen. Begleitet wurde er nämlich von einem großen und kräftig wirkenden Mann mit Frack, Zylinder, gestärktem Hemd und Lackschuhen. In der Hand hielten Tom H. und sein Gefolgsmann beide einen schwarzen Hochglanzaktenkoffer in Sargform mit dem Firmenlogo des Bestattungsunternehmens.

Die Vorsitzende Richterin war sichtlich irritiert ob dieses grotesken Auftritts. Auf Nachfrage erklärte Tom H. beflissen, dass sein Mitarbeiter nur zu seiner Sicherheit dabei sei, er befürchte nämlich einen »spontanen Gewaltexzess« des Angeklagten. Die Vorsitzende Richterin entgegnete in schroffem Ton, die Justiz benötige keine Hilfe zur Absicherung des Gerichtssaals. Kühl wies sie den Zeugen darauf hin, er könne sich als Zeugenbeistand einen Rechtsanwalt nehmen, aber keinen kostümierten Schläger. Mit der Bemerkung, dass nicht Karneval sei, verwies sie den Mann im Frack des Saales – die Plätze für Zuschauer waren sämtlich belegt. Nicht die letzte unangenehme Erfahrung für Tom H. an diesem Tag, wie sich später zeigen sollte.

Zunächst aber wurde Tom H. aufgefordert, die seiner Strafanzeige zugrunde liegenden Ereignisse zu schildern. Also erzählte Tom H. seine Geschichte. Er begann mit dem Anruf seines späteren Kunden Marco S., der ihm am Telefon vom plötzlichen Tod seiner Mutter erzählte. Tom H. habe – kundenorientiert und gewissenhaft, wie er nun mal sei – Marco sofort einen persönlichen Beratungstermin in seinem Bestattungsinstitut angeboten. Dort sei man sich dann auch schnell über die Beisetzung im Rahmen einer exklusiven Flugbestattung über den Schweizer Alpen handelseinig geworden. Marco habe ihm erzählt, wie sehr seine Mutter die Berge geliebt habe und dass er daher extra Tom H. kontaktiert habe, damit er seiner Mutter einen würdevollen Abschied ermöglichen könne. Tom H. sei Marco dann angesichts des kostenintensiven Aufwands sogar noch entgegengekommen und habe ihm neben einem hohen Preisnachlass auch eine großzügige Ratenzahlung angeboten, die Hälfte vorab, den Rest in zwei Raten nach erfolgter Bestattung. Hierauf habe man sich denn auch »vertraglich und in Schriftform« geeinigt, sein Motto als Geschäftsmann sei eben:

»Vertrag ist Vertrag.« Tom H. habe als zuverlässiger Vertragspartner unverzüglich die Bestattungsformalitäten in die Wege geleitet und alles Notwendige für Abholung, Einäscherung und Flugbestattung erledigt. Durch ein Büroversehen sei nach der erfolgten Bestattung die Abschlussrechnung an Marco S. erst einige Monate später verschickt worden, ein weiteres »krasses Entgegenkommen« aus Tom H.s Sicht – schließlich habe der Kunde nun deutlich mehr Zeit gehabt, den ausstehenden Restbetrag zu bezahlen. Doch die Zahlung sei dennoch ausgeblieben. Mehrfach habe Tom H. Marco gebeten, die noch ausstehende Summe zu begleichen. Persönlich, telefonisch und schriftlich habe er ihn höflichst zur Zahlung aufgefordert. Mit ständigen Ausreden habe der säumige Schuldner jedoch immer wieder versucht, die Bezahlung hinauszuzögern.

Am Tattag schließlich sei dann abends kurz vor Ladenschluss eine große Mercedes-Limousine mit Münchener Kennzeichen vorgefahren, das Auto des Angeklagten. Dieser sei überdurchschnittlich elegant gekleidet gewesen, nach Tom H.s Überzeugung sicherlich ein Maßanzug. Der elegante und große Mann habe sich als der Arbeitgeber von Marco S. vorgestellt. Dieser würde für ihn mehrere Hengste betreuen, und er wolle, dass diese Sache mit Marco S. wieder in Ordnung komme.

Tom H. habe daraufhin höflich erwidert, diese Sache könne durch Begleichung der offenen Rechnung sehr einfach wieder in Ordnung kommen. Doch der Angeklagte sei darauf nicht eingegangen. Stattdessen habe er ihm erzählt, dass Marco S. in letzter Zeit sehr bedrückt sei und sich ihm hinsichtlich der Bestattung seiner Mutter und der Differenzen mit Tom H. anvertraut habe. Er, der Angeklagte, wolle Marco S. hierbei unterstützen, denn er sehe ihn nicht lediglich als seinen Pferdebetreuer, sondern auch als einen Freund.

Schon das Wort »Differenzen« habe Tom H. als absoluten Affront empfunden, schließlich hatte er mit Marco S. einen glasklaren Vertrag geschlossen, aus dem eindeutig hervorging, wer wann welche Leistungen zu erbringen habe und wann der eindeutig bezifferte Rechnungsbetrag fällig sei. Er, Tom H., habe seine vertraglichen Pflichten wie immer vollständig und gewissenhaft erfüllt, anders als der säumige Schuldner Marco S.

Entsprechend habe er die weitschweifigen Ausführungen des Angeklagten über Pferde und Freundschaft unterbrochen und ihn höflich, aber bestimmt darauf hingewiesen, dass er auf keinen Fall von seiner Forderung abrücken oder irgendwelche Zugeständnisse machen werde.

Hierauf habe sich das Verhalten des Angeklagten schlagartig verändert. In ruhigem Ton, aber mit kalter Entschlossenheit habe er die schreckliche Gewaltdrohung gegen Tom H. ausgesprochen. Er solle doch noch einmal darüber nachdenken, was ihm die angebliche Forderung gegen Marco S. denn wert sei. Er, der Angeklagte, habe in seinem Kofferraum einen großen Baseballschläger, mit dem werde er so lange auf Tom H. einschlagen, bis er Blut kotze. Dann habe der Angeklagte in die Innentasche seines Sakkos gegriffen, ein ganzes Bündel 500-Euro-Scheine herausgezogen und einen davon in den hinter Tom H. stehenden geöffneten Sarg geworfen. »Das ist doch besser als ein zertrümmerter Schädel«, habe der Angeklagte gesagt, auf einmal wieder in ganz freundlichem Ton, »und jetzt sind die Differenzen mit Marco auch endlich aus der Welt!«

Die Nachfragen des Gerichts und der Staatsanwaltschaft beantwortete Tom H. schlüssig und nachvollziehbar. Ja, er fühlte sich durch das Verhalten des Angeklagten eingeschüchtert. Nein, den Baseballschläger habe er nicht selbst gesehen, aber Angst vor körperlicher Misshandlung habe er trotzdem gehabt. Er habe auch keine Zweifel daran gehabt, dass der Angeklagte seine Drohung umgesetzt hätte. Erst am nächsten Tag habe er den Mut aufbringen können, die Tat bei der Polizei anzuzeigen.

Echte Widersprüche zur vorherigen Aussage von Tom H. bei der Polizei gab es keine. Er hatte den damals noch unbekannten Angeklagten gut beschreiben können: 40 bis 45 Jahre, deutlich über 1,80 Meter groß, kantiges Gesicht und dunkle Haare. »Es fiel mir auf, dass er einen bayerischen Dialekt sprach. Er schien ein Geschäftsmann zu sein und verstand es sehr gut, sich auszudrücken.« Das Gericht und die Staatsanwaltschaft hatten keine weiteren Fragen mehr. Die Vorsitzende Richterin übergab das Fragerecht an die Verteidigung.

In solchen Situationen steht man als Strafverteidiger quasi mit dem Rücken zur Wand. Denn dem Grunde nach war der Fall an dieser Stelle verurteilungsreif. Alle Zeugen waren vernommen worden, der Angeklagte sagte weiterhin nichts. Das Gericht müsste jetzt aufgrund der bisherigen Beweisaufnahme entscheiden, ob es von der Schuld des Angeklagten überzeugt ist oder nicht. Zwar stand hier »Aussage gegen Aussage«, nämlich das Wort des Tom H. gegen das Schweigen des Angeklagten, welches aber nicht zu dessen Nachteil gewertet werden darf. Aber wem würde das Gericht in diesem Fall wohl eher glauben? Dem bisher strafrechtlich nie in Erscheinung getretenen Bestatter Tom H. oder dem zigfach vorbestraften Angeklagten, der nachweislich schon ganz ähnliche Taten aus noch nichtigerem Anlass begangen hatte?

Andere Beweismittel, wie etwa eine Videoaufzeichnung oder ein mitgeschnittenes Tonband einer polizeilichen Abhöraktion, auf dem der Angeklagte die Tat zugegeben hätte, existierten nicht. Auch die Aussage von Marco S. und die von ihm ausgestellte schriftliche »Verhandlungsvollmacht« bewiesen nur, dass der Angeklagte mit Tom H. in Verhandlungen treten sollte; die eigentliche Frage hier war ja, ob die Verhandlungen mit oder ohne Androhung schwerer Misshandlungen mittels Baseballschläger abgelaufen waren, und zu dieser Überzeugung konnte man nur gelangen, wenn man der Aussage des Tom H. Glauben schenkte.

Natürlich müssen einige Bedenken bestehen, einen Angeklagten allein aufgrund einer einzigen belastenden Zeugenaussage zu verurteilen – vergleiche hierzu auch mein Buch *Aussage gegen Aussage.* Deshalb werden – stark verkürzt gesagt – von der obergerichtlichen Rechtsprechung komplexe Anforderungen an die Beweiswürdigung gestellt, die aber in der Strafrechtspraxis leider regelmäßig missachtet werden, was immer wieder zu folgenschweren Fehlurteilen führt. Denn eigentlich soll es bei »Aussage gegen Aussage« für die Überzeugung des Gerichts von der Schuld des Angeklagten nicht schon genügen, wenn die Angaben des vermeintlichen Opfers einigermaßen plausibel sind und sich kein offensichtliches Falschbelastungsmotiv aufdrängt. Eine Verurteilung soll nur möglich sein, wenn die weit überwiegenden Gründe für die Richtigkeit der belastenden Aussage sprechen und vernünftige Zweifel an deren Wahrheitsgehalt nicht zu begründen sind. Hierbei soll das Gericht die belastende Aussage nach allen Kriterien der Aussagepsychologie gründlich prüfen und analysieren sowie die gesamten Begleitumstände des Falles einer sorgsamen kritischen Prüfung unterziehen, auch was Indizien für oder gegen den Angeklagten angeht.

So weit die Theorie. Doch in der Praxis genügt es meist, wenn das Gericht selbst nach einer weitgehend in seinem Ermessen stehenden »gründlichen Prüfung« keine Zweifel mehr an der Schuld des Angeklagten hat. Richter setzen ihre eigene Schwelle zur Überzeugungsbildung dann oftmals viel zu niedrig an. Ob vernünftige Zweifel nicht doch angebracht wären, kann der verurteilte Angeklagte ja dann in einer Rechtsmittelinstanz klären, so das mitunter zynisch anmutende Kalkül. Gerade in der Konstellation »Aussage gegen Aussage« erscheinen Verurteilungen oft mehr wie eine Bauchentscheidung des Gerichts anstelle einer vernunftbasierten, sorgsamen juristischen Abwägung.

Doch im vorliegenden Fall gab es zugegeben durchaus auch sehr rationale Gründe, welche gegen den Angeklagten und für die Richtigkeit der Aussage von Tom H. sprachen. Die Aussage des Bestatters war seit seiner Anzeige in den wichtigsten Punkten konstant geblieben. Sie war detailreich und enthielt eher ungewöhnliche Einzelheiten, wie beispielsweise die Schilderung, der Angeklagte habe die 500 Euro in den offen stehenden Sarg geworfen. Auch gab es für den Bestatter kein nachvollziehbares Motiv, sich die abenteuerliche Geschichte mit dem Baseballschläger auszudenken: Er hätte den ausstehenden Rechnungsbetrag bei Marco S. ja nach wie vor eintreiben können, einen schriftlichen Verzicht gab es nicht. Im Gegenteil hatte der Bestatter im Rahmen seiner Anzeige faktisch zugegeben, dass der Angeklagte – selbstverständlich ohne Quittung – immerhin 500 Euro des Rechnungsbetrages bezahlt hatte, sodass er jetzt nur noch einen Restanspruch von 9500 Euro statt der ursprünglich angemahnten 10000 Euro gegen Marco S. hatte. Wenn der Angeklagte wirklich nur ein nettes Gespräch mit Tom H. geführt hätte, dann wäre es doch die deutlich simplere Lüge gewesen, jedes Gespräch und jede vermeintliche Einigung mit dem Angeklagten abzustreiten, die 500 Euro zu behalten und bei Marco S. weiterhin die vollen 10000 Euro einzufordern. Und der wohl wichtigste Punkt: Es gab keine Anhaltspunkte dafür, dass Tom H. von den zahlreichen abgeurteilten Vortaten des nunmehr Angeklagten wusste – selbst dessen »Freund« Marco S. war das Vorstrafenregister des Angeklagten nicht bekannt gewesen. Anders gesagt: Es wäre doch ein sehr merkwürdiger Zufall, wenn der Bestatter ins Blaue hinein ausgerechnet jemanden beschuldigt hätte, der schon mehrfach durch vergleichbare »Überredungsversuche« strafrechtlich in Erscheinung getreten war – einmal sogar »zufälligerweise« mit einem Baseballschläger.

Alle Vorzeichen zeigten also in Richtung Verurteilung. Der Angeklagte stand unter offener Bewährung, er würde mit Sicherheit zu einer Haftstrafe verurteilt werden. Zu verlieren gab es so gesehen auch nichts mehr.

Die einzige Hoffnung aus Sicht der Verteidigung war es, doch noch begründete Zweifel des Gerichts an der Aussage von Tom H. hervorzurufen. Denn im Ergebnis kam es für die Verurteilung nach wie vor ausschließlich darauf an, ob das Gericht ihm Glauben schenkte oder nicht. Die zahlreichen einschlägigen Vorstrafen waren ein ernst zu nehmendes Indiz, aber kein Beweis.

In solchen Konstellationen, in denen es im Ergebnis ausschließlich auf die Angaben des einzigen Belastungszeugen ankommt, lohnt es sich hin und wieder doch, ein wenig nachzubohren. Denn wer weiß, vielleicht hatte Tom H. ja doch noch eine »Leiche im Keller«.

In diesem Moment galt es also zu überlegen, an welchen Punkten man mit der Befragung des Zeugen Erfolg versprechend ansetzen konnte. Hierzu muss man wissen, dass es bei »Aussage gegen Aussage« nicht immer gelingen wird, einen Belastungszeugen der Lüge in Hinblick auf die eigentliche vermeintliche Tatschilderung zu überführen. Ernstliche Zweifel an der Richtigkeit der Angaben des Zeugen sind aber auch dann angebracht, wenn er an anderer Stelle in seiner Aussage nachweislich gelogen hat, auch wenn die andere Lüge nicht in unmittelbarem Zusammenhang mit den Tatvorwürfen steht. Denn dann müssen getreu dem Grundsatz, »Wer einmal lügt, dem glaubt man nicht«, schon sehr gewichtige Gründe vorliegen, um dem Zeugen dennoch auch in Hinblick auf seine anderen Angaben zu glauben.

Der Bestatter Tom H. war sehr bemüht, den Anschein eines gewissenhaften und ehrlichen Zeugen und bei der Gelegenheit auch eines seriösen und ehrlichen Geschäftsmannes zu geben. Andererseits hatten zwei Punkte eine gewisse Unzufriedenheit in mir als Strafverteidiger geweckt, was die Ehrlichkeit der Angaben des Bestatters angeht:

Zum einen hatte Tom H. beflissen unterschlagen, dass es ja durchaus Grund für die »Differenzen« mit Marco S. gegeben hatte, schließlich belief sich das »Büroversehen« ja nicht nur auf die zu spät gestellte Rechnung, sondern auch auf die fest versprochene Mitteilung der anstehenden Flugbestattung. So ganz grundlos, wie es Tom H. in seiner Aussage dargestellt hatte, schien Marco S. ja nicht auf den Bestatter sauer zu sein. Marco S. hatte nachvollziehbar und glaubhaft seine Bemühungen geschildert, mit dem Bestatter das Gespräch gesucht zu haben und immer wieder brüsk abgewiesen worden zu sein.

Und dann war ja noch die Sache mit der Flugblattaktion. Auch die hatte Tom H. vor Gericht rasch übergangen, er hatte lediglich von »schriftlichen Zahlungsaufforderungen« gesprochen, eine massive Beschönigung des für Marco S. demütigenden Geschehens.

Diese beiden Punkte bargen die vorsichtig optimistische Prognose, dass die makellose Fassade des Zeugen Tom H. doch noch einen Riss bekommen könnte. Der Zeuge schien jedenfalls keine Skrupel zu haben, seine eigene Rolle in der Geschichte zu beschönigen – vielleicht hatte er dann umgekehrt auch zum Nachteil des Angeklagten gelogen oder zumindest stark übertrieben? Einen Versuch war es wert.

Meine erste Frage an den Bestatter lautete also: »Warum haben Sie eigentlich Flugblätter über die noch offenen Zahlungen des Marco S. verteilt?«

Ehe ich Ihnen seine Antwort verrate, muss ich zuerst etwas gestehen: Die Frage war in dieser Form nicht korrekt gestellt. Streng genommen hätte ich ihn zuerst fragen müssen, ob *er* es denn überhaupt gewesen war, der die besagten Flugblätter verteilt hat beziehungsweise in seinem Auftrag verteilen ließ. Denn das war ja eigentlich noch nicht erwiesen. Die anderen Verfahrensbeteiligten und auch der Zeuge selbst hätten die Frage Erfolg versprechend als unzulässig beanstanden können, aber darauf hatte offenbar keiner Lust.

Nun habe ich die Frage in dieser Form nicht gestellt, weil ich es nicht besser gewusst hätte. Es ist vielmehr ein rhetorischer Trick, der oft auch von den Vernehmungsbeamten der Polizei verwendet wird: das Gegenüber mit vermeintlichem Wissen zu verunsichern. Diese Fragetechnik wird auch als sogenannte

»Illokution« bezeichnet und kann sehr effektiv sein, um dem Gegenüber Informationen zu entlocken, die es unter anderen Umständen so vielleicht nicht preisgeben würde. Ein plakatives Beispiel hierfür: Wenn Sie jemanden fragen, was er denn gerne für Pornos schaue, so wird impliziert, dass man bereits wisse, dass er grundsätzlich Pornografie konsumiert. Diese Frage enthält damit eine eigene Wertung, legt dem Gegenüber eine Information in den Mund und übt Erwartungsdruck aus. Nicht selten reagiert der Befragte überrascht oder ist gar intuitiv bemüht, die Erwartung zu erfüllen und die Frage entsprechend der implizierten Suggestion zu beantworten.

Man sah dem Bestatter sofort an, dass ihm die Frage nicht passte. Ich verstärkte den Druck, indem ich das besagte Flugblatt über den Beamer an die Wand des Gerichtssaals projizieren ließ, sodass auch Publikum und Presse hiervon ausgiebig Kenntnis nehmen konnten. Gleichzeitig las ich den Text noch einmal für alle gut hörbar vor: »ACHTUNG! Wir fordern Marco S. auf, endlich die Bestattungskosten seiner verstorbenen Mutter zu begleichen. Ihr Bestatter.«

»Wieso haben Sie diesen Text an alle Freunde, Nachbarn, Verwandten und sogar den Arbeitgeber von Marco S. verteilt?«

Tom H. geriet ins Stottern, ein gutes Zeichen, auch wenn es juristisch ohne Belang ist. Schließlich kann es tausend Gründe geben, warum jemand stottert oder auch errötet, zu schwitzen beginnt oder der Puls rapide ansteigt. Aber im Unterbewusstsein ist bei jedem von uns abgespeichert, dass es ein klassisches Anzeichen des Lügens ist, egal ob das nun wissenschaftlich fundiert ist oder nicht.

»Ja, also … ich wollte den Marco S. halt ein wenig unter Druck setzen, eben weil er ja die Rechnung nicht bezahlt hat, genau. Ich wollte ihn an sein schlechtes Gewissen erinnern, also daran appellieren und auch die Verwandtschaft mit ins Spiel bringen, weil ich den Eindruck hatte, dass die über die ganze Sache noch nicht so richtig informiert waren.«

»Das ist aber kein sonderlich integres Geschäftsgebaren eines – wie werben Sie noch mal – kundenorientierten und gewissenhaften Bestattungsinstituts, und es ist – ganz nebenbei bemerkt – auch strafbar«, entgegnete ich. Rechtswidrig war die Flugblattaktion allemal, vielleicht auch eine strafbare Datenschutzverletzung. In jedem Fall hätte Marco S. einen begründeten Unterlassungsanspruch gegen den Bestatter durchsetzen, gegebenenfalls auch Schadensersatz verlangen können.

Auch hier hätten die Vorsitzende Richterin oder die Staatsanwältin mich zur Ordnung rufen können, aber beide entschieden sich dagegen. Sie schienen die Methoden des Tom H. ebenfalls zu missbilligen.

Tom H. wurde sichtlich nervöser. »Ich weiß, das sind vielleicht mittelalterliche Methoden. Aber er hat ja wirklich nicht gezahlt, trotz mehrfacher Mahnung. Ich habe gehofft, wenn die Nachbarn und sein Umfeld darüber informiert sind, dann ist vielleicht der moralische Druck auf ihn ein bisschen größer. So etwas geht doch nicht, es ging doch um seine Mutter. Und Verträge muss man einhalten! Da ich den Marco S. nicht mehr erreichen konnte, weder fernmündlich noch persönlich, baute sich schon ein gewisser Frust bei mir auf.«

»Das ist aber merkwürdig«, entgegnete ich: »Marco S. hat in seiner Zeugenvernehmung ausgesagt, dass – ganz im Gegenteil – er derjenige war, der mehrfach versucht hatte, Sie zu erreichen, dass Sie aber nicht ans Telefon gegangen sind.«

»Ich bin mir schon darüber im Klaren«, entgegnete Tom H., »dass das mit den Flugblättern keine ganz saubere Sache war. Aber ich wusste mir eben nicht anders zu helfen.«

»Das war nicht meine Frage!«, blaffte ich ihn an. »Haben Sie – wie soeben behauptet – vor ihrer Flugblattaktion mehrfach versucht, Marco S. anzurufen, oder war es vielleicht doch so, wie es Marco S. hier schildert, und er derjenige, der es mehrfach erfolglos bei Ihnen probiert hatte?«

»Ähm, also genau weiß ich das jetzt nicht mehr. Sehen Sie,

ich habe so viele Kunden …«, war seine nicht sonderlich überzeugende Antwort hierauf. Denn zwei Sätze zuvor hatte er noch mit einiger Überzeugung behauptet, er habe Marco S. nicht mehr erreichen können und sei deswegen frustriert gewesen. Damit hatte ich ihn einer Lüge überführt – wenn auch zugegeben keiner besonders bedeutungsvollen Lüge.

Tom H. ahnte nicht, dass diese erste Lüge nun mein juristisches Einfallstor dafür war, alle seine vorherigen Aussagen infrage zu stellen, sogar die Flugbestattung von Marcos Mutter. Mein Ziel war es nach wie vor, die Glaubwürdigkeit des Bestatters zu erschüttern. Mit etwas Glück würde er auch noch in anderen Punkten der Lüge überführt werden, mit der Konsequenz, dass es dann eben nicht mehr so einfach für das Gericht werden würde, von der Wahrheit seiner belastenden Aussage auszugehen.

»Haben Sie die Mutter von Marco S. überhaupt wunschgemäß bestattet, so wie Sie es mit Marco S. vereinbart haben?«, fragte ich zugegeben provokativ. Denn mit hoher Wahrscheinlichkeit musste man ja durchaus davon ausgehen, dass der Bestatter, der stets auf die Einhaltung von Verträgen insistiert hatte, auch in diesem Fall das getan hatte, was er eben tut: bestatten.

»Ja, wo denken Sie hin«, lautete seine knappe Antwort getragen von sichtlich übertrieben aufgesetzter Entrüstung.

Ein wenig zu aufgesetzt für meinen Geschmack und damit Grund genug, genau das einer wenig aufwendigen Überprüfung zu unterziehen. Um ehrlich zu sein, wollte ich auch ein wenig Zeit schinden. Denn den an Marco S. zugesandten Rechnungsunterlagen war ja auch eine Bestätigung beigefügt, dass die Urne in die Schweiz ausgeführt und dort einer Flugbestattung zugeführt worden war. Jetzt, da man den einzigen Belastungszeugen schon kleinerer Ungenauigkeiten und Unwahrheiten überführt hatte, war es wichtig, weitere Punkte zu sammeln, die genügend Stoff lieferten, ihn als ähnlich unglaubwürdig darzustellen wie den mehrfach einschlägig vorbestraften Angeklagten.

Ich kündigte also gegenüber dem Gericht einen sogenannten Beweisantrag an. Ich beantragte, zum Beweis der Tatsache, dass die Flugbestattung der Mutter des Marco S. nicht vertragsgemäß durchgeführt worden war, die Zeugenvernehmung des Geschäftsführers des für die »Paradise Flugbestattung« tätigen Luftfahrtunternehmens in der Schweiz.

Was aber ist ein Beweisantrag? Nun, der Beweisantrag ist neben der Zeugenbefragung eines der wichtigsten Instrumente des Verteidigers im Strafprozess. Mit dem Thema befassen sich ganze Fachbücher, aber stark vereinfacht und verkürzt gesagt funktioniert der Beweisantrag wie folgt: Der Verteidiger stellt eine Tatsachenbehauptung auf, hier also, dass die Aussage des Tom H., die Flugbestattung sei vertragsgemäß durchgeführt worden, objektiv falsch ist. Zum Beweis dieser Tatsache wird ein Beweismittel angeboten: Hier also die Zeugeneinvernahme des Geschäftsführers des Schweizer Luftfahrtunternehmens, welches nach Angaben des Tom H. die Flugbestattung durchgeführt haben soll. Nun kommt die Besonderheit: Das Gericht muss den formal gestellten Beweisanträgen der Verteidigung grundsätzlich nachkommen, sofern der Beweis dieser Tatsache die Bewertung des angeklagten Sachverhalts verändern würde, die Beweisbehauptung nicht völlig abwegig ist und das Beweismittel nicht völlig ungeeignet oder unerreichbar ist. Anzusetzen ist hier jeweils ein objektiver Maßstab – es spielt also gerade keine Rolle, ob das Gericht ernsthaft mit dem beantragten Beweisergebnis rechnet oder nicht. Der Verteidiger muss auch nicht völlig von der Beweistatsache überzeugt sein, er muss es nur für einigermaßen möglich halten. Stark verkürzt gesagt muss das Gericht nahezu jeden von der Verteidigung gewünschten Zeugen anhören, soweit ein zulässiger, schlüssiger Beweisantrag gestellt wird, aus dem hervorgeht, dass die zu beweisende Tatsache den Fall günstig für den Angeklagten beeinflussen kann.

Das Beweisantragsrecht der Verteidigung geht also sehr weit und kann im Einzelfall mehr oder weniger sinnvoll eingesetzt werden. Vorliegend hätte das Gericht meinen Antrag wohl nicht ohne Weiteres ablehnen können. Warum? Es war ja durchaus denkbar, dass die Flugbestattung der verstorbenen Mutter nicht ordnungsgemäß durchgeführt worden war. Hierzu könnte der Geschäftsführer der laut Tom H. tätigen Flugfirma auch zielführende Angaben machen, indem er beispielsweise angibt, ob ein entsprechender Auftrag von Tom H. erteilt und durchgeführt worden ist oder eben nicht. Und sollte die Flugbestattung nicht vertragsgemäß durchgeführt worden sein, so hätte dies gleich mehrfach Einfluss auf den Fall: Zum einen wäre Tom H. dann ein überführter Lügner in einem wesentlichen Punkt und damit insgesamt sehr unglaubwürdig, zum anderen hätte er auch keinen rechtsgültigen Honoraranspruch gegen Marco S. gehabt, wodurch der Vorwurf der versuchten räuberischen Erpressung gegen den Angeklagten nicht mehr oder zumindest nicht mehr in der Form aufrechtzuerhalten wäre.

Andererseits hätte das Gericht den Antrag dennoch ablehnen können. Die Behauptung war schon eher abenteuerlich, und Zeugen aus der Schweiz muss das Gericht nicht ohne Weiteres herbeischaffen. Außerdem sind die Amtsgerichte (auch in der hier vorliegenden Besetzung als Schöffengericht) in der Praxis dann doch etwas freier als die ihnen übergeordneten Landgerichte, da die meisten Rechtsfehler – so auch die fehlerhafte Ablehnung eines Beweisantrages – in der nächsten Gerichtsinstanz noch geheilt werden können.

Das Gericht kam dem angekündigten Antrag aber nach, wohl nicht zuletzt aufgrund der extrem auffälligen Reaktion des Bestatters: »Was? Das geht nicht! Die Schweizer dürfen sie in diese Sache nicht mithineinziehen!«, stammelte er hektisch und erbleichte. »Meine Geschäftspartner in der Schweiz sind sehr sensibel! Wir haben da auch eine Geheimhaltungserklärung unterschrieben!«

»Aber Ihre Firma bietet doch für einen Aufpreis von 850 Euro Zertifikate über die durchgeführte Flugbestattung an, hat uns Marco S. vorhin erzählt. Wo ist denn hier der Unterschied? Das Gericht wird ja keine 850 Euro zahlen müssen!«, entgegnete ich dem Bestatter.

»Ja ... äh ... das mit den Zertifikaten läuft über eine Vermittlungsfirma. Die Schweizer wollen damit nicht unmittelbar in Verbindung gebracht werden, das hat etwas mit dem Schweizer Luftsicherheitsgesetz zu tun. Daher auch die Geheimhaltungserklärung! Ein Zertifikat könnte ich organisieren, aber der Geschäftsführer des Luftfahrtunternehmens darf auf keinen Fall in diese Sache mithineingezogen werden! Bitte, Frau Richterin, da geht es doch um meinen guten Namen! Bitte, tun Sie doch etwas!«

Die Vorsitzende Richterin hatte der Diskussion zwischen Tom H. und mir aufmerksam zugehört. Sie nickte und teilte mit, das Gericht werde nunmehr die Sitzung unterbrechen, um über die »Beweisanregung« der Verteidigung zu beraten.

Die Unterbrechung dauerte ungewöhnlich lange, mehr als eine halbe Stunde. Was jedoch dann passieren sollte, hatte keiner für möglich gehalten, außer vermutlich der seitdem extrem nervös wirkende Bestatter Tom H.

Die Vorsitzende Richterin teilte mit, dass sie während der Unterbrechung bei der in den Werbefilmen und Werbeangaben von Tom H. angegebenen Schweizer Flugfirma angerufen habe. Dort habe man sehr freundlich und professionell auf ihren Anruf reagiert und sie auch direkt zum Geschäftsführer durchgestellt. Dieser habe alle ihre Nachfragen beantwortet, was nicht sehr viel Zeit in Anspruch genommen habe: Die Bestattungsfirma des Tom H. sei ihm vollständig unbekannt. Von »Paradise Flugbestattungen« habe er noch nie gehört. Sein Unternehmen arbeite überhaupt nicht mit Bestattungsunternehmen zusammen und führe auch keine Flugbestattungen durch. Die Firmentätigkeit würde sich auf die Beförderung exklusiver und ausschließlich lebender Kunden beschränken. Nach seinem Kenntnisstand seien Flugbestattungen in der Schweiz allerdings streng reglementiert und meldepflichtig, sodass man bei den zuständigen Behörden unproblematisch in Erfahrung bringen könne, ob und welche Flugbestattungen in der Schweiz durchgeführt worden sind oder nicht.

Die Richterin blickte streng in Richtung von Tom H., der ob dieser Enthüllungen wohl gern ähnlich tief im Boden versunken wäre wie seine Kundschaft ansonsten in der Erde. Ob er dazu etwas sagen wolle oder sich zunächst einmal mit einem Anwalt beraten möchte?

Der folgende Moment der Stille wurde jäh durchbrochen von der einzigen Regung, welche der Angeklagte im gesamten Verfahren zeigte: Er brach in lautes, dröhnendes Gelächter aus. Denn als erfahrener »Berufs-Angeklagter« schien er nur allzu gut zu wissen, was die neuen Erkenntnisse aus der Schweiz zur Folge haben würden.

Und so kam es dann auch. Nach einer kurzen Anhörung des Staatsanwalts und der Verteidigung wurde in allseitigem Einvernehmen auf jede weitere Beweisaufnahme verzichtet. Auf übereinstimmenden Antrag der Staatsanwaltschaft und der Verteidigung wurde der Angeklagte innerhalb weniger Minuten freigesprochen. Angesichts der massiven Lügen des Tom H. konnte man unmöglich wissen, ob es die von ihm behauptete Erpressung mit dem Baseballschläger nun gegeben hatte oder ob sie – so wie die Flugbestattungen – frei erfunden war.

Für Marco S. hingegen muss eine Welt zusammengebrochen sein. Denn wenn seine Mutter niemals über den Schweizer Alpen bestattet wurde, stellte sich die berechtigte Frage, wo sie denn dann abgeblieben war. Eine Frage, die sich nun auch die Staatsanwältin stellte. Sie ließ unmittelbar im Anschluss an den Freispruch meines Mandanten Tom H.s Bestattungsinstitut und dessen Wohnung durchsuchen – in der Hoffnung, irgendwelche Unterlagen oder Hinweise auf den Verbleib von Marcos

Mutter und der anderen zahlreichen »Flugbestatteten« zu finden. Denn egal, was mit ihrer Asche passiert war, ein Betrug war es in jedem Falle gewesen.

Was die Ermittler dann aber bei der Durchsuchung fanden, verschlug selbst den hartgesottenen Polizeibeamten die Sprache: Im großflächigen Keller des Wohnanwesens von Tom H. standen hundertfach übereinandergestapelte Urnen samt Inhalt, verteilt auf drei verschiedene Kellerräume. Auf den Deckeln jeder einzelnen Urne befand sich ein Aufkleber mit einer Zahlenfolge, um die jeweilige Identität der Eingeäscherten zuordnen zu können. Diese Zahlen waren allerdings abgekratzt. Welche Urne die von Marcos Mutter war, ließ sich nicht mehr feststellen. Nur eines war klar: Der Bestatter Tom H. hatte nicht nur eine, sondern gleich Hunderte Leichen im Keller.

So bestätigte sich einmal mehr die oben zitierte alte Volksweisheit: »Wer einmal lügt, dem glaubt man nicht ...« Doch ob Tom H. auch in Bezug auf meinen Mandanten gelogen und ihn falsch verdächtigt hatte, war damit natürlich nicht bewiesen – zumal das geflügelte Sprichwort ja noch weiter geht: »Wer einmal lügt, dem glaubt man nicht – auch wenn er doch die Wahrheit spricht.«

Zwei Jahre später jedenfalls wurde mein Mandant wegen mehrerer neuer Gewaltstraftaten zu insgesamt sechs Jahren Haft verurteilt. Laut Urteilsfeststellung unter anderem wegen räuberischer Erpressung mit einem Baseballschläger ... Möglicherweise hatte Tom H. zumindest in Bezug auf meinen ehemaligen Mandanten dann doch die Wahrheit gesagt.

DIE INFLUENCERIN

Einsatzzentrale Polizeinotruf

Anruferin: Ich brauche einen Krankenwagen!
Einsatzzentrale: Um was geht's denn?
Anruferin: Ich habe mich mit meinem Freund gestritten.
Einsatzzentrale: Und was ist passiert?
Anruferin: Ich hab ihn ein bisschen mit dem Messer verletzt.
Einsatzzentrale: Sie haben ihn ein bisschen verletzt? Wo denn?
Anruferin: So in der Nähe der Brust.
Einsatzzentrale: Okay?! In welchem Stock wohnen Sie?
Anruferin: Erster Stock, bitte.
Einsatzzentrale: Jetzt machen Sie aber nichts mehr, oder?
Anruferin: Nein, nein, alles gut!
Einsatzzentrale: Sie verhalten sich jetzt ruhig, wir kommen.
Anruferin: Ich danke.
Einsatzzentrale: Tschau.
Anruferin: Bitte, wenn's geht, ohne Sirene, ja?
Einsatzzentrale: Jawohl.
Anruferin: Danke.
Einsatzzentrale: Tschüss.

Als die Einsatzkräfte mit einem Großaufgebot an der angegebenen Adresse eintrafen, kam ihnen die junge Frau bereits im Treppenhaus entgegen. Sie stellte sich den Einsatzkräften als Melanie Schmidt vor und sagte in unaufgeregtem Ton, dass man ihr schnell in die Wohnung folgen solle, weil ihr Freund dringend Hilfe brauche. Sie trug teure Designerkleidung, eine cremefarbene Hose und ein strahlend weißes Top. Im krassen Kontrast zu ihrer gestylten Erscheinung und ihrem höflich gefassten Auftreten war die gesamte Kleidung der jungen Frau mit Blut besudelt, insbesondere im Bereich der Oberschenkel und der Brust.

Einer der zur ersten Aufklärung der Sachlage und Eigensicherung der Rettungskräfte eingesetzten Polizeibeamten forderte Melanie Schmidt zunächst auf, ihre gleichfalls erkennbar blutverschmierten Hände zu zeigen. Auf Nachfrage, ob sie ein Messer oder andere gefährliche Gegenstände bei sich habe, verneinte sie dies. Eine weitere Durchsuchung erschien dem Beamten angesichts ihrer hauteng anliegenden Kleidung entbehrlich – sie war offenkundig unbewaffnet.

Melli führte die Polizeibeamten, die ihr, jederzeit zugriffsbereit, dichtauf folgten, in ihre Wohnung. Dort im Wohnzimmer lag rücklings ein nur mit einer Boxershorts bekleideter mittzwanzigjähriger Mann, der sich blutdurchtränktes Küchenpapier auf seine Brust drückte. Ansonsten erschien das Wohnzimmer unauffällig, eine kurze Kontrolle der übrigen Zimmer ergab keine weiteren Erkenntnisse. Die Polizeibeamten gaben den Rettungskräften grünes Licht, den Einsatzort zu betreten und medizinische Hilfe zu leisten.

Der am Boden liegende Mann war zunächst noch ansprechbar. Er stellte sich als Alexander Müller vor und sagte mehrfach, dass seine Freundin Melli sich keine Sorgen und Vorwürfe machen solle. Er wolle keine Anzeige erstatten, sagte er immer wieder, ehe er in einen halbschlafähnlichen Dämmerzustand verfiel, stark geschwächt durch den hohen Blutverlust. Ein kurzer Blick unter die blutdurchtränkten Küchentücher auf seiner Brust brachte eine deutlich erkennbare Stichverletzung zum Vorschein, direkt in der Herzgegend. Er befand sich offensichtlich in akuter Lebensgefahr, das war den Polizeibeamten auch ohne Rücksprache mit den Rettungskräften sonnenklar.

Während Notarzt und Sanitäter um Alex' Leben kämpften, separierten die Polizisten Melli vom Einsatzgeschehen und geleiteten sie zunächst in das benachbarte Schlafzimmer, wo sie noch an Ort und Stelle als Beschuldigte eines versuchten Tötungsdelikts belehrt wurde. Die genaue rechtliche Einordnung war zwar Aufgabe der mittlerweile ebenfalls verständigten Mordkommission und der Staatsanwaltschaft, aber jedes Kind weiß, dass ein Stich mit dem Messer auf Höhe des Herzens tödlich enden kann.

Den Polizeibeamten gegenüber gab Melli an, dass es in der Vergangenheit immer wieder zu heftigen Streitigkeiten zwischen ihr und Alex gekommen sei. Einen genauen Zeitraum, Ursache oder Intention der Streitigkeiten nannte sie aber nicht. Sie weinte ununterbrochen und war offensichtlich vollkommen aufgelöst. Zum eigentlichen Tathergang konnte sie aufgrund ihres Zustandes keine brauchbaren Angaben machen. Sie gab nur immer wieder zu verstehen, dass es ihr leidtue. Während Notarzt und Sanitäter den schwer verletzten Alex notdürftig versorgten, um ihn schnellstmöglich ins Krankenhaus zu bringen, fertigten die Polizisten zeitgleich Lichtbilder vom »Urzustand« des Tatorts an, die später das ganze Drama um Alex' Rettung sehr plastisch dokumentieren würden.

Mittlerweile hatte sich Alex' Zustand drastisch verschlechtert. »Ich kann nicht mehr, ich ersticke«, sagte er noch, bevor er bewusstlos wurde und die Rettungskräfte umgehend mit seiner Beatmung beginnen mussten. Währenddessen fand einer der Beamten in der Küche ein blutverschmiertes silbernes Küchenmesser mit einer Klingenlänge von etwa 15 Zentimetern. Die

Blutanhaftungen reichten bis hinunter zum Schaft, was darauf schließen ließ, dass das Messer komplett und mit viel Kraft in Alex' Körper eingedrungen war. Ansonsten war der Boden der Wohnung verdächtig sauber – Melli musste vor dem Eintreffen der Polizei noch aufgeräumt und geputzt haben. Spätestens jetzt war die junge Frau eines versuchten Tötungsdelikts dringend tatverdächtig. Sie wurde vorläufig festgenommen und der eingetroffenen Mordkommission übergeben.

Ein langer Tag und eine Nacht waren vergangen, seit Alex von seiner Partnerin Melli beinahe getötet worden wäre. Wie durch ein Wunder hatte er den Messerstich in die Herzgegend, der nur wenige Zentimeter rechts davon längs seines Brustbeins verlief, erstaunlich gut überstanden. Glücklicherweise hatte das Messer sein Herz knapp verfehlt und stattdessen »nur« seinen rechten Lungenoberlappen sowie eine Vene verletzt. In einer mehrstündigen Operation hatten die Ärzte seine zusammengefallene Lunge wiederhergestellt. Eine 21 Zentimeter lange geklammerte Narbe zeugte von dem massiven operativen Eingriff, der Alex das Leben gerettet hatte. Inzwischen war er wieder ansprechbar und wollte dringend mit einem Anwalt reden.

Beim anwaltlichen Krankenbesuch erwies sich Alex als kühler Pragmatiker mit konkretem, problemlösungsorientiertem Denken. Der Notarzt hatte den unwiederbringlichen Verlust seines Lebens gerade noch erfolgreich abgewendet, jetzt sollte sein Anwalt den drohenden Verlust seines »Jobs« abwenden. Denn ohne die bei Instagram glamourös durchinszenierte Beziehung zu seiner Fastmörderin Melli wäre er finanziell ruiniert. Melli und Alex hatten auf ihrem gemeinsamen Instagram-Profil eine hohe sechsstellige Zahl an »Followern«; durch die Inszenierung als glamouröses Traumpaar bekam er deutlich bessere »Influencerjobs« in Form von Werbeaufträgen und geschenkten Produkten, die dann in den sozialen Medien von ihm und seiner Freundin gekonnt beworben wurden.

Obwohl auch die Mordkommission von einem versuchten Tötungsdelikt ausging – ob Mord oder »nur« Totschlag mussten die Ermittlungen noch ergeben –, hatte die Presse von den dramatischen Ereignissen in der noblen Designerwohnung bisher noch nichts mitbekommen. Aber wie lange noch? Die Fans und Follower wurden langsam unruhig, weil weder Alex noch Melli seit ihrem Rückflug aus Bali irgendein Update auf ihrem gemeinsamen Instagram-Profil gepostet hatten. Schon machten Gerüchte über eine mögliche Trennung oder gar einen Schicksalsschlag die Runde. Kurzum, ohne ein offizielles Statement der beiden bekannten Influencer brodelte die Gerüchteküche. Die Fans wussten ja nicht, dass sowohl Alex als auch Melli derzeit gänzlich unpässlich waren – Alex lag nach seiner lebensrettenden OP noch sichtlich mitgenommen im Krankenhaus, Melli saß wegen des dringenden Tatverdachts eines Tötungsdelikts in Untersuchungshaft.

Sich als »Mordopfer« der zierlichen Melli zu präsentieren kam für Alex nicht infrage. Seine mühsam aufgebaute Marke als tatkräftiger, durchtrainierter »Fitnessstar« würde für immer mit diesem Makel verknüpft sein, das konnte Alex unmöglich riskieren. Auch seine Werbeverträge für Sportgeräte und Nahrungsergänzungsmittel, insbesondere mit seinem Hauptsponsor »HiPure«, wären dann mit Sicherheit sofort Geschichte. Seine Businessstrategie war immer gewesen, ein strikt positives Image zu präsentieren. Schlechte Nachrichten oder gar Beziehungsstreitigkeiten hatten in Alex' Social-Media-Welt keinen Platz. Wenn es überhaupt einmal etwas Unangenehmes zu berichten gab, so musste das sorgsam in einem positiven Kontext präsentiert werden, um die Follower nicht zu verunsichern oder zu enttäuschen. Kurzum: Alex' einziges Ziel war es, Melli so schnell wie möglich aus dem Knast zu holen, ihre gemeinsamen Fans standen schließlich über allem.

Die ganze Sache – so Alex – sei ohnehin mehr »so eine Art Unfall« gewesen. Melli und er seien gerade erst von ihrem dreiwöchigen Bali-Trip auf Rechnung ihres Hauptwerbepartners »HiPure« zum Launch eines neuen Vitamindrinks zurückgekommen. Kaum gelandet, hätten sie sich dann trotz heftigen »Jetlags« auf die private Geburtstagsparty von Mellis »Beauty-Doc« Bruce begeben. Dort wäre es zu einem ersten dummen Streit gekommen, weil Alex sich etwas zu lange und zu intensiv mit einem aufstrebenden jungen »Fitnessmodel« unterhalten habe. Melli habe sich daraufhin geweigert, eine gemeinsame »Story« auf Instagram zu posten, und sich eifersüchtig und zickig gegeben. Nicht ganz ohne Grund, gab er offen zu, denn Alex hatte dem jungen, frisch brustoperierten Model immer wieder ungeniert ins Dekolleté geglotzt. Ein No-Go für Melli, zumal sie sehr wohl um Alex' Faible für gemachte Brüste wusste.

Ab diesem Zeitpunkt habe Melli kein Wort mehr mit Alex gesprochen. Das sei eben manchmal so mit ihr, das gehe dann aber auch schnell wieder vorbei. Weil sie beide ein paar Gläschen Champagner getrunken hatten, seien sie mit dem Taxi nach Hause gefahren, allerdings ohne ein Wort miteinander zu sprechen. Die Sache mit dem Model war für Melli offenkundig noch nicht vorbei.

In ihrer gemeinsamen Wohnung angekommen habe Alex einfach nur ins Bett gehen wollen und sich zügig ausgezogen, doch Melli sei plötzlich wieder gesprächig geworden und habe von dem »Fitnessmodel« angefangen. In der Küche habe sie ihn immer wieder angegangen, ob er Chiara – so der Name der jungen Dame von Bruce' Party – nicht gleich auf der Toilette noch habe »ficken« wollen. Er sei einfach nur »peinlich« und solle sich »verpissen«, überhaupt sei er in letzter Zeit der reinste »Versager«.

Das sei aber alles nicht ungewöhnlich, versicherte Alex. Sie hätten sich schon oft so gestritten. Er habe einfach nur ruhig reagiert, doch daraufhin habe sie dann »mal wieder« ein Küchenmesser in die Hand genommen und damit gedroht, ihn »abzustechen« und ihm seinen »kleinen notgeilen Schwanz« abzuschneiden. Auch solcherlei Hasstiraden kenne er schon von ihr, das sei für ihn nichts wirklich Neues. Wie es dann zu seiner nahezu tödlichen Verletzung gekommen sei, könne er dagegen gar nicht mehr so genau sagen:

»Das mit der Melli und mir ist ein wenig kompliziert. Wenn wir beide ›diskutieren‹, andere würden es wahrscheinlich ›streiten‹ nennen, dann werden wir schnell laut, und Melli wird dann auch schnell ganz hysterisch und ›explosiv‹. Sie ist eben eine ›temperamentvolle‹ Frau und nimmt dann auch mal ein Messer in die Hand, um damit ein bisschen herumzufuchteln.«

Es könne dann schon so gewesen sein, so Alex weiter, dass er sie habe am Arm packen wollen, um ihr das Messer abzunehmen und sie wieder zur Vernunft zu bringen. Vielleicht habe er sich ja dabei das Messer irgendwie selbst in die Brust gerammt? So genau wisse er das alles nicht mehr, er sei sich aber sicher, Melli treffe keine Schuld. Sie habe das mit Sicherheit nicht gewollt.

An die Geschehnisse danach konnte er sich dagegen besser erinnern. Er habe einfach im Wohnzimmer gestanden und plötzlich gemerkt, dass es im Bereich seiner Brust ganz warm wurde. Melli habe dann laut geschrien und »das Messer fallen lassen«. Daraufhin habe er sich auf den Boden gelegt, sie sei mit einer Küchenrolle gekommen und habe einzelne Blätter davon auf die stark blutende Wunde gedrückt. Währenddessen habe sie den Notruf alarmiert. Das Nächste, woran er sich noch erinnere, seien die Sanitäter und dass er immer schlechter Luft bekommen habe. Danach wisse er eigentlich nichts mehr.

Langer Rede kurzer Sinn: Die ganze Sache mit dem Messer könne Alex sich überhaupt nicht erklären. Allerdings schienen seine »Erinnerungslücken« sehr punktueller Natur zu sein. Er wand sich, das war ganz offensichtlich. Offenbar wollte er Melli auf keinen Fall belasten. Dass er sich aber ausgerechnet an den Ursprung seiner Stichverletzung nicht erinnern konnte, würde ihm wohl kein ernst zu nehmender Polizeibeamter, Staatsanwalt oder Richter glauben.

Böse Zungen behaupten ja immer, das Einzige, was ein Anwalt im Strafrecht wirklich für seinen Mandanten leiste, sei der gute Rat, jede Aussage zu verweigern. Das Problem in Alex' Fall: Als Beschuldigter oder Angeklagter einer Straftat darf man schweigen, als Opfer dagegen grundsätzlich nicht. Die Kriminalpolizei hatte sich in wenigen Minuten zur Vernehmung am Krankenbett angekündigt, und nach anwaltlicher Beratung wusste Alex nun, dass er als Opfer kein Schweigerecht hatte. Ein Zeugnisverweigerungsrecht als naher Angehöriger hatte er leider auch nicht, da er mit Melli weder verwandt noch verlobt oder verheiratet war – eine bloße Lebensgemeinschaft oder Partnerschaft reicht dafür nicht. Und seine schlecht durchdachte Version, er könne sich das Messer im Eifer des Gefechts ja selbst in die Brust gerammt haben, würde ihm wohl niemand glauben.

Alex hätte natürlich auch einfach behaupten können, mit Melli verlobt zu sein. Es war aber sehr fraglich, ob die erfahrenen Vernehmungsbeamten von der Mordkommission diese Lüge einfach so akzeptieren würden. Dummerweise hatte Alex erst am Abend ihrer Abreise aus Bali auf Instagram gepostet, dass die Ehe etwas ganz Besonderes sei und er deshalb nur ein einziges Mal im Leben heiraten wolle. Diesem besonderen Moment im Leben müsse auch ein ganz besonderer und außergewöhnlicher Antrag vorausgehen. Man konnte dieses Posting kaum übersehen, selbst wenn man das Profil nur oberflächlich überprüfte – es war schlicht der letzte veröffentlichte Beitrag.

Bliebe natürlich noch die in Strafverteidigerkreisen als »Holzhammermethode« bekannte Option, Melli einfach einen Heiratsantrag per Brief in die U-Haft zu schicken, was sicherlich ein »außergewöhnlicher Antrag« wäre, ohne Frage. Nur müsste Melli diesen Antrag auch annehmen, erst dann würden die beiden als verlobt gelten, und erst ab diesem Punkt hätte Alex ein Zeugnisverweigerungsrecht beziehungsweise dürfte eine schon erfolgte Aussage gegen dessen Willen nicht mehr gegen Melli verwendet werden. Aber bis dahin wäre es möglicherweise schon zu spät. Denn wenn Alex bei seiner unglaubwürdigen »Unfalltheorie« bleiben würde, würden die Ermittler mit Sicherheit zu der Überzeugung gelangen, dass Melli aus Eifersucht und in Tötungsabsicht auf ihn eingestochen hatte und er sie mit seiner armseligen Aussage lediglich schützen wollte.

Die Folgen wären absehbar: Melli würde bis auf Weiteres in Untersuchungshaft bleiben und zeitnah angeklagt, auch wenn sie vermutlich »nur« wegen »vollendeter gefährlicher Körperverletzung« und nicht wegen »versuchten Totschlags« verurteilt werden würde. Immerhin hatte sie ja direkt nach der Tat alles unternommen, um Alex' Leben zu retten, und war damit – juristisch betrachtet – von ihrem »Tötungsversuch« strafbefreiend »zurückgetreten«. So richtig viel würde ihr das aber trotzdem nicht helfen, denn beinahe tödliche Messerangriffe werden regelmäßig mit hohen Freiheitsstrafen geahndet, da gibt's dann auch keine Bewährung mehr.

Hiermit konfrontiert brach für Alex eine Welt zusammen. Würde Melli in U-Haft bleiben und sogar verurteilt, dann wäre ihre gemeinsame Instagram-Karriere vorbei – zumindest in der gegenwärtigen Form als Traumpaar. Keine seriöse Firma will schließlich ihre Wohlfühlprodukte mit einer blutrünstigen Knastbraut verbunden sehen. Und auch Alex' mühsam aufgebaute Karriere wäre am Ende. Ohne sein »Dreamgirl« Melli war der sorgsam durchgeplante gemeinsame Social-Media-Auftritt nichts mehr wert. Das hatte Alex schon bei den Verhandlungen mit dem Management ihres gemeinsamen Hauptsponsors »HiPure« gemerkt, die gesundheitsbewusste Paare und Familien als klare Zielgruppe hatten und daher ein attraktives, glückliches und vor allem sorgenfreies junges Traumpaar als Werbeträger wollten.

Verzweifelt, wie er war, erzählte Alex mir nun, was tatsächlich passiert war: Nach dem Abend beim Schönheits-Doc Bruce zu Hause angekommen wollte er eigentlich direkt ins Bett. Beim Verlassen des Badezimmers habe Melli bereits mit einem Smartphone in der Hand auf ihn gewartet. Melli habe ihm wutentbrannt das Handy vor die Nase gehalten und ihn angegiftet, wer das sei. Alex habe kurz schlucken müssen, weil es sich um den Namen des besagten »Fitness-Models« gehandelt habe. Erst da habe er realisiert, dass sie sein eigenes Handy in der Hand hielt – sie hatten beide dasselbe schwarze iPhone. Melli musste seinen Sperrcode gekannt haben. Sie habe dann so lange auf ihn eingeredet, ob er mit der »dummen Schlampe« etwas habe, bis er schließlich eingeknickt sei. Er habe noch nie gut lügen können und ihr gegenüber dann schlussendlich gestanden, dass in der Vergangenheit schon etwas »mehr« mit dem besagten Model gelaufen wäre. Er sei ihr schon vor ein paar Monaten im Fitnessstudio begegnet, und dort sei es zu kurzem Sex auf der Toilette gekommen.

Melli sei daraufhin völlig ausgeflippt. »Ich hab's doch gewusst! Natürlich hast du die Tittenschlampe auf der verfickten Toilette gebumst!«, habe sie noch geschrien, dann sei es zu dem von ihm bereits beschriebenen heftigen Streit und den Beschimpfungen gekommen. Irgendwann habe er das Messer in ihrer Hand bemerkt. Sie musste es schon die ganze Zeit dabeigehabt haben, so seine Schlussfolgerung, denn vom Messerblock in der Küche standen sie beide zu diesem Zeitpunkt viel zu weit entfernt. Ihr Blick sei plötzlich völlig starr und hasserfüllt gewesen. Sie habe sinngemäß gesagt: »Wenn ich dich nicht haben kann, dann soll dich auch keine andere Frau haben!«, und ihm dann völlig unvermittelt mit dem Messer in die Brust gestochen. Sie habe es sicher nicht böse gemeint, da war Alex ganz sicher. Immerhin sei sie danach total über sich selbst erschrocken und habe ihm sofort geholfen. Er wolle keine Anzeige und kein Strafverfahren, er könne das alles mit Melli selbst klären.

Diese detailliertere Aussage machte es freilich nicht besser für Melli. Nicht wenige Staatsanwälte und Richter werten die (versuchte) Tötung aus Eifersucht als sogenannten niederen Beweggrund und damit sogar als »Mordmerkmal«. Würde Alex wahrheitsgemäß aussagen, so drohte Melli – Rettungsbemühungen hin oder her – zumindest eine Anklage wegen versuchten Mordes. Die Presse würde es sicherlich freuen, die Sponsoren wohl eher weniger. Dass aber Melli vor Gericht angeklagt oder gar bestraft werden würde, das wollte Alex auf gar keinen Fall. Er würde alles dafür tun, um nicht aussagen zu müssen. Er sei auch sofort dazu bereit, sich mit Melli zu verloben oder sie zu heiraten.

Es mag absurd klingen, aber tatsächlich wäre ein solcher »Deal« nicht illegal. Gesetzlicher Zweck des Zeugnisverweigerungsrechts für nahe Angehörige ist es schließlich, den schlimmen Gewissenskonflikt zu vermeiden, »gegen« einen geliebten Menschen aussagen zu müssen. Der Gesetzgeber hat dieses Recht ganz bewusst auf Verlobte ausgedehnt; auch wenn man eine Verlobung – anders als die Ehe – nach deutschem Recht ja recht spontan eingehen und übrigens auch genauso leicht wieder auflösen kann. Einzige Voraussetzung für ein wirksames Verlöbnis: Es muss ernst gemeint sein.

So gesehen hieß es, Zeit zu gewinnen. Die Kriminalbeamten der Mordkommission hatten sich zur Zeugenvernehmung am Krankenbett angekündigt und könnten jeden Moment erscheinen. Aber zu diesem Zeitpunkt hatte Alex noch kein Zeugnisverweigerungsrecht.

Allerdings sind die juristischen Mittel der Ermittlungsbehörden, die Aussagepflicht eines Zeugen bei der Polizei zu erzwingen, nicht sonderlich effektiv. Denn eine wirkliche juristische Handhabe gegen Zeugen, die bei der Polizei nicht aussagen, ist faktisch nicht vorhanden – auch wenn Polizisten nicht selten versuchen, das anders darzustellen. Eine rechtlich durchsetzbare »Aussagepflicht« von Zeugen besteht nämlich streng genommen *erst* und damit auch *nur* gegenüber einem Gericht oder der Staatsanwaltschaft. Solange einer polizeilichen Vorladung als Zeuge kein expliziter Auftrag der Staatsanwaltschaft zugrunde liegt, muss man zu dieser noch nicht einmal erscheinen. Das Gleiche gilt natürlich erst recht für einen Besuch am Krankenbett. Alex konnte also trotz bestehender Zeugenpflicht folgenlos jede Aussage verweigern – zumindest zunächst. Die Kriminalbeamten müssten dann erst einmal den Weg über die Staatsanwaltschaft oder das Gericht gehen, um ihn erneut vernehmen zu können. Bis dahin wäre die unromantische, aber effektive Verlobung mit Melli vielleicht schon in trockenen Tüchern. Es sollte jedoch ganz anders kommen.

Die kurz nach dem Anwalt erschienenen Kriminalbeamten machten nämlich gar keine Anstalten, Alex als Zeugen zu befragen. Ganz im Gegenteil: Lakonisch erklärten sie Alex, dass er Beschuldigter in einem Strafverfahren wegen Körperverletzung zum Nachteil von Melanie Schmidt sei und dass es ihm freistehe, hierzu Angaben zu machen oder zu schweigen ... Was war geschehen?

Auch Melli hatte nicht vor, ihr glamouröses Influencerleben aufzugeben, und schon gar nicht, es für mehrere Jahre gegen eine Zelle im Gefängnis einzutauschen. Also hatte auch sie sich überlegt, wie sie am besten aus der Nummer rauskommen würde – allerdings mit einem anderen »Trick« als Alex.

Noch in den frühen Morgenstunden nach ihrer Verhaftung und ohne vorherige Hinzuziehung eines Strafverteidigers hatte sich Melli trotz ihres absoluten Schweigerechts als Beschuldigte dazu entschlossen, umfassende Angaben zu machen. Dabei erwies sie sich als durchaus »kreativ«. Das Protokoll der polizeilichen Vernehmung würde sich später wie folgt lesen:

Belehrung: Frau Schmidt, Sie werden beschuldigt, heute Nacht gegen 3:45 Uhr Ihren Freund Alexander Müller mit einem Messer lebensgefährlich verletzt zu haben. Sie haben das Recht, die Aussage zu verweigern sowie einen Rechtsanwalt zu befragen, der auch bei der Vernehmung anwesend sein darf. Gegebenenfalls wird Ihnen das Gericht einen Pflichtverteidiger bestellen. Außerdem haben Sie das Recht, Beweisanträge zu stellen. Ihnen wurde im Rahmen der Festnahme zum Lesen und Unterzeichnen ein Formblatt ausgehändigt, wodurch Sie über Ihre oben genannten Rechte sowie weitere Rechte als Beschuldigte aufgeklärt wurden.

Frage: Haben Sie die Belehrung verstanden, und wie haben Sie sich entschieden?

Antwort: Natürlich habe ich das. Ich möchte etwas dazu sagen. Ich brauche keinen Rechtsanwalt, mir ist alles ganz klar.

Frage: Was war heute Nacht los?

Antwort: Alex und ich waren auf einer Geburtstagsfeier von Bruce, einem befreundeten »Beauty-Doc«, übrigens der Beste, den es weit und breit gibt. Dort habe ich mich dann länger mit einem Kollegen von Bruce unterhalten, weil der Spezialist für Brustvergrößerungen ist und ich mir schon länger überlege, mir die Brüste machen zu lassen. Mein Freund ist aber recht eifersüchtig und will nicht, dass ich mir die Brüste von einem männlichen Arzt operieren lasse, weshalb wir uns dann noch auf der Party gestritten haben. Wir sind dann mit dem Taxi nach Hause gefahren, und Alex ist sofort ins Badezimmer gegangen. Irgendwann kam er dann raus und hatte ein iPhone in der Hand. Zu Beginn habe ich nicht erkannt, dass es sich um mein Handy handelt, ich dachte, es wäre seins. Wir haben beide schwarze iPhones, dasselbe Modell.

Alex hat mich dann gefragt, warum ich die Nummer von Bruce' Kollegen in meinem Handy eingespeichert hätte. Ich habe wohl ein wenig verdutzt geschaut, bis ich realisiert habe, dass Alex mein Handy in der Hand hielt. Er kennt meine PIN, ich meine den Sperrcode. Wir haben uns dann in die Küche gesetzt, ich saß auf der Bank, Alex mir gegenüber. Wir haben gestritten, weil ich das alles nicht verstanden habe. Er fragte immer wieder, ob ich mit der Person etwas hätte. Ich sagte, dass er einfach ein Arbeitskollege von Bruce sei und ich kein Verhältnis mit ihm hätte. Das hat er mir aber nicht geglaubt, er ist immer wütender geworden und hat mir immer neue Vorwürfe gemacht. Ich würde ihn vermutlich »ficken, um mir meine Möpse danach umsonst fett machen zu lassen«, hat er mich angeschrien. Ich sagte ihm, dass er doch auf Frauen mit dicken Möpsen stehe, zugegeben, um ihn zu provozieren, weil er mich so dreist verdächtigte.

Frage: Was ist dann passiert?

Antwort: Daraufhin ist Alex plötzlich aufgesprungen und mit geballter Faust auf mich zugekommen. Als sein Blick auf den Messerblock fiel, hat er ein Messer rausgezogen. Er meinte, dass er mir meine Brüste lieber abschneidet, als dass er zulässt, dass »ein notgeiler Quacksalber« Hand an mich legt. Darauf habe ich erwidert, dass dann wenigstens einer mal Hand an mich legt, natürlich wieder um ihn zu provozieren, weil ich mir nicht von ihm vorschreiben lassen wollte, ob und von wem ich mich operieren lasse.

Daraufhin ist er völlig ausgeflippt, hat das Messer auf den Küchentisch geschmissen und ist weiter auf mich zugegangen. Dann hat er mich am Oberkörper gepackt, vielleicht hat er mich auch geohrfeigt, so genau kann ich das nicht mehr sagen. Ich habe nicht wirklich nachgedacht und mit meiner Hand um mich gegriffen, um irgendetwas zu haben, womit ich mich gegen ihn wehren kann. Ich hatte Angst, ich wollte nicht, dass das Ganze schon wieder eskaliert.

Plötzlich hatte ich einen Gegenstand in der Hand. Ich wollte Alex einfach nur von mir fernhalten und habe versucht, ihn mit dem Ding abzuwehren, da habe ich wohl damit zugestoßen. Irgendwie gab es keinen Widerstand. Der Gegenstand ist einfach in ihn eingedrungen, und erst da habe ich gemerkt: »Verdammt, das ist ja ein Messer!«

Wir haben uns gegenseitig angeschaut, und Alex meinte nur zu mir: »Nicht so schlimm, nicht so schlimm.« Er lachte sogar ein wenig dabei. Ich habe ihm geholfen, sich langsam auf den Boden zu legen. Dann habe ich die Küchenrolle genommen und auf die Wunde gedrückt. Ich war völlig durcheinander und habe nur schnell mein Handy genommen und den Notruf gewählt.

Melli hatte den Spieß einfach umgedreht und alles auf Alex geschoben. Mit Erfolg. Noch am selben Tag wurde Melli aus der Untersuchungshaft entlassen. Denn nach ihrer eigenen Schilderung hatte sie in Notwehr gehandelt, um sich eines körperlichen Angriffs durch Alex zu erwehren.

Damit war jetzt Alex ebenfalls Beschuldigter. Nachdem er sich jedoch entschlossen hatte, keine Angaben zu machen – was er als Beschuldigter durfte –, stand es hinsichtlich der Frage, wer mit der Gewalt angefangen hatte, »Aussage gegen Aussage«. Denn immer dann, wenn ein Beschuldigter sich dazu entschließt, keine Angaben zu machen, wird das juristisch so gewertet, als würde er pauschal alles abstreiten. Obwohl ziemlich sicher davon auszugehen ist, dass Melli einfach die Rollen in ihrer Aussage vertauscht und somit dreist gelogen hatte, konnte man ihr nichts nachweisen. Aber ganz ehrlich: Wer, bitte schön, kann sich eine Nacht später nicht mehr daran erinnern, ob er oder sie geohrfeigt worden ist, und merkte auch nicht, dass der »Gegenstand«, nach dem gegriffen wurde, in Wirklichkeit ein Messer war? Ganz zu schweigen davon, dass Alex im Wohnzimmer aufgefunden wurde, obwohl doch der Messerangriff laut Melli in der Küche stattgefunden hatte ...

Doch da Alex der gemeinsamen Influencerkarriere wegen sein Schweigen nicht brechen würde, blieb es dabei. Das Strafverfahren gegen Melli wegen versuchten Totschlags wurde wenige Wochen später mangels Tatnachweis endgültig eingestellt.

Auch das auf Initiative von Melli eingeleitete Verfahren gegen Alex wurde letztlich eingestellt, wenn auch mit einer ganz anderen Begründung: Bei Alex könnte man von einer Strafe absehen, weil er durch den zwar gerechtfertigten, aber lebensbedrohlichen Stich der Geschädigten Melanie Schmidt schwer verletzt wurde. Melli hingegen habe keine erkennbaren oder gar bleibenden Verletzungen erlitten. Bei Vornahme der erforderlichen Abwägung wäre eine Bestrafung von Alex verfehlt. Am Ende war Alex also vom Opfer eines versuchten Totschlags zum Täter einer Körperverletzung geworden und lediglich aus Milde nicht bestraft worden. Gleichwohl war Alex dieses Ergebnis aber nur sehr recht. Noch am Tag von Mellis Entlassung posteten die beiden auf ihrem gemeinsamen Instagram-Profil eine »Erklärung« für alle Fans und Follower, welche noch viel weniger mit der Wahrheit zu tun hatte als Mellis Aussage bei der Polizei:

»Ihr Lieben! Viele von euch haben sich schon gefragt, warum es seit unserer Rückkehr aus Bali so still um uns geworden ist. Das können und wollen wir euch nicht länger vorenthalten: Leider hatten wir vorgestern Nacht einen schlimmen Unfall!

Wir waren auf einer Willkommensparty von einem guten Freund und hatten ein paar Gläschen getrunken, dann sind wir mit dem Taxi heim. – ›Don't drink and drive!‹ Leider hatte ein anderer Autofahrer diese Regel nicht beherzigt und hat direkt unser Taxi gerammt – genau auf der Seite, wo der arme Alex saß!

Ich hatte nur eine leichte Gehirnerschütterung und musste eine Nacht ins Krankenhaus, aber Alex geht es gar nicht gut! Er wurde von einem Glassplitter an der Brust verletzt, der seine Lunge durchstach und nur um Haaresbreite sein Herz verfehlte. Mein geliebter Schatz muss so viele Schutzengel gehabt haben, vielleicht ja seinen und meinen zugleich. Er muss jetzt noch ein paar Tage im Krankenhaus bleiben, ist aber schon wieder auf dem Weg der Besserung. Ich schenke ihm ganz viel Liebe und bleibe bei ihm, damit er bald wieder gesund wird!

*Und an dieser Stelle bedanke ich mich auch ganz doll bei der Firma HiPure (*www.hipure.de*), die uns gleich eine ganze Kiste mit ihrem megatollen Vitamindrink geschickt hat! Damit päppele ich meinen Alex ganz schnell wieder auf!«*

ABENDDÄMMERUNG

Der Englische Garten in meiner Heimatstadt München zählt mit einer Fläche von 3,75 Quadratkilometern zu den zehn größten öffentlichen Parkanlagen der Welt und ist damit zugleich auch der größte Stadtpark Deutschlands.

Doch international berühmt geworden ist der am Westufer der Isar gelegene Park noch aus einigen anderen Gründen. Denn im südlichen Teil, ganz in der Nähe des Stadtzentrums, sind einige Attraktionen zu bestaunen. Direkt am Haus der Kunst tritt der Eisbach, eine kleine Ableitung der Isar mit ziemlich starker Strömung, an die Oberfläche und erzeugt durch eine große Steinstufe an der Austrittsstelle eine wirklich beachtliche Welle, die berühmte »Eisbachwelle«. Sie ist die größte bekannte Flusswelle mitten in einer Großstadt – und seit über vierzig Jahren ein beliebter Hotspot für professionelle Surfer und Schaulustige.

Etwas weiter bachabwärts findet man einen weiteren Hotspot der ganz anderen Art: Die sogenannte Schönfeldwiese am Westufer des Eisbachs ist seit den Siebzigern ein beliebter Treffpunkt für Freunde des nackten Sonnenbadens und seit 1982 sogar ganz offiziell von den städtischen Behörden »zur Nutzung für die Freikörperkultur« ausgewiesen. Die mitten in der Stadt freimütig herumliegenden »Nackerten« haben gerade in eher konservativen Ländern wie Japan nicht unwesentlich zur Weltberühmtheit Münchens beigetragen. Das Nacktbaden an dem stark frequentierten Ort erfordert allerdings einen gewissen Hang zum Exhibitionismus, nicht zuletzt auch wegen des regen Interesses der fotografierenden Touristen und anderer Schaulustiger.

Hotspot für die jüngere Münchner Generation, deren Interesse an der Beobachtung sportlicher Surfleistungen, dem Sonnenbaden und Alkoholkonsum etwa gleichauf liegt, ist dagegen seit Jahren die sogenannte »Kleine Eisbachwelle«, welche sich noch ein Stückchen weiter bachabwärts der Unbekleideten befindet. Hier trainieren die Surfamateure, und gerade bei Studentinnen und Studenten ist der Bereich wegen der Nähe zur Uni sehr beliebt.

Irgendwo zwischen den Nackten an der Schönfeldwiese und den Sonnenbadenden an der kleinen Eisbachwelle verbrachte auch Sportstudent Adrian mit seinen Surferjungs und ein paar Kommilitonen regelmäßig die vorlesungsfreie Zeit.

Es war einer der schönsten Sommertage des Jahres. Die Sonne erfüllte die Liegewiese mit strahlendem Licht, gleichzeitig brachte eine zarte Brise vom Ufer des Eisbachs erfrischende Kühlung. Die Studenten genossen das wundervolle Wetter, lagen auf Decken im Gras und bräunten sich in der Sonne.

Während Adrian auf der Welle ritt und seine Fähigkeiten zur Schau stellte, versammelten sich einige Interessierte am Rand des Wassers und sahen ihm bei seinen beachtlichen Surfkunststücken begeistert zu. Adrian war geschmeichelt von der ihm entgegengebrachten Aufmerksamkeit und vollführte ein paar besonders waghalsige Manöver. Während einer schnellen Drehung des gesamten Bretts um 360 Grad brachte ein einfallender Strahl der Sommersonne die Welle zum Glitzern, was Adrians gekonnte Leistung noch spektakulärer erscheinen ließ – spontan jubelten die Zuschauer ihm zu, ganz vorn dabei die hübsche Abiturientin Hannah, die sich nicht allein für die sportlichen

Leistungen des gut aussehenden, muskulösen Adrian interessierte.

»Man soll aufhören, wenn es am schönsten ist«, dachte sich Adrian wohl und schwang sich elegant ans Ufer, wo er bereits erwartet wurde. Seine Kumpels klopften ihm anerkennend auf die Schulter und lobten seine Technik. Die schüchterne Hannah ließ sich zu einer spontanen Umarmung hinreißen, bevor sie über ihren eigenen Mut erschrak und schnell wieder etwas Abstand herstellte.

Adrian war glücklich und lächelte Hannah zu. Gemeinsam begab sich die Gruppe zu ihrem Lagerplatz, seine Freunde boten ihm ein frisch gekühltes Bier an. Das kleine Studentencamp war geradezu professionell ausgestattet: Neben zwei stets frisch gefüllten Kühlboxen voller Getränke mit und ohne Alkohol, ein paar Liegestühlen und einem Sonnenschirm hatte Adrians Kumpel Marius – den sie alle ob seines Bartes und der damit einhergehenden Ähnlichkeit zu dem berühmten Opernsänger nur Pavarotti nannten – sogar einen kleinen tragbaren Grill organisiert, um für den Abend vorzusorgen. Grillen war in diesem Bereich des Englischen Gartens zwar verboten, aber heute war Adrians zwanzigster Geburtstag, und die Freunde waren fest entschlossen, diesen angemessen zu feiern.

Vermutlich hätte Adrian die seltsame Gestalt anfangs gar nicht bemerkt, wäre da nicht der überdimensioniert wirkende altmodische Bergsteigerrucksack gewesen. Aber Adrian hatte ein gutes Auge für seine Umgebung, und über den Tag war ihm der untersetzte Mann trotz seines ansonsten eher unauffälligen Verhaltens mehrfach aufgefallen. Auch abgesehen vom Rucksack bot dieser ein recht groteskes, unvorteilhaftes Erscheinungsbild: Trotz sommerlicher Temperaturen trug er eine karierte Anzughose mit dazu passendem Jackett, beinahe nach Art eines Zirkusclowns.

»Ein komischer Typ«, hatte sich Adrian noch gedacht und sich gefragt, was der denn hier wolle. Mit seinem schütteren Haar wirkte er vermutlich älter, als er war, aber unabhängig davon war er der mit Abstand Älteste auf der Wiese und passte auch wegen seiner Kleidung einfach nicht in die freizügige Umgebung badender junger Menschen.

Bisher hatte dieser Mann immer nur allein irgendwo im Schatten herumgelungert, ganz am Rand der Liegewiese, aber jetzt gab es offenbar Ärger. Eine Schülergruppe hatte den sonderbaren Kerl entdeckt und trieb ihre Späße mit ihm. Sie hatten sich locker im Halbkreis um ihn aufgestellt, lachten ihn aus und beschimpften ihn als »Freak«, »Spanner« und »affenähnliche Kreatur«. Der Mann ließ die Beschimpfungen schweigend über sich ergehen und zog sich zurück, da warf ihm einer der Schüler eine leere Bierflasche hinterher: »Verpiss dich!« Erschrocken drehte der Fremde sich um, protestierte aber nicht, sondern schlich schweigend davon. Als die Schüler dem armen Teufel nachsetzen wollten, griff Adrian ein: »Lasst ihn in Ruhe!«, rief er und sprintete los. Er wollte sich zwischen die Pöbler und den Mann stellen, aber die hatten wegen dessen defensiver Art bereits die Lust verloren und sich lachend in eine andere Richtung entfernt. Adrian sah sich noch einmal um, den seltsamen Kauz konnte er nirgendwo mehr entdecken. Offenbar hatten die Schüler den armen Kerl erfolgreich vertrieben.

Hannah war Adrian gefolgt und holte ihn zurück zu seiner Geburtstagsfeier. Adrian blickte noch einmal abfällig der Gruppe von Schülern hinterher, die gerade auf ihre Fahrräder stiegen und in Richtung Stadtzentrum davonradelten. Er hatte einen starken Gerechtigkeitssinn und hasste es, wenn andere derartig drangsaliert und schikaniert wurden.

Aber diesen großartigen Sommerabend wollte Adrian sich von so ein paar Idioten nicht verderben lassen. Die friedliche Abendstimmung und Hannahs sanfte Worte halfen dabei, Adrians Laune schnell wieder aufzubessern.

Es war ein außergewöhnlich schöner Abend. Die Sonne stand inzwischen schon tief am Himmel und tauchte die Wiese in ein rötliches Licht. Im Hintergrund war das gleichmäßige Rauschen des Eisbachs zu hören, und sein klares Wasser spiegelte die beginnende Abenddämmerung wider. Mit der langsam untergehenden Sonne begannen auch die sonnenbadenden Besucher langsam damit, ihre Sachen zusammenzupacken und sich auf den Heimweg zu machen.

Bei Adrians Geburtstagsgesellschaft ging es dagegen gerade erst richtig los. Die Sonne war schon fast vollständig untergangen, aber es war immer noch angenehm warm. Einige aus der Gruppe nahmen noch ein kurzes Bad im Eisbach, bevor es völlig dunkel wurde. Die Stimmung war ausgelassen und fröhlich. Am Ufer genossen die Freunde frisch gekühltes Bier oder alkoholfreie Getränke. Die Luft war mittlerweile erfüllt vom Geruch von frisch gebratenem Fleisch und Kräutern – Grillmeister Marius bewies erstaunliches Talent darin, auf dem viel zu kleinen Rost Fleisch und Würstchen für alle zuzubereiten. Wer etwas zu essen ergattern konnte, setzte sich zu den anderen im Kreis auf die ausgebreiteten Badetücher. Mittlerweile hatte Adrians Geburtstagsgesellschaft den ganzen Bereich an der Welle für sich allein. Man hörte die Heuschrecken in der Wiese zirpen, während die Freunde zusammen speisten, tranken und lachten. Es war ein gelungener Abend, den sie allerdings nicht nur deshalb noch lange in Erinnerung behalten würden: Denn plötzlich hallte ein gellender Schrei durch die Dämmerung. Es war Hannah.

Adrian erfasste die Situation sofort: Hannah hatte sich etwas abseits zum Gebüsch begeben, um ihre nasse Badekleidung loszuwerden und sich für den Abend umzuziehen. Wenn die eher schüchterne und zurückhaltende Hannah derart in Panik verfallen war, musste irgendetwas Schlimmes passiert sein! Adrian fackelte nicht lange. Während die anderen noch völlig überrascht um sich blickten, war er schon aufgesprungen und hastete in Richtung des Gebüschs, wo er Hannahs ängstlichen Hilfeschrei verortet hatte.

Er musste nicht weit laufen, um Hannah zu finden. Sie stand ein bisschen versteckt hinter einem Baum vor dem Rand eines kleinen Gebüschs, vor Blicken aus Richtung des Grillplatzes geschützt, aber ansonsten völlig offen. Hannah stand völlig erstarrt mit dem Rücken zu Adrian, ihre Arme schützend auf Höhe der Brust, ihr Top in der Hand und lediglich noch mit ihrem Bikinihöschen bekleidet – offensichtlich war sie gerade dabei, sich umzuziehen.

»Was ist passiert?« Adrian verstand zuerst gar nicht, was der jungen Frau derartige Angst eingejagt hatte. Sie starrte geradeaus in Richtung des Gebüschs und schien in eine Art Schockstarre verfallen zu sein. Adrian folgte ihrem panischen Blick, und da sah er die regungslos im Gebüsch lauernde Gestalt. Adrian war für einen Moment völlig perplex, doch er erkannte den Mann sofort: Es war der Typ von vorhin, der mit dem merkwürdigen Anzug und dem überdimensionierten Rucksack!

Der Mann stand einfach nur ruhig da und stierte stumpf auf Hannahs Körper. Er musste Adrian bemerkt haben, machte aber keine Anstalten, irgendwie zu reagieren. Er gaffte einfach nur weiter die halb nackte Hannah an, ohne darüber hinaus irgendwelche Regungen zu zeigen.

Adrian sammelte sich wieder. »Hey! Was treibst du da?!«, rief er und machte einen entschlossenen Schritt nach vorn, wobei er sich schützend vor die immer noch völlig schockierte Hannah positionierte.

Immerhin schien dies Wirkung zu zeigen. Der unheimliche Mann drehte sich zögerlich um, schulterte seinen Rucksack und trat auf der von Adrian am weitesten entfernten Seite aus dem kleinen Gebüsch. Anschließend entfernte er sich in Richtung eines wenig ausgeleuchteten Radwegs.

Mittlerweile war auch Adrians Kumpel Marius eingetroffen, um nach dem Rechten zu sehen. Die beiden Freunde verstanden sich auch ohne große Worte: Adrian nickte in Richtung des Spanners, und gemeinsam nahmen sie die Verfolgung auf.

»Hey, bleib stehen!«, rief Adrian, erneut ohne jede Reaktion. Der Fremde schritt unbeirrt weiter, ohne seinen Gang zu beschleunigen oder gar wegzurennen.

Entsprechend fiel es den beiden sportlichen Studenten nicht schwer, den unheimlichen Fremden einzuholen und von beiden Seiten zu flankieren. Der Unbekannte blieb allerdings erst stehen, als Adrian ihn am Rucksack packte und zur Rede stellte: »Was hast du da im Gebüsch gemacht, du widerwärtiger Spanner? Wie lange hast du dich da schon versteckt, du mieses Schwein?« Aber auf keine der emotionalen Fragen kam irgendeine Reaktion. Der Mann schaute die beiden einfach nur ausdrucks- und emotionslos an. Dabei leistete er keinerlei Widerstand, im Gegenteil: Adrian konnte keinerlei Anspannung oder sonst irgendeine menschliche Regung bei dem Fremden ausmachen.

Die beiden Freunde waren zunächst unschlüssig, was sie tun sollten. Sie waren schlicht überfordert mit dem völlig passiven Verhalten des Mannes. Davonkommen lassen wollten sie den Spanner aber auf keinen Fall. Hannah hatte sich schließlich zu Tode erschreckt, und wer weiß, was so ein Typ erst macht, wenn mal keine hilfsbereiten Freunde zugegen sind? Der Schritt vom Spanner zum Exhibitionisten und von diesem dann hin zum Vergewaltiger soll nicht weit sein, die Übergänge fließend.

Wer weiß, was passiert wäre, wenn Adrian und Marius nicht so schnell und mutig eingegriffen hätten! Sie einigten sich darauf, die Polizei einzuschalten und den weiterhin gänzlich passiven Spanner zur ganz in der Nähe gelegenen Polizeiinspektion zu eskortieren – das schien eine bessere Lösung, als ihn über einen ungewissen Zeitraum zu bewachen, bis die Polizei eintreffen würde. Außerdem war es mittlerweile dunkel, und bis sie der Polizei lange beschrieben hätten, wo sie sich in dem weitläufigen und dicht bewachsenen Park aufhielten, wären sie längst auf der nahe gelegenen Polizeiwache.

Hannah war inzwischen wieder bekleidet und ansprechbar.

Jemand aus der Gruppe schlug vor, sie mit zur Polizei zu nehmen, damit sie gleich ihre Zeugenaussage gegen den Täter machen konnte. Hannah folgte etwas widerwillig im Schutz der restlichen Gruppe und mit reichlich Abstand zu Adrian und Marius, die zusammen mit dem ihnen körperlich weit unterlegenen Mann, den sie jeweils links und rechts am Arm packten, vorausliefen.

Adrian und Marius handelten aus nachvollziehbaren Gründen. Moralisch und gesellschaftlich würde man sogar sicher sagen, anerkennenswert. Neutral betrachtet gab es allerdings keine belastbare Rechtsgrundlage für die improvisierte Festnahme des Unbekannten. Zwar ist jedermann befugt, einen auf frischer Tat ertappten Verdächtigen festzunehmen, wenn er flüchtet oder seine Identität nicht sofort festgestellt werden kann – Voraussetzung für eine solche Festnahme ist aber ein strafrechtlich relevantes Verhalten, eine Straftat eben. Voyeurismus ist aber kein strafbares Verhalten. Denn es gibt kein einziges deutsches Strafgesetz, das lüsternes Gaffen verbietet. Um es etwas weniger formaljuristisch zu formulieren: Auch dreistes Glotzen ist nicht strafbar.

Dies gestaltet sich freilich anders, wenn man etwa heimliche Bildaufnahmen anfertigt, Hausfriedensbruch begeht oder gar sexuelle Handlungen während des Spannens öffentlich vollzieht. Doch der Mann war ja weder in eine geschlossene Umkleidekabine eingedrungen, noch hatte er obszöne Worte oder Gesten in Richtung Hannahs ausgeführt. Auch war ja nicht er es gewesen, der sich im öffentlichen Raum nackt ausgezogen hatte, sondern vielmehr die Abiturientin.

Das abstrakte Risiko, beim Umziehen im öffentlichen Park beobachtet zu werden, hatte sie, ganz objektiv betrachtet, auf sich genommen. Jemanden nur für das bloße Hinschauen strafrechtlich zu verfolgen, sieht das Gesetz nicht vor, egal wie moralisch suspekt das im Einzelfall auch erscheinen mag. Deshalb weisen die Obergerichte derartige Fälle auch immer wieder mit dem sinngemäßen Verweis darauf, dass der heimliche Voyeur durch das Beobachten allein keine verbotene Belästigung oder Beleidigung verwirklicht, zurück.

Das mag im vorliegenden Fall ungerecht erscheinen, sollte aber aller moralischen Entrüstung zum Trotz einigermaßen nachvollziehbar sein, wenn man zudem bedenkt, wie schwierig es wäre, hier klar abgrenzbare Regeln zu schaffen, die nicht willkürlich oder schlicht diskriminierend wären. Denn das Anstarren von Menschen erlaubt keinen Rückschluss auf die Motivation, Gedanken oder Absichten dahinter. Die Strafbarkeit vermuteter Fantasien würde Tür und Tor für einen diktatorischen Polizeistaat ohne jede Rechtssicherheit öffnen. So schwer es einem auch fallen mag, das in Fällen wie diesem zu akzeptieren: Nicht nur die Gedanken und die Meinung sind frei, auch Blicke sind es.

So gut nachvollziehbar Hannahs Panik und Adrians Empörung angesichts des im Gebüsch lauernden Typen auch waren – eine Straftat lag nicht vor.

Freilich hatten Adrian und Marius keine derartig tiefgreifenden rechtstheoretischen Überlegungen angestellt; sie handelten nicht nach abstrakten juristischen Formalkriterien, sondern folgten ihrem inneren Kompass.

Auf der Polizeistation reagierte man zunächst etwas skeptisch beim Eintreten des ungewöhnlichen Gespanns, zumal der an beiden Armen Festgehaltene noch nicht einmal jetzt irgendetwas sagte. Die Polizisten dachten zunächst, einen betrunkenen oder gar unter Drogen stehenden Obdachlosen vor sich zu haben, da er ja auch noch immer den überdimensionierten Bergsteigerrucksack trug. Doch Adrian konnte den Beamten recht schnell den Sachverhalt erläutern, zumal Hannah bei seinen Schilderungen sofort die Tränen in die Augen schossen. Auch die Polizisten waren schnell davon überzeugt, hier einen miesen Sexualstraftäter vor sich zu haben. Sie nahmen die Aussagen der Studierenden auf und den noch immer schweigenden Tatverdächtigen gleich in polizeilichen Gewahrsam. Auch für die Polizisten schien die Festnahme des Mannes kein Problem zu sein. Sie waren sich sicher, bei einer genaueren Überprüfung würden sie bei dem Lüstling sicher noch fündig. Die jungen Leute ließen sie daraufhin gehen.

Es sollte etwa einen Monat dauern, bis Hannah per Post ein Schreiben der Justiz erhielt, mit schockierenden Neuigkeiten. Aber der Reihe nach: Was war in der Zwischenzeit passiert?

Nachdem die Polizisten Hannah und ihre Retter gehen gelassen hatten, wandten sie sich ganz dem Mann im karierten Anzug zu. Die Beamten forderten den unbekannten, schweigenden Tatverdächtigen zunächst dazu auf, sich auszuweisen, woraufhin dieser zum ersten Mal eine erkennbare Reaktion zeigte: Er griff in seine Hosentasche und präsentierte den Polizisten – immer noch schweigend – seinen Personalausweis, auf dem er auch sehr gut zu erkennen war. Herr Z., deutscher Staatsbürger, war an einer offiziellen Wohnadresse gemeldet und 39 Jahre alt.

Allerdings waren die Polizeibeamten hiermit auch schon am Ende der zulässigen Maßnahmen angelangt. Mangels rechtswidriger Tat und mangels strafbaren Verhaltens hätte die Polizei allenfalls eine sogenannte »Gefährderansprache« durchführen können. Dies ist eine im Gesetz nicht eigens geregelte, sondern eine informelle Angelegenheit. Der Begriff meint, dass die Polizeibeamten ein »ernstes Wort« mit einem potenziellen Kriminellen reden. Dabei machen sie dem »Gefährder« deutlich, dass er unter polizeilicher Beobachtung steht, und führen ihm mit eindrücklichen Worten die drohenden Konsequenzen bei Begehung von Straftaten vor Augen. Das klingt in der Theorie einigermaßen sinnvoll, allerdings besteht mangels gesetzlicher Regelung auch keine Pflicht dazu, an einer »Gefährderansprache« mitzuwirken. »Ernst zu nehmende« potenzielle Kriminelle werden sich von einer derartigen erzieherischen

Ansprache auch nicht unbedingt nachhaltig beeindrucken lassen.

Vielleicht gingen die Polizisten genau aus diesem Grund einen anderen Weg. Sie beschlossen, den schweigsamen Herrn Z. einer Beschuldigtenvernehmung zuzuführen. Weswegen genau, da waren sich die Beamten selbst noch nicht im Klaren, doch sie waren sich sicher, dass der schweigsame Mann noch mehr im Schilde geführt hatte, als nur im Gebüsch zu lauern und zu gaffen. Vielleicht hatte er ja heimlich Fotos von Hannah gemacht, als sie sich umzog? Das wäre eine »Verletzung des höchstpersönlichen Lebensbereichs und von Persönlichkeitsrechten durch Bildaufnahmen«. Es gab zwar keinerlei tatsächliche Anhaltspunkte dafür, dass der Mann heimliche Nacktaufnahmen von Hannah angefertigt hatte, aber im Gegensatz zum bloßen Gaffen wäre das eine Straftat gewesen.

Die Beamten erläuterten Herrn Z. ihre Sicht der Dinge: Er könne sich ja ganz einfach entlasten, wenn er mit einer gründlichen Durchsicht seiner Habseligkeiten sowie des Foto- und Videospeichers seines Mobiltelefons einverstanden wäre. Ansonsten müsse man das alles förmlich anordnen lassen, was natürlich die Angelegenheit nur unnötig verzögern würde.

Der merkwürdige Sonderling antwortete nicht. Die Polizisten deuteten sein Schweigen kurzerhand als Zustimmung. Außerdem war man sich ohnehin sehr sicher, bei dem Mann in irgendeiner Weise fündig zu werden. Ihr Bauchgefühl sollte ihnen später recht geben. Allerdings wäre ein solch eigenmächtiges Durchsuchen aus gleich mehreren Gründen grob rechtswidrig. Das Schweigen eines Beschuldigten als Zustimmung zu werten geht definitiv zu weit.

Für eine Durchsuchung benötigt die Polizei entweder eine richterliche Durchsuchungsanordnung oder aber eine Gefahrensituation, welche unverzügliches Einschreiten erfordert oder zumindest rechtfertigt. Und da die Durchsuchung – egal ob einer Wohnung oder eines Menschen – einen massiven Grundrechtseingriff darstellt, darf sie auch nur unter engen Voraussetzungen angeordnet werden.

Eine Grundvoraussetzung ist beispielsweise, dass überhaupt Anhaltspunkte für eine Straftat der zu durchsuchenden Person vorliegen. Die Durchsuchung darf dementsprechend nicht dazu dienen, solche Anhaltspunkte erst ermitteln zu wollen, denn die Maßnahme setzt bereits einen Verdacht voraus. Bloße Vermutungen oder vage Anhaltspunkte reichen ebenso wenig wie pauschale Angaben in einer anonymen Anzeige oder von zweifelhaften Zeugen.

Darüber hinaus muss die Durchsuchung verhältnismäßig sein, also mit der Schwere der Tat, dem Verdachtsgrad und den Erfolgsaussichten abgewogen werden. Die Durchsuchung muss geeignet sein, die gesuchten Beweismittel aufzufinden. Hierbei sind die Bedeutung des potenziellen Beweismittels für das Strafverfahren sowie der Grad des Anfangsverdachts zu berücksichtigen. Je geringer die Wahrscheinlichkeit ist, dass die Durchsuchung zum Erfolg führt, desto eher ist eine Verhältnismäßigkeit zu verneinen. Gleiches gilt bezogen auf die Schwere der zu ermittelnden Straftat und den Grad der Bedeutung der zu beschlagnahmenden Objekte.

Und da eine Durchsuchung aufgrund des starken Grundrechtseingriffs grundsätzlich nur von einem Richter angeordnet werden darf, ist die Annahme von »Gefahr im Verzug«, die nur ausnahmsweise eine Durchsuchungsanordnung durch Polizei und Staatsanwaltschaft zulässt, sehr eng auszulegen. Denn eine solche Inanspruchnahme der Eilkompetenz vonseiten der Exekutive anstelle der Judikative bewirkt eine erhebliche Minderung des Schutzes der Grundrechte. Nur wenn eine richterliche Anordnung nicht mehr eingeholt werden kann, ohne dass der Zweck der Maßnahme (die Sicherstellung von Beweismitteln) gefährdet wird, darf von Gefahr im Verzug gesprochen werden.

Dabei müssen die Strafverfolgungsbehörden versuchen, einen Richter zu erreichen, bevor sie eine Durchsuchung beginnen.

Die Gerichte wiederum müssen sicherstellen, dass die Erreichbarkeit eines Richters, zum Beispiel durch die Einrichtung eines Eil- oder Notdienstes, gewährleistet ist. Und falls eine richterliche Entscheidung nicht herbeigeführt werden kann, muss die Polizei aufgrund der besonderen Eingriffsintensität der Durchsuchung zunächst eine staatsanwaltschaftliche Anordnung einholen.

Dies alles war hier nicht der Fall. Einmal abgesehen davon, dass es wie oben gezeigt gar keine Straftat gab, deren der Mann verdächtig war – Spannen ist nicht strafbar –, wäre es für die Polizisten auch überhaupt kein Problem gewesen, zumindest den Versuch zu unternehmen, einen Richter oder Staatsanwalt zu erreichen.

Eines aber lernen deutsche Polizeibeamte in ihrer Ausbildung sehr schnell: Kreativität in Hinblick auf die Einstufung diverser Alltagssituationen als vermeintliche Gefahrenlage und das Wissen darum, dass formal rechtswidrig erlangte oder »zufällig« aufgefundene Beweismittel fast immer völlig unproblematisch gegen den Beschuldigten verwendet werden dürfen.

Solange man der Polizei oder Staatsanwaltschaft nicht gerade einen vorsätzlichen und gezielten Rechtsbruch nachweisen kann, sind nach deutschem Recht auch rechtswidrig erlangte Beweismittel kein Problem. Mit den Erkenntnissen aus einer illegalen Durchsuchung kann man die Ermittlungen im Strafverfahren fast immer unproblematisch weiterführen und – in letzter Konsequenz – auch jemanden strafrechtlich verurteilen.

Und selbst wenn einmal eine verbotene Vernehmung oder ein grob rechtswidrig erlangtes Beweismittel wegen eines eindeutigen Verstoßes gesetzlich nicht verwertbar ist, so gilt das – anders als etwa in den USA – nicht für darauf aufbauende Erkenntnisse. Wird also beispielsweise ein Dieb mit rechtsstaatsfeindlichen Vernehmungsmethoden zu einem Geständnis gezwungen und verrät damit das perfekte Versteck seiner Beute, so ist das Geständnis zwar unverwertbar – durch die Fingerabdrücke an der nur durch sein Geständnis aufgefundenen Tatbeute kann er aber trotzdem problemlos verurteilt werden. Zu Recht, mag man sagen, schließlich hat der Dieb eine Straftat begangen. Warum sollte ihn die Missachtung von Formalitäten vor seiner gerechten Strafe bewahren? Nun, was viele an Beschuldigtenrechten missverstehen, ist, dass diese keineswegs »nur« Straftäter vor besonders unwürdigen Maßnahmen der Polizei schützen sollen, sondern gerade auch die unschuldigen Bürger vor unfairer und falscher Verdächtigung. Nicht ohne Grund gilt als eine der wichtigsten rechtsstaatlichen Errungenschaften der Grundsatz, dass niemand dazu verpflichtet ist, sich selbst zu belasten. In der Praxis bedeutet dies, dass kein Zeuge, Angeklagter oder Beschuldigter eine Aussage machen muss, mit der er sich selbst belasten würde, also zu den gegen ihn erhobenen Vorwürfen schweigen darf.

Dieses Schweigerecht begründet zugleich die Unschuldsvermutung. Wer seine Unschuld nicht beweisen muss, darf schweigen. Daher darf das Schweigen auch nie als Zustimmung zu Maßnahmen wie zum Beispiel einer Durchsuchung gewertet werden.

Beschuldigtenrechte sind aber faktisch von geringem Wert, wenn sie nur denjenigen Tatverdächtigen zugutekommen, deren Unschuld sich im Nachhinein herausstellt. Denn dann ist der Anreiz für eifrige Strafverfolger groß, die Grenzen der rechtsstaatlich erlaubten Ermittlungsmethoden stets aufs Neue auszureizen und auch ab und zu »ein bisschen« zu übertreten – mit strukturell negativen Konsequenzen für alle betroffenen Bürger, gerade auch die Unschuldigen. Der wirkliche Wert eines rechtsstaatlichen Verfahrens erschließt sich oft erst denjenigen, welche fälschlich einer Straftat verdächtigt worden sind. Und nicht zuletzt schützen saubere, transparente Verfahrensabläufe auch die Justiz vor dem Verdacht, auf Grundlage von Mauscheleien allzu hemdsärmeliger Ermittler parteiische Fehlurteile zu fällen.

Letztlich ist die Sanktionierung von Verfahrensverstößen eine Abwägungsfrage zwischen zwei verschiedenen Prinzipien: der effektiven Strafverfolgung einerseits und der Rechtsstaatlichkeit des Strafverfahrens andererseits. »Wer grundlegende Freiheiten aufgibt, um ein wenig kurzfristige Sicherheit zu erlangen, verdient weder Freiheit noch Sicherheit.« Dieses berühmte Zitat des amerikanischen Gründervaters Benjamin Franklin mag verdeutlichen, dass ein diktatorischer Polizeistaat in der Strafverfolgung deutlich effizienter sein mag als jeder demokratische Rechtsstaat, derartige Sicherheitsgewinne aber eben mit ganz erheblichen Unannehmlichkeiten für die Bürger verbunden sind – bis hin zur falschen Verurteilung vermeintlicher Täter, welche ihre Unschuld eben nicht beweisen konnten.

In den USA fallen zwar einerseits die Strafen oft deutlich höher aus, andererseits können dort Verfahrensfehler der Polizei auch deutlich einfacher dazu führen, dass eine mutmaßliche Straftat gar nicht mehr verurteilt werden kann. Denn wenn Polizeibehörden in rechtswidriger Weise an Beweismittel geraten, dürfen – anders als in Deutschland – auch alle daraus folgenden Informationen oder Beweismittel nicht mehr gegen den Tatverdächtigen verwendet werden. Denn ohne den rechtswidrigen Verstoß wäre man ja auch nicht an die anderen Beweise gekommen, so die Argumentation. »Fruit of the poisonous tree« nennen die Amerikaner das, Früchte des verbotenen Baums – in biblischer Anlehnung an Adam, Eva und den Apfel. War die Erlangung des ersten Beweismittels verboten, sind automatisch auch alle sich hieraus ergebenden Folgebeweise verboten, so einfach ist das.

Sinn derartiger Regelungen ist es, Polizei und Staatsanwaltschaft zur peinlich genauen Beachtung der Beschuldigtenrechte zu zwingen. Der deutsche Gesetzgeber dagegen geht davon aus, dass Polizisten, Staatsanwälte und Richter schon wegen ihrer Berufsehre sämtliche Verfahrensvorschriften beachten werden –

eine Geisteshaltung, die noch auf den Idealen des preußischen Beamtentums beruht. Dies führt natürlich leider auch dazu, dass deutsche Ermittler oft durchaus bewusst die Grenzen der Legalität ausreizen oder sogar überschreiten, um einen Ermittlungserfolg herbeizuführen – gerade Polizeibeamten werden »kleinere« Verfehlungen von der Justiz nicht nur gern verziehen, sie werden von manchen Richtern und Staatsanwälten vielleicht sogar stillschweigend erwartet.

»Volltreffer!«, rief einer der Polizeibeamten triumphierend. »Er hat ein Messer!« Stolz präsentierte der Ermittler einen sogenannten »Leatherman«, ein Kombiwerkzeug, bestehend aus einer Zange, in deren Griffstücke sich neben Schraubenzieher, Dosen- und Flaschenöffner auch ein kleines Messer mit einer Klinge von circa fünf Zentimetern Länge befindet, welches Herr Z. offenbar in einer Außentasche seines Rucksacks mit sich geführt hatte. Jetzt war für die Beamten endgültig klar, dass der Sonderling etwas zu verbergen hatte. Zwar war immer noch nicht sicher, ob und wenn ja welcher Straftat er eigentlich verdächtigt wurde – das Messer war unscheinbar und offenkundig keine verbotene Waffe –, aber der Ermittlergeist war aufgrund des Messerfunds noch stärker geweckt. Denn abgesehen von einem Smartphone und ein paar leeren Plastikflaschen fanden sich im Inneren des Rucksacks weitere durchaus auffällige Utensilien: ein Tierabwehrspray (Pfefferspray), mehrere originalverpackte Kabelbinder, Spülhandschuhe, Taschentücher, eine Kleiderschere – wie man sie aus dem Verbandskasten kennt – und ein unscheinbares braunes Fläschchen mit einer kristallklaren Flüssigkeit. Ein Drogenschnelltest ergab eindeutig »GBL«.

Vor allem in Kombination mit dem GBL in dem unscheinbaren Fläschchen schrillten bei den Polizisten die Alarmglocken. Denn auch wenn es sich dabei eigentlich um eine Industriechemikalie handelt, die unter anderem als Lösungsmittel bei der Lack- und Farbenproduktion verwendet wird, ist GBL in

Ermittlerkreisen als etwas ganz anderes berüchtigt: als sogenannte Vergewaltigungsdroge. Denn in einschlägigen Kreisen wird GBL, das auch »Liquid Ecstasy« genannt wird, gern missbräuchlich verwendet. Im Körper wandelt sich GBL in Gamma-Hydroxybuttersäure (GHB) um, ein in der Medizin gebräuchliches Narkotikum. GBL ist nahezu geschmacksneutral und wirkt bei geringer Dosierung leicht berauschend und euphorisierend, führt bei höherer Dosierung aber schnell zu Benommenheit bis hin zu Koma und Amnesie. GBL kommt daher auch gern als sogenannte K.-o.-Tropfen zum Einsatz.

Allem Anschein nach hatte der festgenommene Sonderling, der immer noch schwieg, ein grausames Horrorszenario geplant. Anders ließen sich die aufgefundenen Utensilien in dem Rucksack des Herrn Z. kaum erklären. Er war offensichtlich kurz davor gewesen, eine junge Frau zu entführen und zu vergewaltigen, vielleicht sogar zu töten – womöglich Hannah, wenn Adrian nicht eingegriffen hätte.

Die Kombination aus mitgeführten Gegenständen war aber noch lange nicht alles. Eine flüchtige Durchsicht des sichergestellten Smartphones ergab, dass sich im Fotoalbum zahlreiche offensichtlich aus dem Internet heruntergeladene Gewaltpornos befanden. Und die hatten es in sich:

Eines der Videos zeigte beispielsweise, wie eine junge Frau in einer dunklen Parkgarage von zwei Männern überfallen wird, die ausgerechnet Gummihandschuhe tragen. Sie setzen die Frau mit Pfefferspray außer Gefecht, fesseln sie mit Kabelbinder, schneiden ihre Kleidung mithilfe einer Kleiderschere auf und vergewaltigen sie anschließend brutal.

Ein anderes Video zeigte eine Frau beim Sonnenbaden auf einer einsamen Wiese, als plötzlich ein als Clown maskierter Mann in einem karierten Anzug auf sie zukommt. Er trägt die verzerrte Fratzenmaske eines sogenannten Killer-Clowns und schleicht sich, von der Frau unbemerkt von hinten an sie heran und drückt ihr ein Taschentuch, das mit einem Narkosemittel beträufelt zu sein scheint, so lange aufs Gesicht, bis sie ohnmächtig wird. Daraufhin bringt der gelbe Spülhandschuhe tragende Clown sie in ein Waldstück, wo er ihr mit Kabelbinder die Hände auf den Rücken fesselt und sie mit einer leeren Plastikflasche vaginal penetriert. Als sie wieder zu sich kommt und zu schreien beginnt, zieht er ihr mit einer Kombizange einen Zahn.

Gerade diese beiden Videos hatten es dem Tatverdächtigen offenbar besonders angetan, sie waren als »Favorit« mit einem »Herzchen« versehen, er hatte beide Videos am selben Tag mehrfach angesehen, zuletzt wohl nur eine knappe Stunde vor seiner Festnahme.

Für die Polizisten stellte sich die Gesamtlage damit klar so dar, dass der unheimliche Mann offenbar auf der Lauer gelegen hatte, um eine der Schülerinnen oder Studentinnen aus dem Englischen Garten mittels GBL zu betäuben, zu verschleppen, mit den Kabelbindern zu fesseln, ihre Kleidung mittels einer Kleiderschere aufzuschneiden und sie dann brutal zu vergewaltigen. Wozu genau die Kombizange und das Messer dienen sollten, wollte man sich gar nicht erst weiter ausmalen.

Die Polizeibeamten erklärten Herrn Z. jedenfalls für verhaftet wegen des Verdachts der versuchten besonders schweren Vergewaltigung und beantragten den Erlass eines Haftbefehls. Aus Sicht der Polizei war die Sache eindeutig: Am nächsten Morgen sollte der perverse Freak weggesperrt werden, am besten für immer.

Doch daraus wurde nichts. Und nicht nur das: Die Post, welche Hannah in den Händen hielt, war eine Mitteilung der Staatsanwaltschaft, dass das Strafverfahren gegen den Beschuldigten Herrn Z. vollständig eingestellt worden war.

Wie das? Nun, die Begründung war juristisch zutreffend: Herr Z. hatte sich unter keinem rechtlichen Gesichtspunkt strafbar gemacht.

»Aber wie kann das sein?«, werden Sie sich bei dieser Beweislage vielleicht fragen. Anders als im Fall des Landwirts Lettenbauer in Kapitel 1 gründete der Verdacht hier ja nicht auf rein subjektiven Eindrücken oder wilden Spekulationen, sondern auf rational sehr gut nachvollziehbaren Schlussfolgerungen. Man braucht wirklich nicht viel Vorstellungsvermögen, um aus der Gesamtschau der Indizien den Schluss zu ziehen, von der Umsetzung welcher perversen Fantasien der unheimliche Mann glücklicherweise gerade noch abgehalten worden war.

Das Problem: Man konnte schlicht nicht beweisen, dass Herr Z. seine mutmaßlichen Vergewaltigungsfantasien jemals in die Tat umgesetzt hätte, ja noch nicht einmal, dass er solche wirklich gehabt hatte. Auch wenn einiges, wenn nicht gar vieles dafürsprach (man denke an die mitgeführten Gegenstände, die nahezu identisch waren mit denen, die bei den auf dem Smartphone des Herrn Z. aufgefundenen Vergewaltigungsvideos Verwendung fanden), war es im Kern kein Beweisproblem, das eine Strafverfolgung unmöglich machte, sondern vielmehr ein juristisches.

Wir erinnern uns: Die Polizei hatte Herrn Z. eine versuchte besonders schwere Vergewaltigung vorgeworfen. Hätte der Mann Hannah oder eine andere Person mit GBL betäubt, mit Kabelbinder gefesselt, mit dem Messer bedroht oder auf bestialische Art und Weise vergewaltigt, wäre das juristisch betrachtet eine besonders schwere Vergewaltigung gewesen – dies war aber (noch) nicht geschehen. Daher gingen die Ermittler »nur« von einem Versuch aus.

Diese Überlegung war an und für sich nicht fernliegend: Auf seinem Handy hatte man schließlich die heftigen Gewaltpornos gefunden und in seinem Rucksack alle notwendigen Utensilien, um ebendiese naturgetreu »nachzustellen«. Und mal ehrlich: Für welchen anderen Zweck sollte man ausgerechnet in einem dunklen Park Handschuhe, Messer, Kabelbinder und K.-o.-Tropfen mit sich führen? Zufall? Und das stundenlange Umherstromern nahe der kleinen Eisbachwelle und das Auflauern in der Abenddämmerung im Gebüsch waren auch nicht gerade entlastend.

Juristisch betrachtet reicht das aber alles nicht für die Annahme einer Straftat, auch nicht einer versuchten. Die Beschaffung des GBL, der Kabelbinder und des Messers, das Herumlungern und Auskundschaften der Schülerinnen und Studentinnen an der Eisbachwelle, das Lauern im Gebüsch, die aufdringlichen Blicke in Hannahs Richtung – all das waren juristisch betrachtet allenfalls »straflose Vorbereitungshandlungen«, denen jeweils noch nicht einmal indizielle Bedeutung zukäme. Denn daraus allein konnte niemand ableiten, ob und zu welcher Tat sich Herr Z. bereits entschlossen hatte. Herr Z. schwieg, und zu einer Tat, aus der man auf das eigentliche Vorhaben des Täters zurückschließen könnte, war es schließlich nicht gekommen. Von einem solchen Tatentschluss kann aber nur gesprochen werden, wenn der Entschluss zur Tat endgültig gefasst wurde. Dies ist jedoch ebenso wenig nachzuweisen wie die theoretische Alternative, dass Herr Z. vielleicht nur ein sonderbarer Drogenkonsument ist, der sich mit Flaschensammeln seinen GBL-Konsum finanziert. Mithilfe von Kabelbinder befestigt er die Flaschen an seinem Rucksack, um möglichst viele auf einmal einsammeln zu können, die er dann bei der Rückgabe mit der mitgeführten Schere losmacht. Und weil er sich keine Krankheiten einfangen möchte, benutzt er beim Flaschensuchen in Mülleimern eben Spülhandschuhe. Vermutlich würden sich noch unzählige weitere solcher unverfänglichen Hypothesen bilden lassen, wenn auch, zugegeben, ziemlich an den Haaren herbeigezogen.

Um dieses Problem zu verstehen, muss man sich Folgendes vor Augen führen: Eine Straftat durchläuft grundsätzlich verschiedene Entwicklungsstufen. Zunächst fasst der Täter den Entschluss zur Begehung der Straftat, dann wird die Straftat entsprechend diesem Entschluss vorbereitet. Die Vorbereitung mündet in die Ausführung der Tat und die Verwirklichung des gesetzlichen Straftatbestandes. Damit ist die Tat dann »vollendet«. Der Täter hat sich strafbar gemacht.

Ist die Tat aber nur »versucht«, weil der Täter die Tat – aus welchen Gründen auch immer – nicht »vollenden« konnte, stellt sich die Frage, ab welchem Zeitpunkt der »Versuch« einer Straftat strafbar ist, sprich die Abgrenzung strafloser Vorbereitungshandlungen vom »unmittelbaren Ansetzen« zur geplanten Tat.

Nach endlosen Theorienstreitigkeiten hat sich die höchstrichterliche Rechtsprechung dahingehend entschieden, dass ein strafbarer Versuch einer Straftat genau dann vorliegt, wenn der Täter aus seiner subjektiven Sicht die Schwelle zum »Jetzt geht's los« überschritten hat, die Handlung nach dem Plan des Täters so eng mit der Tatausführung verknüpft ist, dass sie bei ungestörtem Fortgang ohne weitere wesentliche Zwischenschritte unmittelbar in die Verwirklichung der Tat münden kann und somit aus der Sicht des Täters das Opfer schon konkret gefährdet erscheint.

Zwei Beispiele: Um einen Rentner auszurauben, klingelt ein Räuber mit schussbereiter Pistole in der Hand an der Haustür seines mutmaßlichen Opfers. Er hat geplant, sofort mit der Pistole zu drohen, den Rentner zu fesseln und ihn dann auszurauben. Wider Erwarten öffnet jedoch niemand. Der Bundesgerichtshof hat in diesem Fall das unmittelbare Ansetzen zu einem Raub bejaht, da die räumlich-zeitliche Nähebeziehung zwischen dem Täter und dem Opfer aus Sicht des Täters hergestellt war. Wäre der Rentner, wie geplant, an der Tür erschienen, wäre er unmittelbar überfallen worden.

Anders im Fall eines Apothekers, bei dem eingebrochen worden war. Die Diebe hatten das Diebesgut für einen späteren Abtransport auf dem Speicher des Anwesens bereitgestellt, sodass absolut denkbar war, dass sie zurückkehren würden. Dem Apotheker war aufgefallen, dass aus einer Flasche Kräuterschnaps getrunken worden war. Er tauschte daraufhin den restlichen

Inhalt der Schnapsflasche gegen die gleiche Menge eines lebensgefährlichen Giftes aus, in der Annahme, dass die Diebe, wenn sie zurückkehrten, aus der Flasche trinken und dadurch zu Tode kommen könnten. Nach geraumer Zeit überkam den Apotheker aber ein schlechtes Gewissen, und er beseitigte den vergifteten Schnaps. Hier hat der Bundesgerichtshof das unmittelbare Ansetzen zum Mord verneint, da es aus Sicht des Apothekers zwar möglich, aber noch ungewiss war, ob die Täter zurückkehren und dann auch aus der Flasche trinken würden. Ein zeitlich-räumlicher Zusammenhang bestand noch nicht.

Im Fall des Herrn Z. hatte dieser noch nichts unternommen, das Hannah in konkrete Gefahr gebracht hatte. Weder war er einen Schritt auf sie zugegangen noch hatte er sein Messer gezückt. Er hatte sie zu dem Zeitpunkt, als er von ihr entdeckt worden war, lediglich angestarrt. Hatte er tatsächlich geplant, Hannah in absehbarer Zeit etwas anzutun, dann war alles, was er bis zum Zeitpunkt seiner Entdeckung gemacht hatte, reine straflose Vorbereitungshandlung. Das ist, wie oben gezeigt, grundsätzlich selbst dann straflos, wenn der Täter bereits fest zur Begehung einer Straftat entschlossen ist, aber noch nicht damit begonnen hat, diese in die Tat umzusetzen.

Selbst die widerwärtigsten Fantasien sind straffrei, sofern sie nicht in die Tat umgesetzt werden – so auch hier. Man konnte ja noch nicht einmal aufklären, ob der Mann überhaupt je fest zu einer Tat entschlossen gewesen war – oder ob er eben doch nur ein argloser Flaschensammler war.

Das alles mag einem ungerecht oder sogar unerträglich erscheinen, erschwert es doch den effektiven Schutz der Bevölkerung vor potenziellen Gefährdern ungemein. Letztlich stellen sich hier dieselben tiefgreifenden Fragen wie weiter oben in Hinblick auf den Sinn oder Unsinn von Beschuldigtenrechten: das Spannungsfeld zwischen effektiver Strafverfolgung und Rechtsstaatlichkeit. Hehre rechtsstaatliche Prinzipien wie die Unschuldsvermutung würden sich als wohlklingende hohle

Phrasen erweisen, wenn sie nicht auch in Fällen wie diesem angewendet werden würden. Ein faires rechtsstaatliches Verfahren zeichnet sich gerade dadurch aus, dass die Regeln auch dann eingehalten werden, wenn es wehtut. So schwer es einem auch fallen mag, das in manchen Fällen zu akzeptieren.

Es ist eben ein zentraler Aspekt des Strafrechts in einem Rechtsstaat, dass nur solche Taten bestraft werden können, welche man dem Tatverdächtigen ohne vernünftige Zweifel nachweisen kann. Man kann nicht wissen, wie viele Menschen kurz davor waren, schwerste Straftaten zu begehen, es sich dann aber im letzten Moment anders überlegt haben. Dies konnte man auch im Fall von Herrn Z. nicht ausschließen.

Selbst die auf dem Handy aufgefundene Gewaltpornografie war nicht strafbar. In Deutschland wird »nur« das Verbreiten, nicht aber der »bloße« Besitz bestraft. Vergleichbares gilt für das »Liquid Ecstasy« GBL, dessen Besitz nicht zuletzt wegen der umfangreichen Nutzung in der Industrie nicht dem Betäubungsmittelstrafrecht unterfällt. Und weder das Kombiwerkzeug noch die Kabelbinder unterliegen irgendwelchen strafrechtlichen Verboten.

So gern also die Ermittler den Beschuldigten Z. aus dem Verkehr gezogen hätten: Es gab schlicht keine rechtliche Handhabe dafür. Er hatte sich unter keinem einzigen rechtlichen Gesichtspunkt strafbar gemacht. Formaljuristisch betrachtet war er vielmehr fälschlich gleich mehrerer Straftaten verdächtigt worden: vom straflosen Voyeurismus angefangen bis hin zur versuchten schweren Vergewaltigung.

Das einzige verbliebene Instrument der Polizei gegen Herrn Z.: die informelle Gefährderansprache. Zu einer solchen wurde Herr Z. dann auch umgehend schriftlich vorgeladen. Allerdings erfolglos: Er hatte sich offenbar darüber informiert, dass er zur Mitwirkung an einer Gefährderansprache nicht verpflichtet war.

Der Einzige, der am Ende eine Strafe bekam, war Marius. Schließlich hatte er – im Gegensatz zu Herrn Z. – bei der Polizei sehr ausführliche Angaben gemacht, auch zum Randgeschehen, und damit unwissentlich zugleich eine Ordnungswidrigkeit eingestanden. Marius bekam eine Geldbuße von 50 Euro wegen verbotenen Grillens auf der Badewiese.

DER BRANDSTIFTER

Zuerst dachte Ingo, in einer der Umkleidekabinen sei ein Schrank umgefallen. Das war schon einmal vorgekommen, und anders konnte sich der Platzwart des Tennisclubs Rot-Weiß das laute Rumpeln und die anschließende Erschütterung nicht erklären. Aber kurz darauf, auf dem Gang, hörte er zuerst ein lautes Klirren und dann das gleichmäßig knisternde Geräusch eines Feuers.

Ingo rannte den langen Flur parallel zur Tennishalle in Richtung der Seitentür hinunter. Der beißende Geruch brennenden Baumaterials lag in der Luft, als er sich den Weg nach draußen bahnte. Als er endlich das Freie erreichte, stand zu seinem Schrecken das komplette Obergeschoss der Sporthalle in Flammen. Obwohl er sich jetzt außerhalb der unmittelbaren Nähe des Brandes unter freiem Himmel befand, vernebelte ihm der dichte schwarze Qualm die Sicht. Brennender Schmerz breitete sich in seinen Augen und seinen Lungen aus. Ingo nahm schnell Abstand, und in einiger Entfernung erkannte er das ganze Ausmaß der Zerstörung: Die Hitze im Obergeschoss war so stark geworden, dass nun mit einem donnernden Schlag – fast so, als würde der Blitz einschlagen – die gesamte Fensterfront der Vereinsgaststätte barst. Nur einen kurzen Augenblick später waberten aus den zerschmetterten Fenstern die Flammen, und der tiefschwarze Rauch, der ihm kurz zuvor fast den Atem geraubt hatte, dampfte meterhoch in die Luft.

Ingo wählte auf seinem Handy den Notruf, der um genau 14:04 Uhr in der Rettungsleitstelle einging.

40 Minuten zuvor, um 13:24 Uhr, hatte der Betreiber der Vereinsgaststätte, Dennis A., zusammen mit seinem Hilfskoch Matze auf der Terrasse beim Rauchen gestanden und eine Kurznachricht von seiner Großmutter gelesen, die er trotz seiner 45 Jahre noch immer liebevoll Oma Karin nannte: »Lieber Dennis, vielen Dank für deine Geburtstagswünsche, ich freue mich schon, wenn wir uns nachher sehen.«

Er sah von seinem Smartphone auf und wandte sich an seinen Kollegen: »Räum bitte noch die Küche auf, dann kannst du Feierabend machen. Heute kommt keine Bestellung mehr rein.« Matze nickte dankbar, drückte seine gerade erst frisch angezündete Zigarette in den Aschenbecher und begab sich durch die kleine Seitentür in Richtung Küche.

Dennis seufzte und nahm noch einen tiefen Zug aus seiner Zigarette. Eigentlich hätte der Tag bisher kaum schlechter laufen können, dachte er sich. Schon bei seinem Eintreffen gegen 10 Uhr hatte sein ehemaliger Kellner Kevin ihm vor der Bar aufgelauert, um ihn wieder einmal wüst zu beschimpfen – kein guter Start. Kurz darauf war Francesca, die Chefköchin, vorbeigekommen, um ihn an die schon seit zwei Wochen ausstehende Gehaltszahlung zu erinnern. Auch war den ganzen Mittag über schon wieder keine einzige Bestellung eingegangen, weder von Vereinsmitgliedern des Tennisclubs, die zu vergünstigten Konditionen dort speisen durften, noch von »normal zahlenden« Restaurantgästen – wobei sich solche ohnehin in letzter Zeit kaum mehr hatten blicken lassen. Auch nachdem sich Dennis einem Lieferdienst angeschlossen hatte, um seinen Betrieb finanziell aufzubessern, schienen wenige Kunden an den Speisen des Vereinsrestaurants interessiert zu sein. Und in dem an das Restaurant angeschlossenen Kiosk hatte er, abgesehen von einer kleinen Flasche Wasser, auch nichts verkauft. Das Allerschlimmste schien ihm aber die Aussicht auf die für den Nachmittag geplante Geburtstagsfeier bei Oma Karin. Dennis hatte zu diesem Zeitpunkt jedoch noch keine Vorstellung davon, wie schlimm die nächsten Monate für ihn noch werden würden.

Er ging in den leeren Gastraum der Bar und checkte noch ein letztes Mal die Mails. Natürlich war immer noch keine Bestellung hereingekommen, und die einzigen drei Mails des Tages waren wenig ermutigend: mal wieder eine beschimpfende Mail von Ex-Kellner Kevin mit dem Betreff »Das wird dir noch leidtun!«, eine nur mäßig freundliche erneute schriftliche »Erinnerung« von Francesca an das ausstehende Gehalt und die Aufforderung von Putzfrau Laura, neues Klopapier zu bestellen. Dennis starrte minutenlang einfach nur den Bildschirm an, ohne irgendetwas zu lesen oder zu erledigen. Aus der Küche hörte er Matze hastig aufräumen, ansonsten war es wie immer in letzter Zeit ruhig.

Dennis seufzte erneut, dann raffte er sich auf. Ein Blick auf das Firmenkonto seines Vereinsrestaurants verriet, dass er immerhin genug zusammenhatte, um Francesca ihren ausstehenden Lohn zu bezahlen. Also veranlasste Dennis schweren Herzens die Überweisung an seine Köchin, danach bestellte er zehn Großpackungen Toilettenpapier. Aus der Küche war nichts mehr zu hören, da stand auch schon Matze in der Tür: »Chef, ich würd mich jetzt umziehen und dann gehen, in Ordnung?« Dennis nickte: »Bis morgen!« Der Hilfskoch grinste dankbar und eilte nach draußen in Richtung Umkleidekammer. Ein letztes Knallen der Außentür, dann wurde es absolut still.

Dennis starrte noch kurz vor sich hin. Er war schlecht drauf. Die Wintersaison war schon schwach gewesen, aber seit Anfang des Jahres war es steil bergab gegangen mit seinem Restaurant. Die Corona-Maßnahmen hatten anfangs den gesamten Tennisverein lahmgelegt: Nach dem vollständigen Lockdown blieb der Betrieb sämtlicher Sportstätten vorerst untersagt. Obwohl beim

Tennis sowohl in der Halle als auch auf dem Platz naturgemäß ein beträchtlicher Mindestabstand zwischen den Spielern gegeben war, blieb es verboten.

Ohne die Tennissportler machte das Vereinsrestaurant keinen Umsatz, weder im Restaurantbetrieb noch am Kiosk. Das wurde zu einem wirklichen Problem, als Gaststätten wieder mit Einschränkungen öffnen durften, in der Tennishalle aber aus unterschiedlichen Gründen immer noch kaum Betrieb war. Besonders der Ausfall der Turniere und Vereinsfeiern traf Dennis' Geschäft hart. Mit der Beantragung der umständlichen Corona-Soforthilfen war Dennis nicht zuletzt wegen seiner chaotischen Buchführung ziemlich überfordert, er konnte die Umsatzeinbußen jedenfalls nicht auffangen. Die notwendige Entlassung des Kellners Kevin führte zu einer hässlichen arbeitsgerichtlichen Auseinandersetzung. Diese endete zwar mit einem für Dennis vorteilhaften Vergleich, seitdem ließ der arbeitslose Kevin aber keine Gelegenheit aus, um ihn wüst zu beschimpfen und in der Stadt wilde Gerüchte über die angeblich unhaltbaren Zustände im Vereinsrestaurant zu verbreiten. Und schließlich schwebte über Dennis das Damoklesschwert der ab Mitte des Jahres fälligen Zahlung der über den gesamten Zeitraum gestundeten Pacht – wie er das Geld bis dahin aufbringen sollte, war ihm selbst schleierhaft. Zwar bestand Hoffnung, dass bald weitere Lockerungen der Corona-Regeln – und damit eine Aufbesserung des Umsatzes – winken würden, aber die Probleme würden sich damit wahrscheinlich nicht lösen lassen. Sein seit dem ersten Lockdown eingerichteter Lieferservice hatte zwar anfänglich schleppend ein bisschen etwas abgeworfen, aber mit den zunehmenden Lockerungen wurde auch das Liefergeschäft wieder schwächer, und die Gäste blieben trotzdem weitgehend aus. Kurzum: Dennis hatte keine Ahnung, wie es mit seiner Gaststätte weitergehen sollte. Es musste schon ein Wunder geschehen, um die drohende Insolvenz abzuwenden.

Lange kann Dennis nicht in seinen düsteren Gedanken verharrt haben, denn Matze hörte gegen 13:40 Uhr von der Umkleide aus, wie sein Chef das Lokal verließ und die Außentür absperrte. »Bis morgen, Chef!«, rief Matze ihm hinterher. Dennis grüßte im Gehen zurück und machte sich auf den Weg zu seiner Oma.

»Ich komme runter«, schrieb Matze um 13:45 Uhr an seine Freundin, die mit dem Auto wenige Meter von der Treppe zur Bar entfernt auf ihn wartete, um ihn abzuholen. Bei der anschließenden Abfahrt sei alles noch in bester Ordnung gewesen, würden sie später bei der Polizei aussagen. Höchstens 15 Minuten danach stand das gesamte Vereinslokal komplett in Flammen.

Knapp 200 Einsatzkräfte aus allen nahe gelegenen Landkreisen wurden alarmiert, um den Großbrand einzudämmen. Ausgerüstet mit schweren Schutzanzügen und Atemgeräten bemühten sie sich, das Feuer mit Wasser und Schaum zu löschen. Zwar hatten die Feuerwehrleute den Brand in den Räumen des Obergeschosses einigermaßen schnell unter Kontrolle bekommen, aber als das eigentliche Problem erwiesen sich die Brandherde und Glutnester in dem mit mehreren Schichten Asbestfaserzement gedeckten Dachstuhl. Immer wieder züngelten Flammen auf dem teilweise eingestürzten Dach, die schmutzig grauen, toxischen Rauchwolken waren noch aus weiter Entfernung sehr gut zu sehen. Die Menschen in den umliegenden Häuserblocks wurden mit Lautsprecherdurchsagen gebeten, Fenster und Türen wegen des hochgiftigen Qualms geschlossen zu halten.

Später wurde der mutige und tatkräftige Einsatz von Platzwart Ingo, der als erfahrenes Mitglied der freiwilligen Feuerwehr auch bei den Löscharbeiten fleißig mitwirkte, von allen Seiten gelobt. Aber nicht nur das: Er hatte vermutlich auch zahlreichen Menschen das Leben gerettet. Denn in der großen Tennishalle im Erdgeschoss hatte seit 13 Uhr, wie jeden Freitag, der

Senioren-Yogakurs stattgefunden. Ingo hatte unmittelbar nach Alarmierung des Notrufs um 14:04 Uhr dafür gesorgt, dass die Senioren das Gebäude so schnell wie möglich durch einen Seitenausgang verlassen konnten. Die Evakuierten, die für den Februar viel zu dünne Sportkleidung trugen, wurden von den ebenfalls angerückten Rettungssanitätern versorgt. Bei der Polizei gaben die rüstigen Rentner an, bis zu der hastigen Rettungsaktion von Platzwart Ingo nichts von dem Brand mitbekommen zu haben; allerdings erinnerte sich die Yogalehrerin Johanna an mehrere laut rumpelnde Geräusche aus dem Obergeschoss, als ob jemand Möbel verrückt hätte. Das erste laute Rumpeln habe sie exakt um 13:58 Uhr wahrgenommen, da habe sie nämlich auf die am Kopfende der Tennishalle hängende große Wanduhr geschaut. Diese Aussage sollte noch schwerwiegende Folgen haben.

Dennis erfuhr gegen 15 Uhr durch den Anruf eines Nachbarn von der völligen Zerstörung seines Lebenstraumes, der Geburtstagskaffee bei Oma Karin nahm damit ein jähes Ende. Er fuhr sofort zu seinem Restaurant, fand dort aber zu diesem Zeitpunkt nur noch eine kokelnde Brandruine vor. Das Obergeschoss war bereits völlig ausgebrannt, von dem von ihm über Jahre liebevoll eingerichteten und ausgebauten Vereinslokal war nichts mehr übrig. Zeugen sollten später berichten, dass Dennis einen sehr verzweifelten Eindruck gemacht habe: Er setzte sich einfach auf den kalten Parkplatzboden, starrte das ausgebrannte Gerippe seines ehemaligen Restaurants an und weinte.

Die Feuerwehr versuchte währenddessen immer noch, den schwelenden Glutnestern im Asbestdach beizukommen, jedoch nur mit mäßigem Erfolg. Wasser zum Löschen wurde teilweise aus einem nahe gelegenen Teich gepumpt, doch noch um 19 Uhr waren immer wieder neue Flammen zu sehen. Am Abend wurde ein Spezialkran angeliefert, der das Dach auseinandernehmen sollte. Ein Polizeihubschrauber fertigte Luftbilder an, um diese später bei der Ermittlung der Brandursache durch das Landeskriminalamt auswerten zu können.

Nach dem Brand wurde das gesamte Gelände des Tennisvereins vom LKA abgeriegelt. Ein Brandsachverständiger sollte im Gebäude nach der Brandursache suchen, ein weiterer Sachverständiger die Asbestbelastung im Gebäudeinneren prüfen. Ein Statiker wurde herangezogen zur Beurteilung der Frage, ob sich die Stahlträger infolge der Gluthitze verformt hätten und ob die Erdgeschossdecke dadurch akut einsturzgefährdet sei. Nach zwei Wochen hieß es schließlich in einer offiziellen Mitteilung der Polizei, dass nach einer ersten Einschätzung möglicherweise ein technischer Defekt in der Gaststättenküche das Feuer ausgelöst haben könnte.

Wiederum einige Wochen später wurde Dennis von der örtlichen Kriminalpolizei als Zeuge vorgeladen: Sie »hätten noch ein paar Fragen«. Da die Möglichkeit eines technischen Defekts bestand, bräuchte man eine Auflistung aller elektrischen Geräte in der Küche zum Zeitpunkt der Brandentstehung. Das sei aber noch nicht alles: Das Brandgutachten sei uneindeutig ausgefallen, man müsse ernsthaft eine Brandstiftung in Erwägung ziehen. Ob er denn eine Idee habe, wer als möglicher Täter infrage kommen könnte? Und wer außer ihm Zugang zum Vereinslokal und insbesondere zur Küche gehabt habe?

Dennis wirkte auf die Beamten plötzlich sehr angespannt. Mit einem technischen Defekt habe er sich inzwischen gerade noch so abgefunden, aber Brandstiftung? Das könne er sich eigentlich gar nicht vorstellen, und er wolle ja auch niemanden zu Unrecht beschuldigen.

Möglich sei es aber schon gewesen, meinte Dennis nach einigem Nachdenken. Es wäre für einen unbekannten Täter nicht wirklich schwer gewesen, unbemerkt in die Gaststätte zu gelangen. Immerhin hatte die Notausgangstür auf der Rückseite des Obergeschosses schon seit Langem nicht richtig geschlossen; wenn sie nicht fest zugezogen war, konnte man sie von außen ohne große Probleme öffnen. Und einen Schlüssel hatten außer ihm noch viele andere, er habe da schon länger den Überblick verloren: die Köchin Francesca, der Hilfskoch Matze, die Putzfrau Laura, der Platzwart Ingo, der ganze Vorstand vom Tennisverein und noch andere mehr, sogar seine Oma Karin. Und sein ehemaliger Kellner Kevin, der habe einen Schlüssel gehabt und nach seiner Kündigung nie zurückgegeben. Wenn er so darüber nachdenke, komme für ihn eigentlich – wenn überhaupt – nur Kevin infrage. Kevin hatte seine Entlassung nie überwunden und seitdem immer wieder sinnlos Streit gesucht. Gerade in den letzten Wochen vor dem Brand sei die Lage zwischen ihnen völlig eskaliert, berichtete Dennis, und Kevin habe ihm immer wieder bedrohliche Nachrichten geschrieben. Zuletzt hatte er ihm am Tag des Brandes vor der Bar aufgelauert, ihn beschimpft und ihm danach noch eine E-Mail mit dem Betreff »Das wird dir noch leidtun!« geschrieben.

Die Polizisten hörten aufmerksam zu und machten sich zahlreiche Notizen. Sie baten Dennis noch um eine Einreichung der Liste mit den Elektrogeräten und versprachen, sich bei ihm zu melden, sobald es Neuigkeiten gebe: »Sie werden von uns hören, versprochen!«

Dennis unterstützte die Polizei, so gut er konnte. Er fertigte eine Liste mit allen Elektrogeräten in der Bar an, soweit er sich eben noch erinnern konnte. Er leitete den Polizisten auch die bedrohlichen Nachrichten von Ex-Kellner Kevin weiter sowie dessen Kontaktdaten, damit auch in diese Richtung ermittelt werden konnte.

Was Dennis nicht wusste: Die Polizei interessierte sich gar nicht wirklich für seine Überlegungen und Bemühungen. Insgeheim waren die Ermittler aus – sagen wir – »guten Gründen« mittlerweile restlos davon überzeugt, dass er, Dennis, sein eigenes Lokal angezündet hatte, um die Versicherungsprämie seiner Brandschutzversicherung zu kassieren. Die »Zeugenbefragung« war daher nur ein Vorwand gewesen, um ihm unbedachte oder widersprüchliche Äußerungen zu entlocken und seine Reaktion auf ihre Fragen zu beobachten. Nach Dennis' Vernehmung fertigten die Polizeibeamten einen vernichtenden »Eindrucksvermerk« an: Dennis habe auf das Thema Brandstiftung extrem nervös reagiert und gezittert.

Dennis war währenddessen noch völlig ahnungslos, er ging vielmehr davon aus, die Polizei würde jetzt weiter in alle Richtungen ermitteln: beispielsweise die von ihm zusammengestellte Liste an Elektrogeräten an den Brandsachverständigen weiterleiten oder das Alibi von Kevin oder den vielen anderen Personen mit einem Schlüssel zum Lokal überprüfen.

Doch nichts davon war geschehen. In Wirklichkeit hatten sich die Polizisten, nicht zuletzt auch auf Druck der Versicherung, einen richterlichen Beschluss besorgt, um Dennis' Telefongespräche heimlich abzuhören. Sie hofften, dass er sich irgendwem gegenüber offenbaren oder sich in irgendeiner Art und Weise selbst belasten würde. In Richtung eines technischen Defekts oder in Richtung verdächtiger Dritter wurde gar nicht mehr ermittelt, Dennis war längst einziger Hauptverdächtiger einer »besonders schweren Brandstiftung« – er wusste es nur noch nicht.

Was viele nicht ahnen: Die juristischen Hürden für eine Telefonüberwachung sind in Deutschland ziemlich hoch. Anders als Hausdurchsuchungen, die vom Ermittlungsrichter theoretisch schon wegen Bagatelldelikten angeordnet werden können, muss für die Telefonüberwachung der Verdacht im Raum stehen, dass der Beschuldigte eine schwere Straftat begangen hat oder demnächst begehen will. In dem recht martialisch anmutenden »Katalog« jener Straftaten, die dazu berechtigen, Telefonate abzuhören, sind überwiegend ganz besonders niederträchtige Delikte aufgeführt, wie Mord, Vergewaltigung, sexueller Missbrauch von Kindern – und, für den Staat eines der schlimmsten Delikte überhaupt: Steuerhinterziehung. Und eben auch Brandstiftung.

Denn Brandstiftung ist alles andere als ein Kavaliersdelikt: bis zu zehn Jahre Gefängnis bei einer Mindeststrafe von einem Jahr Freiheitsstrafe! Dabei genügt es, wenn der Täter irgendeinen verlassenen Schuppen anzündet. Dient das in Brand gesetzte Gebäude dagegen der Wohnung oder dem Aufenthalt von Menschen, liegt eine »schwere Brandstiftung« vor, und es droht sogar eine Freiheitsstrafe von bis zu fünfzehn Jahren – wie bei Vergewaltigung. Dies wohlgemerkt alles, ohne dass irgendein Mensch zu Schaden gekommen ist! Der Gesetzgeber will durch die hohe Strafandrohung verdeutlichen, dass Brandstiftung niemals »harmlos« ist, da selbst bei vermeintlich »ungefährlichen« Taten ein Brand schnell außer Kontrolle geraten und zahlreiche Menschen in Gefahr bringen oder töten kann.

Aus dieser Überlegung heraus genügt für die »besonders schwere Brandstiftung« auch, wenn der Täter in der Absicht, einen Versicherungsbetrug zu ermöglichen, ein Gebäude anzündet, in dem sich zur Tatzeit regelmäßig Menschen aufhalten können. Der durch Brandstiftung begangene Versicherungsbetrug wird genauso hart bestraft wie ein Totschlag, selbst wenn keine Menschen zu Schaden gekommen oder in ernstliche Gefahr geraten sind – so wie in der Fallkonstellation, die nunmehr Dennis vorgeworfen wurde.

Allerdings erwies sich die nun folgende tägliche Telefonüberwachung von Dennis' Handy als sehr unergiebig, oder anders gesagt: als stark entlastend. Das Geld von der Versicherung verwendete Dennis für die weitere Zahlung der Löhne seiner Mitarbeiter, er selbst verdiente keinen Cent daran. In seinen wenigen »fallbezogenen« Gesprächen sprach er stets davon, wie schrecklich der Brand für ihn war und dass er die Vereinsgaststätte unbedingt wieder genauso aufbauen wolle wie zuvor, nachdem er so viel Mühe und Herzblut in die Einrichtung gesteckt hatte. Wenn er über das Thema »Brandstiftung« sprach, dann nur, um seine Fassungslosigkeit zu bekunden, dass jemand eine solche Tat begangen haben könnte. Außerdem erwähnte er immer wieder, er würde hoffentlich bald von der Polizei hören. Kurzum: Sein verfahrensbezogenes Kommunikationsverhalten war also nicht gerade tätertypisch.

Die weit überwiegende Zahl der von den Ermittlern mitgehörten und säuberlich notierten Gespräche waren indes völlig irrelevant für das laufende Ermittlungsverfahren – allen voran die täglichen Anrufe seiner Oma Karin, bei denen Dennis ein aus Sicht der Ermittler erstaunliches Maß an Langmut und Geduld bewies.

Der tägliche »Genuss« dieser Gespräche war sicherlich auch ein Faktor, warum die zuständigen Polizisten nach Ablauf von drei Monaten gegenüber der fallbearbeitenden Staatsanwältin die dringende Empfehlung aussprachen, die Telefonüberwachungsmaßnahmen nicht weiter verlängern zu lassen.

Etwa zeitgleich ging bei der Staatsanwaltschaft das Brandgutachten des Landeskriminalamts ein. Nach dem Spurenbild könnte der Brand entweder im Gastraum oder in der Küche ausgebrochen sein. Unter Berücksichtigung der Zeugenangaben von Platzwart Ingo und Yogalehrerin Johanna, die beide von ihren jeweiligen Positionen aus die herunterkrachenden Dachbalken gehört hatten, sei tendenziell von einem Brandausbruch im Gastraum auszugehen. Auch bei einer Brandstiftung wäre der Brandverlauf so zu erwarten gewesen. Ein plausibles Vorgehen wäre es beispielsweise gewesen, brennbares Material im Gastraum an den hölzernen Barschrank zu lehnen, mit hochprozentigem Schnaps zu übergießen und dann anzuzünden.

Gegen einen technischen Defekt sprach, dass die Yogalehrerin bereits um 13:58 Uhr den ersten herunterkrachenden Balken wahrgenommen hatte. Hilfskoch Matze wiederum hatte nur kurz zuvor, um 13:45, die Umkleide direkt am Eingangsbereich der Gaststätte verlassen und zu diesem Zeitpunkt noch keinen Brand bemerkt. Es musste also eine extrem schnelle

Brandentwicklung gegeben haben, welche eher bei einer Brandstiftung als bei einem technischen Defekt zu erwarten wäre.

Allerdings konnte nach Einschätzung des Gutachters ein technischer Defekt als Brandursache nicht völlig ausgeschlossen werden. Es gab, abgesehen von der ungewöhnlich schnellen Brandentwicklung, keine konkreten Hinweise auf Brandstiftung, wie zum Beispiel Rückstände von Brandbeschleuniger. Ein technischer Defekt als Brandursache wäre zwar in diesem Fall unwahrscheinlich, läge aber absolut im Bereich des Möglichen.

Es war also völlig unklar, ob überhaupt eine Brandstiftung vorlag. Erst recht nicht klar war, warum ausgerechnet Dennis der Täter sein sollte. Eigentlich sprach überhaupt nichts dafür. Wäre Dennis der Täter, hätte er für die Tat einen sehr merkwürdigen Zeitpunkt gewählt. Warum hätte er eindeutig als Letzter vor mindestens einem Zeugen, seinem Hilfskoch Matze, den Gastronomiebereich kurz vor dem Brand verlassen und sich sogar noch von seinem Mitarbeiter verabschieden sollen? Zudem hätte er doch damit rechnen müssen, bei der Brandlegung auf frischer Tat ertappt zu werden, beispielsweise wenn sein Mitarbeiter noch etwas im Gastronomiebereich vergessen hätte und noch einmal hereingekommen wäre. Weiterhin hätte er darauf vertrauen müssen, dass der von ihm gelegte Brand nicht unmittelbar von Matze beim Verlassen der Umkleide entdeckt wird – dieser hätte ja Rauch oder Brandgeruch wahrnehmen können, wenn er beim Umziehen etwas getrödelt oder noch ein paar Minuten auf der Treppe auf seine Freundin gewartet hätte.

Und zu guter Letzt hatte Dennis kein nachvollziehbares Motiv für die angebliche Tat. Jeder wusste, dass er über Jahre große Mühe und persönlichen Einsatz in Aufbau und Erhalt des Vereinsrestaurants gesteckt hatte: Es war sein Lebenswerk, Dennis war nach dem Brand am Boden zerstört. Die nur anfänglich ausgezahlten Gelder aus der Betriebsausfallversicherung verwendete er vollständig darauf, seine Angestellten weiterbezahlen zu können. Die noch zu erwartenden Versicherungsprämien zum Ausgleich der Brandschäden plante er bereits dafür ein, das Vereinslokal vollständig wiederherzustellen. Warum hätte er das Restaurant erst abfackeln sollen, nur um es danach mit Versicherungsgeldern wieder genauso aufzubauen – ohne daraus auch nur einen Cent Gewinn zu ziehen?

Es gab auch keine Anhaltspunkte für eine »spontane Verzweiflungstat«. Ja, die Geschäfte liefen nicht gut, das Lokal schrieb rote Zahlen. Aber wohlgemerkt: Das Lokal hatte Schulden, nicht Dennis selbst. Das Lokal war als GmbH organisiert, also haftete Dennis als Inhaber und Geschäftsführer nicht für die Schulden der Gesellschaft und hätte im Falle einer Insolvenz nicht persönlich für die offenen Forderungen aufkommen müssen. Die zunächst vermutete vermeintlich ausweglose finanzielle Situation gab es also, so betrachtet, gar nicht.

Und hatte Dennis sich vor dem Brand nicht auch gänzlich unauffällig und unverdächtig verhalten? Er hatte seiner Oma zum Geburtstag gratuliert, seiner Köchin das ausstehende Gehalt überwiesen und zehn Großpackungen Toilettenpapier bestellt. Gerade Letzteres wäre an Überflüssigkeit wohl kaum zu übertreffen, wollte man sein Lokal abfackeln.

Schließlich hätte man durch die Brandlegung am helllichten Tag Dennis zugleich auch unterstellen müssen, das Leben seines Hilfskochs, des Platzwartes und der Teilnehmer der Yogaklasse aufs Spiel gesetzt zu haben. Für eine solch rücksichtslose Geisteshaltung oder eine psychische Störung lagen jedoch überhaupt keine Anhaltspunkte vor.

Die sachbearbeitende junge Staatsanwältin war aus all diesen Gründen nicht von Dennis' Täterschaft überzeugt. Sie beabsichtigte daher, das Verfahren mangels Tatnachweis einzustellen. Damit wäre die Sache erledigt gewesen.

Allerdings durfte sie diese Entscheidung nicht alleine treffen. In Deutschland ist die Staatsanwaltschaft eine hierarchische Behörde. Anders als Richter sind Staatsanwälte in ihrer Entscheidung keineswegs frei, sondern im Gegenteil streng weisungsgebunden.

Da es sich bei dem Vorwurf der »besonders schweren Brandstiftung« um ein Delikt aus dem Bereich der Schwerstkriminalität handelt, musste die junge Staatsanwältin daher die von ihr beabsichtigte Verfahrenseinstellung von ihrem Abteilungsleiter, einem Oberstaatsanwalt, abzeichnen lassen. Dieser wiederum gab seiner jungen Kollegin die Anweisung, zunächst Dennis formal als Beschuldigten vernehmen zu lassen – schließlich sei ja nicht auszuschließen, dass er doch noch ganz spontan ein Geständnis ablegen würde, um sein schlechtes Gewissen zu erleichtern. Gesagt, getan.

Man kann sich vorstellen, dass Dennis' Freude, nach mehr als drei Monaten nun endlich von der Polizei die angekündigte Rückmeldung zu erhalten, schnell getrübt wurde. Ein Geständnis legte er dennoch nicht ab. Auf anwaltlichen Rat verweigerte er fortan jede weitere Aussage. Man sollte also meinen, dass sich die Sachlage nicht verändert hatte und das Verfahren wenigstens jetzt eingestellt würde – zumindest gegen Dennis.

Es kam anders. Der Oberstaatsanwalt wies die Staatsanwältin nunmehr an, gegen Dennis Anklage wegen besonders schwerer Brandstiftung vor der großen Strafkammer des zuständigen Landgerichts zu erheben. Über die Hintergründe dieser Entscheidung des Oberstaatsanwalts kann man nur spekulieren. Eine feste Überzeugung von Dennis' Schuld dürfte auch er nicht gehabt haben.

Eine mögliche Erklärung wäre ein Phänomen, das unter Strafjuristen als »Flucht in die Anklage« bezeichnet wird: Gerade bei zweifelhafter Beweislage kann es aus Sicht der Staatsanwaltschaft oft einfacher sein, Anklage zu erheben und damit dem zuständigen Gericht die Verantwortung für den Ausgang des Falles zuzuschieben. Denn gar nicht selten steht die Staatsanwaltschaft unter einem gewissen Druck, der Öffentlichkeit einen Täter zu präsentieren, behördenintern aufwendige und teure Ermittlungsmaßnahmen zu rechtfertigen sowie Fehler bei den eigenen Ermittlungen nicht eingestehen zu müssen. Wer möchte sich schon vorwerfen lassen, leichtfertig einen unschuldigen Menschen in Haft genommen, sinnlos Steuergelder für aufwendige Gutachten verschwendet oder gar die gerechte Verurteilung eines gefährlichen Straftäters verhindert zu haben? Da ist es pragmatisch betrachtet oft einfacher, eine potenziell kontroverse Entscheidung in die Hände des Gerichts zu legen, ein Vorgehen, das nach deutschen Rechtsmaßstäben sogar völlig legal ist. Denn während ein Richter bei Zweifeln an der Schuld des Angeklagten diesen freisprechen muss, gilt die berühmte Entscheidungsregel »in dubio pro reo« – im Zweifel für den Angeklagten – für die Staatsanwaltschaft gerade nicht. Staatsanwälte haben sogar die Pflicht zur Anklageerhebung, wenn sie zum Abschluss der Ermittlungen eine Verurteilung für wahrscheinlicher halten als einen Freispruch – 50,01 Prozent Verurteilungsprognose aus Sicht des Staatsanwaltes genügen hierfür, und bei dieser Prognose steht der Staatsanwaltschaft ein durchaus großzügiges Ermessen zu.

Gerade nach langen und aufwendigen Ermittlungen ist es bei uneindeutigen Ermittlungsergebnissen gar nicht so einfach zu erklären, warum man die Sache auf einmal anders sieht und ohne gerichtliche Entscheidung einfach fallen lässt, anstatt entweder noch weiterzuermitteln oder aber Anklage zu erheben – daher die Redewendung »Flucht in die Anklage«.

Zu berücksichtigen ist auch, dass der Beschuldigte sich zwar naturgemäß über eine Einstellung des gegen ihn geführten Verfahrens freut, andere Akteure aber regelmäßig mit einer solchen Entscheidung überhaupt nicht zufrieden sind: mutmaßliche Geschädigte und deren Opferanwälte, die ermittelnden Polizisten und nicht zuletzt oft auch die Öffentlichkeit und damit einhergehend meist auch die Politik. Da ist es oft einfacher, dem Gericht die »Schuld« an einem zweifelhaften Freispruch zuzuschieben, als selbst die Verantwortung für die Entscheidung zu übernehmen, bei uneindeutigen Ermittlungsergebnissen das Verfahren gegen den Beschuldigten nicht weiter zu betreiben.

Die Summe solcher Faktoren kann also gar nicht so selten dazu führen, dass Staatsanwälte Anklage gegen einen Beschuldigten erheben, von dessen Schuld sie möglicherweise selbst gar nicht so überzeugt sind.

In Dennis' Fall hatten sich mittlerweile gleich mehrere mächtige Akteure eingeschaltet, welche mit Nachdruck auf eine gerichtliche Anklage und Bestrafung des angeblichen Täters drängten. Da war zunächst der Bürgermeister, der zugleich auch im Vorstand des Tennisvereins war: Er hatte sich regelmäßig beim Polizeipräsidenten und beim Behördenleiter der Staatsanwaltschaft persönlich nach dem Stand der Ermittlungen erkundigt und im kleinen Kreis verlauten lassen, dass eine plötzliche Einstellung des Verfahrens kritische Nachfragen aus dem Rathaus provozieren würde. Der immense Gebäudeschaden, der aufwendige Löscheinsatz mit 200 Feuerwehrleuten und Hubschrauber sowie die kostspieligen Ermittlungen einschließlich Brandgutachten und Telefonüberwachungen waren eine deutliche Belastung für den Tennisverein, die Gemeinde und die Staatskasse – da machte es sich nicht gut, wenn am Ende alles im Sande verlaufen sollte.

Hinzu kamen die Lokalpresse und die regionalen Medien, die immer wieder nach neuen Meldungen gierten und den spektakulären Brand seit Monaten stets aufs Neue zum Thema machten. Die Titelblätter waren von Anfang an voll gewesen mit reißerischen Schlagzeilen wie »Tragödie im Tennisclub: War es Brandstiftung?«, »Neue Wendung: Vereinswirt unter Verdacht«, »Der Brandstifter: Nach der Tat feierte er mit seiner Großmutter« oder »Hatte es der Täter auf die Yogasenioren abgesehen?«.

Im Gegensatz zur faktischen Beweislage war der arme Dennis in der Presse längst vorverurteilt. Die Berichterstattung beschrieb ihn als psychopathischen Pyromanen, der aus Frust und Geldgier rücksichtlos seinen Versicherungsbetrug durchziehen wollte und dabei kaltblütig arme, wehrlose Senioren in Todesgefahr gebracht und den örtlichen Tennisverein ruiniert habe.

Unterschlagen wurde dabei, dass der Tennisverein einziger Gewinner des Brandes war: Denn anders als bei Dennis hatte die Versicherung hier anstandslos gezahlt – möglicherweise auch auf Druck des Bürgermeisters. Somit konnten die überfälligen Sanierungen an der mit Asbest verseuchten, maroden Tennishalle endlich umgesetzt und finanziert werden. Derartige Nuancen waren aber aus Sicht der Presse für die Leser zu kompliziert, stattdessen konzentrierte sich die Berichterstattung auf emotionale Interviews mit Platzwart Ingo, dem »mutigen Retter«, und Yogalehrerin Johanna, die hochemotional von der Todesangst der Seniorengruppe berichten konnte. Am Ende der vernichtenden und einseitigen Artikel fanden sich lediglich armselige floskelhafte Hinweise auf die Unschuldsvermutung, die kein Leser wirklich ernst nehmen konnte.

Die eigentlich treibende Kraft gegen Dennis war aber eine ganz besonders hartnäckige neue Feindin, ohne deren aggressive Intervention das Verfahren gegen den armen Wirt mit Sicherheit eingestellt worden wäre: seine eigene Brandschutzversicherung.

Mit zynischem Kalkül unternahm der Konzern so ziemlich alles, um den Verdacht gegen den eigenen Kunden zu verstärken und aufrechtzuerhalten. Denn im Falle einer vorsätzlichen Brandstiftung durch Dennis musste die Versicherung selbstverständlich nicht zahlen und hoffte, sich dadurch eine höhere sechsstellige Summe zu sparen. Während es noch einigermaßen nachvollziehbar war, dass die Versicherung sofort nach Bekanntgabe der Ermittlungen gegen Dennis jegliche weitere Zahlung an ihn eingestellt und durch Zivilklage die Rückzahlung der überschaubaren bereits geleisteten Beträge gefordert hatte, ließ der Großkonzern es sich nun einiges kosten, die

Staatsanwaltschaft doch noch zur Anklageerhebung zu motivieren.

Die Versicherung hatte sofort nach den medienwirksam erhobenen Vorwürfen gegen Dennis gleich mehrere Anwälte engagiert, um sich unmittelbar als mutmaßliche Geschädigte eines Versicherungsbetruges formal am Strafverfahren zu beteiligen und mit aggressiv vorgetragenen Halbwahrheiten gegen Dennis Stimmung zu machen. So hatten die Anwaltskollegen im Auftrag der Versicherung in mehreren umfangreichen Schriftsätzen die gesamte Beweislage gegen Dennis verdreht und mehr oder weniger überzeugende vermeintliche Argumente vorgebracht.

Dabei hatten sie vorsorglich sogar noch ein eigenes Brandgutachten bei einem privaten Brandermittler in Auftrag gegeben, das »günstigerweise« zu dem Ergebnis kam, dass mit an Sicherheit grenzender Wahrscheinlichkeit von Brandstiftung auszugehen sei. Zentrales Argument dieser These war die Aussage von Yogalehrerin Johanna, bereits um 13:58 Uhr das laute Rumpeln aus dem Obergeschoss gehört zu haben. Da Hilfskoch Matze noch um 13:45 Uhr nichts von einem Brand bemerkt hatte, blieben nur 13 Minuten für die Brandentwicklung zum »Vollbrand« –, denn die Dachbalken konnten erst dann »laut rumpelnd« nach unten krachen, als das gesamte Obergeschoss schon völlig in Flammen stand. Damit sei aus Sicht des von der Versicherung beauftragten Brandgutachters davon auszugehen, dass der Brand mit Sicherheit im Gastraum entstanden sei, höchstwahrscheinlich an mehreren Orten. Beispielsweise hätte der Täter Brennpaste auf die Stühle im Gastraum schmieren, diese anzünden und die Stühle sodann unter die Tische schieben können. Die Tatsache, dass kein Brandbeschleuniger am Brandort gefunden wurde, beweise nicht, dass kein Brandbeschleuniger verwendet worden sei.

Die 13 Minuten standen nach Aktenlage fest: Laut Zeitstempel der Kurznachricht hatte Hilfskoch Matze um 13:45 Uhr an seine Freundin geschrieben »Ich komme jetzt runter«, und Johanna hatte versichert, bei der Wahrnehmung des lauten Rumpelns aus dem Obergeschoss auf die Wanduhr in der Tennishalle geschaut zu haben, welche zu diesem Zeitpunkt exakt 13:58 Uhr angezeigt habe.

Nach alledem sei ein technischer Defekt als Brandursache unwahrscheinlich. Ganz versteckt am Ende des Gutachtens fand sich aber dann doch die Passage, dass ein technischer Defekt nicht ausgeschlossen werden könne.

Zu guter Letzt ließen es die Inhalte und das Timing der reißerischen Medienberichterstattung als sehr naheliegend erscheinen, dass die dort breitgetretenen vermeintlichen »Insiderinformationen« der Akteneinsicht und den Schriftsätzen der anwaltlichen Vertreter der Versicherung entstammten.

Kurzum: Die Staatsanwaltschaft hätte sich bei der eigentlich angedachten Verfahrenseinstellung auf einigen Gegenwind einstellen müssen und sich sowohl in den Medien als auch in dem zweifellos dann von der Versicherung betriebenen sogenannten Klageerzwingungsverfahren verteidigen müssen. Und weil Staatsanwälte nicht gern verteidigen, klagte man eben lieber den mutmaßlich unschuldigen Wirt an.

Für den armen Dennis brach mit der Anklageerhebung eine Welt zusammen. Nicht nur war sein Lebenswerk zerstört worden, jetzt wurde er auch noch ganz offiziell zum Sündenbock gemacht und musste sich als Angeklagter in einem groß angelegten Prozess vor dem Landgericht verantworten. Politik, Medien und allen voran die Versicherung freute es. Der Bürgermeister konnte sich werbewirksam als »Macher« im Stil von »Law and Order« in der Presse inszenieren. Die regionalen und überregionalen Medien konnten sich in neuen blumigen Spekulationen über das mutmaßliche Motiv des vermeintlichen Brandstifters ergehen, und die Versicherung selbst hatte nun jede Rechtfertigung für ihr Verhalten, weiterhin sämtliche Zahlungen an Dennis zurückzuhalten und ihn parallel auf Rückzahlung der bereits gezahlten Beträge zu verklagen. Schließlich kündigte mit Bekanntgabe der Anklage der Tennisverein Dennis auch noch jegliche Zusammenarbeit auf – mit sofortiger Wirkung. Er wurde sogar im Rahmen einer eigens einberufenen Sondersitzung aus dem Verein ausgeschlossen.

Das alles geschah, obwohl die viel besseren Argumente dafürsprachen, dass Dennis unschuldig war und es womöglich nie eine Brandstiftung gegeben hatte. Es gab nach wie vor keine ernst zu nehmenden Indizien oder gar Beweise, welche auf Dennis' Täterschaft einer etwaigen Brandstiftung hätten schließen lassen. Und das gründliche und fachlich einwandfreie Brandsachverständigengutachten des LKA konnte einen technischen Defekt als Brandursache schließlich auch nicht ausschließen, selbst das beschönigende Parteigutachten der Versicherung musste dies im Kleingedruckten zugestehen.

Für Dennis wurde der Prozess zur Hölle auf Erden. Die Presse hatte unter Berufung auf »Insiderinformationen« im Vorfeld zur Gerichtsverhandlung noch einmal äußerst effektive »Arbeit« geleistet und ganze Passagen aus der Anklageschrift mehr oder weniger ungefiltert als Tatsachenberichterstattung verbreitet. Und die Ankündigung der bevorstehenden Gerichtsverhandlung überzeugte dann noch die letzten Zweifler in der kleinen Stadt von Dennis' vermeintlich unwiderlegbarer Schuld – gegrüßt wurde er fortan in der Nachbarschaft nicht mehr.

Und wenn Sie denken, dass angesichts der doch sehr zweifelhaften Beweislage der Freispruch und die anschließende Rehabilitierung für Dennis quasi eine sichere Bank waren, dann sind Sie im Irrtum. Denn nicht zuletzt angesichts des massiven öffentlichen Drucks kündigte das zuständige Gericht an, in diesem Fall ganz besonders gründlich zu arbeiten. Das vom Gericht festgesetzte Beweisprogramm umfasste mehr als fünfzig Zeugen und Sachverständige, der Prozess war über mehr als drei Monate angesetzt, mit jeweils zwei bis drei Verhandlungstagen pro Woche. Fortan würde der große Gerichtssaal stets gut besucht sein – auch von Oma Karin.

Die Vorsitzende Richterin betonte zu Beginn des ersten Hauptverhandlungstages, dass das Gericht völlig ergebnisoffen sei. Diese zur Schau getragene echte oder vermeintliche Neutralität konnte aber nichts mehr daran ändern, dass die Anklage gegen Dennis von Anfang an auf tönernen Füßen stand. Mit jedem Prozesstag wuchsen bei allen Prozessbeteiligten die wohl ohnehin von Anfang an vorhandenen Zweifel an seiner Schuld.

So zeichnete sich zum Beispiel schon sehr früh ab, dass – selbst wenn man von einer Brandstiftung ausginge – eine ganze Menge möglicher Alternativtäter im Raum standen, die man nach der zirkelschlüssigen Logik der Anklage genauso gut wie Dennis hätte anklagen können. Das fing schon damit an, dass quasi jeder potenzielle Brandstifter sich ohne große Probleme hätte Zutritt zur Vereinsgaststätte verschaffen können. Mehrere unabhängige Zeugen bestätigten, dass sich die Seitentür des Lokals schon Monate vor dem Brand auch von außen öffnen ließ. Hierzu passend kam heraus, dass Dennis und sein Personal in dem Jahr vor dem Brand einen Einbruchdiebstahl und zwei Einbruchsversuche bei der Polizei gemeldet hatten, die Täter hatte man jeweils nicht ermitteln können. Auch wurde deutlich, dass so ziemlich alle Personen mit irgendeinem Bezug zu den Räumlichkeiten des Tennisvereins über einen Schlüssel zum Gastronomiebereich verfügten. Ein möglicher Täter hätte daher ebenso gut das Verlassen des Lokals durch Dennis abwarten und sich dann durch einen der verschiedenen Zugänge Zutritt verschaffen und den Brand legen können.

Zumindest der ehemalige Kellner Kevin, der Dennis noch am Morgen des Brandes aufgelauert und per Kurznachrichten bedroht hatte, war als Täter bei neutraler Betrachtung um einiges wahrscheinlicher. Seine Motivlage und sein Alibi waren im Ermittlungsverfahren von der Polizei aber gar nicht erst überprüft worden und waren jetzt, fast ein Jahr nach dem Brand, auch nicht mehr aufzuklären.

Dass sich die Polizei bei ihren Ermittlungen dennoch ausschließlich auf Dennis konzentriert hatte, kommentierte der leitende Ermittler bei seiner gerichtlichen Vernehmung damit, dass Dennis auf die Polizeibeamten eben einen irgendwie verdächtigen Eindruck gemacht habe. Und der hauseigene Detektiv der Brandschutzversicherung, der sich täglich nach dem Fortgang der Ermittlungen erkundigt hatte, habe außerdem denselben »Riecher« gehabt. Schließlich habe Dennis »nichts liefern können, um seine Unschuld zu beweisen«. Das Gericht hatte keine weiteren Fragen mehr an diesen Zeugen.

An den folgenden Prozesstagen wurde allerdings immer deutlicher, dass die Brandursache in Dennis' Lokal letztlich völlig ungeklärt war. Zahlreiche andere Szenarien waren mindestens genauso gut denkbar wie die angebliche Brandstiftung durch Dennis. Möglich wäre beispielsweise, dass die bereits zuvor gemeldeten unbekannten Einbrecher einmal mehr zurückgekehrt waren und ihre Spuren durch Brandlegung vertuschen wollten.

Nüchtern betrachtet war ein Motiv für eine etwaige Brandstiftung auch bei Platzwart Ingo nicht auszuschließen. Ingo war aktives Mitglied der freiwilligen Feuerwehr, hatte den Brand als Erster entdeckt und sofort geistesgegenwärtige Maßnahmen ergriffen, um die Senioren zu retten. Seitdem wurde er als Held gefeiert – vielleicht zu Unrecht? Brandlegung durch Feuerwehrleute ist ein in der Kriminologie nicht unbekanntes Phänomen.

Auch der Tennisverein, respektive dessen Vorstandsmitglieder, konnten als Täter nicht ausgeschlossen werden, immerhin zog der Verein als Einziger einen finanziellen Vorteil aus der Tragödie.

Und dann war da immer noch der technische Defekt als mögliche Brandursache. Was, wenn Hilfskoch Matze bei seiner hastigen Aufräumaktion aus Unachtsamkeit irgendeinen Kurzschluss in der Küche verursacht, mithin den Brand also fahrlässig verursacht hatte? Die Brandgutachter hatten das nicht ausschließen können, ebenso wie einen spontanen Kabelbrand ohne jegliche Fremdeinwirkung. Das galt lediglich als sehr unwahrscheinlich, weil Yogalehrerin Johanna glaubhaft versichert hatte, bereits um 13:58 Uhr ein lautes Rumpeln und damit aller Wahrscheinlichkeit nach herabkrachende Dachbalken gehört und dabei auf die Uhr der Tennishalle gesehen zu haben.

Das kurze Zeitfenster für eine Entwicklung zum Vollbrand nach dem Verlassen der Gaststätte war also das zentrale Argument der Anklage sowohl für eine Brandstiftung als auch für Dennis' Täterschaft. Doch am fünften Prozesstag fiel auch dieses Argument wie ein Kartenhaus in sich zusammen, als der als Zeuge vernommene Haustechniker angab, dass die Uhr in der Tennishalle schon seit Jahren nicht mehr richtig funktioniere – sie ging um gute fünf Minuten nach. Das bedeutete, dass Yogalehrerin Johanna das erste laute Rumpeln nicht wie von ihr angegeben um 13:58 Uhr gehört hatte, sondern erst deutlich später – vermutlich war es dasselbe Geräusch, das Platzwart Ingo um 14:04 Uhr dazu veranlasst hatte, draußen nach dem Rechten zu sehen und dabei den Brand zu entdecken. Diese Erkenntnis entlastete Dennis massiv: Im Zusammenhang mit der Entwicklung eines kleinen Brandherdes zum sogenannten Vollbrand sind sechs Minuten eine lange Zeit.

Warum er das denn nicht bei der Polizei erzählt habe, fragte die Vorsitzende Richterin den Haustechniker. Ihn habe keiner nach so etwas gefragt, sagte der achselzuckend. Man hätte ihm gesagt, dass Dennis sowieso der Täter sei.

Jetzt hatte die Vorsitzende Richterin genug gehört. Sie unterbrach den Prozess und wandte sich an die junge Staatsanwältin: Ob die Staatsanwaltschaft ernsthaft noch an dieser Anklage festhalten wolle?

Die Staatsanwältin fühlte sich erkennbar unwohl. Sie müsse das mit ihrem Abteilungsleiter besprechen, der habe sich an diesem Freitagnachmittag aber schon ins Wochenende verabschiedet. Man könne das doch am nächsten Prozesstag erörtern?

Die Vorsitzende Richterin entgegnete kühl, aus ihrer Sicht könne das die Staatsanwältin schon auch selbst entscheiden – schließlich war ja sie im Prozess die Vertreterin der Staatsanwaltschaft, nicht ihr Abteilungsleiter. Das Gericht jedenfalls wolle Dennis nicht als Angeklagten einer besonders schweren Brandstiftung, sondern als freien Mann ins Wochenende entlassen.

Und genauso kam es. Eine halbe Stunde nach dieser Diskussion wurde Dennis rechtskräftig freigesprochen. Von der Presse war längst niemand mehr da. Dennis' Freispruch war eine kleine Randnotiz in der Montagsausgabe der Lokalzeitung.

Dennis' Versicherung hat bis heute nicht gezahlt. Sie weigerte sich, den rechtskräftigen Freispruch durch eine große Strafkammer des Landgerichts zu akzeptieren, und diffamierte Dennis in umfangreichen Schriftsätzen ihrer Anwälte weiterhin als Brandstifter. Dennis hätte seine ehemalige Versicherung vor dem Zivilgericht verklagen müssen, für einen jahrelangen Rechtsstreit fehlten ihm aber schlicht die Kraft und die finanziellen Mittel. Schließlich musste er für sein Restaurant Insolvenz anmelden.

SILVESTERNACHT

IM NAMEN DES VOLKES
Urteil
des Amtsgerichts München

1. *Der Angeklagte Arif Hassani ist schuldig des sexuellen Missbrauchs widerstandsunfähiger Personen.*
2. *Der Angeklagte wird zu einer Freiheitsstrafe von 2 Jahren (ohne Bewährung) verurteilt.*
3. *Der Angeklagte trägt die Kosten des Verfahrens und seine notwendigen Auslagen.*

Angewendete Vorschriften: §§ 179 Abs. 1 Nr. 1, 56 StGB

Gründe:

Der bislang nicht vorbestrafte Angeklagte Arif Hassani wurde 1992 in Marokko geboren und wuchs dort auf. Er erzielte in Marokko einen dem deutschen Abitur vergleichbaren Schulabschluss. Seit Juli 2012 lebt der Angeklagte in der Bundesrepublik und studiert derzeit Maschinenbau im 7. Semester. Er lebt in häuslicher Gemeinschaft mit seiner Freundin Sarah T., neben seinem Studium verrichtet er Gelegenheitsjobs und erzielt daraus ein monatliches Nettoeinkommen von ca. 600 Euro. Gesundheitliche Probleme bestehen nicht.

In der Nacht vom 31. Dezember 2015 auf den 1. Januar 2016 gegen 3:30 Uhr traf der Angeklagte in dem Club Z-Bar *auf die Geschädigte Laura S. Zu diesem Zeitpunkt hatte die Geschädigte bereits eine große Menge Alkohol getrunken.*

Der Angeklagte passte die orientierungslose Geschädigte, welche selbst kaum noch laufen konnte und nicht mehr ansprechbar war, auf Höhe der Toiletten des Clubs ab und hielt die Geschädigte in seinen Armen. Dabei musste der Angeklagte sie aufgrund ihres alkoholbedingten Zustandes stützen. Der Angeklagte zog die völlig benommene Geschädigte sodann an sich, begann sie zu küssen und berührte mit seiner rechten Hand ihren Intimbereich. Sodann öffnete er ihre Hose. Mit der linken Hand knetete der Angeklagte den Po der Geschädigten. Der Geschädigten misslang es aufgrund ihres stark alkoholisierten Zustandes, die Hand des Angeklagten wegzuschlagen. Da die Geschädigte immer wieder zusammensackte, musste der Angeklagte sie nach oben ziehen und halten. Dem Angeklagten war somit bei Vornahme seiner Handlungen bewusst, dass die Geschädigte aufgrund ihres alkoholbedingten Rauschzustandes nicht in der Lage war, ihren Willen gegen das sexuelle Ansinnen des Angeklagten klar zum Ausdruck zu bringen, und dass die Geschädigte in einem normalen, nicht alkoholisierten Zustand diesen sexuellen Handlungen nicht zugestimmt hätte, zumal die Geschädigte seine Küsse nicht erwiderte. Der Angeklagte nutzte diesen Zustand bewusst aus, um sexuelle Handlungen an ihr vorzunehmen. Dem Angeklagten kam es bei der Vornahme seiner Handlungen auf seine sexuelle Befriedigung an.

Dieser Sachverhalt steht fest aufgrund der glaubhaften Angaben der Geschädigten Laura S. sowie der Zeugen KHK Wittmann, Alexander B., Max B., Jacqueline B., Paulsen und Zenger.

Zwar behauptete der Angeklagte sowohl bei seiner polizeilichen Beschuldigtenvernehmung als auch in der gerichtlichen Hauptverhandlung, »unschuldig« zu sein und dass hier eine Verwechslung vorlie-

gen müsse. Er sei mit seiner Freundin Sarah T. zur Tatzeit in der Z-Bar *gewesen, habe aber keine Handlungen an der Geschädigten Laura S. vorgenommen. Er und seine Freundin seien nur einmal für etwa 5 Minuten getrennt auf der Toilette gewesen und hätten ansonsten die gesamte Zeit in der Diskothek zusammen verbracht. Nach dem Toilettengang habe er vor der Toilette an der Treppe auf seine Freundin gewartet und anschließend wieder mit ihr getanzt.*

Die Geschädigte Laura S. habe er erst am Ausgang gesehen, nachdem er von einem Türsteher von der Tanzfläche grob dorthin geführt worden sei. Dort habe er dann auch erstmals erfahren, dass es eine »Belästigung« gegeben habe. Er wisse nicht mehr, was er am Silvesterabend getrunken habe. Angesichts der bei ihm um 3:56 Uhr gemessenen Atemalkoholkonzentration von etwa 0,7 Promille, war hier allenfalls von einer alkoholbedingten Enthemmung auszugehen.

Allerdings ist die Einlassung des Angeklagten aufgrund mehrerer übereinstimmender Zeugenaussagen als Schutzbehauptung widerlegt.

Die Geschädigte Laura S. gab an, sie habe an den Vorfall selbst keinerlei Erinnerung, was angesichts der bei ihr gemessenen Blutalkoholkonzentration von 2,62 Promille nachvollziehbar ist. Auf Vorhalt ihrer polizeilichen Vernehmung konnte sich die Zeugin daran erinnern, dass sie ab 20 Uhr des Vortages beim Essen drei Gläser Weißwein und zwei Gläser »Wodka-Bull« getrunken habe, was sich diesbezüglich auch mit den Angaben ihres Begleiters Alexander B. deckt, allerdings auch erwarten lässt, dass die Zeugin, um die hohe Blutalkoholkonzentration zu erreichen, wohl in der Z-Bar *noch einige weitere hochprozentige Getränke in kurzer Zeit zu sich genommen haben muss.*

Das Letzte, was sie noch in Erinnerung habe, sei, dass sie mit einem unbekannten Mann in der Z-Bar *auf einer Couch saß. Sie könne aber nicht mehr sagen, ob es sich hierbei um den Angeklagten oder einen anderen Mann handelte. Dann setze ihre Erinnerung erst wieder ein, als sie am nächsten Tag im Krankenhaus war. Sie habe leider ein gewisses Alkoholproblem und durchaus auch schon öfter mehr als 3 Promille aufgewiesen. Deshalb sei es eher untypisch, dass sie keinerlei Erinnerung mehr habe. Sie wolle den Angeklagten nicht zu Unrecht belasten. Sie habe nach der Tat keine Schmerzen oder sonstige Veränderungen im Intimbereich bemerkt. So weit blaue Flecken an ihrem Oberschenkel festgestellt wurden, seien diese sicher anderweitig entstanden. Sie sei durch den Vorfall psychisch nicht belastet worden. Es könne schon mal sein, dass sie beim Weggehen andere Männer kennenlerne, und sie könne auch nicht ausschließen, dass sie »es« auch wollte.*

Die Angaben der Zeugin Laura S. waren glaubhaft. Die Zeugin war sichtlich besorgt, sie könne aufgrund ihres Alkoholismus eine Falschaussage machen und den Angeklagten zu Unrecht belasten. Die Zeugin suchte die Schuld für den Vorfall eher bei sich und räumte auch ein, dass sie selbst nicht ausschließen könne, »es« gewollt zu haben. Angesichts der Angaben der übrigen Zeugen hält es das Gericht allerdings für ausgeschlossen, dass die Geschädigte zur Tatzeit überhaupt noch in der Lage war, eine derartige Zustimmung – sei es ausdrücklich oder durch schlüssiges Verhalten – zu erteilen. Da die Geschädigte angab, auch schon größere Mengen Alkohols ohne Gedächtnislücken konsumiert zu haben, geht das Gericht davon aus, dass die Zeugin kurz vor dem Vorfall in der Z-Bar *noch einen »Sturztrunk« größerer Mengen hochprozentiger Getränke getätigt haben muss. Die auch von dem Zeugen Alexander B. angegebenen gemeinsamen Trinkmengen im Rahmen des Clubbesuches erklären eine Promillezahl von 2,62 nicht, zumal der Zeuge bei anfangs etwa gleichem Trinkverhalten um 5:51 Uhr lediglich eine Atemalkoholkonzentration von etwa 0,8 Promille aufwies.*

Der Zeuge Kriminalhauptkommissar Wittmann gab an, er sei als Kriminalbeamter des Kriminaldauerdienstes wegen des Verdachts verabreichter K.-o.-Tropfen in die Z-Bar *gerufen worden. Die Geschädigte Laura S. habe am Eingang am Boden gelegen, sei überhaupt nicht mehr ansprechbar gewesen, und selbst Rütteln und Zwi-*

cken hätten zu keiner Reaktion geführt. Vor Ort hätte der Türsteher den Angeklagten als den Täter präsentiert. Der Angeklagte sei nicht wesentlich alkoholisiert gewesen, die Atemalkoholkonzentration habe bei einer Messung um 3:56 Uhr 0,7 Promille ergeben. Auch die Freundin des Angeklagten sei am Eingang gewesen und habe versucht, ihn zu schützen, indem sie angab, sie sei die ganze Zeit bei ihm gewesen, weshalb er niemanden habe belästigen können. Der Angeklagte habe die auf den in den Akten enthaltenen Fotos festgehaltene Kleidung, schwarze Schuhe, eine dunkle Jeans und ein schwarzes Hemd, getragen.

Der Zeuge Alexander B. gab an, er sei mit der Geschädigten Laura S. in der fraglichen Nacht zunächst in der Pizzeria Mario *zum Essen gewesen, wo sie beide jeweils zwei bis drei Gläser Wein zum Essen getrunken hätten. Zu dieser Zeit habe die Geschädigte Laura S. noch nüchtern gewirkt. Gegen 22 Uhr hätten sie dann spontan beschlossen, in die* Z-Bar *zu gehen, um dort ins neue Jahr hineinzufeiern. Dort hätten sie gemeinsam zwei Mojito und zwei Wodka-Bull getrunken. Die Geschädigte sei dann irgendwann in Richtung der Toiletten gegangen. Er habe sie noch aus dem Augenwinkel mit einem dunkel gekleideten Mann zusammenstehen sehen. Hierbei sei sie schon merklich betrunken gewesen, weil sie den Mann, während dieser mit ihr sprach, noch nicht mal angesehen habe. Dass es sich bei dem Mann um den Angeklagten handelte, hatte der Zeuge bereits bei der polizeilichen Wahllichtbildvorlage »hundertprozentig« bestätigt, und er war sich auch in der gerichtlichen Hauptverhandlung auf explizite Nachfrage des Gerichts, ob der auf der Anklagebank sitzende Mann derjenige aus der Tatnacht sei, sicher, dass es sich um ein und denselben Mann handelte.*

Jedenfalls habe er die Geschädigte dann etwa eine halbe Stunde nicht mehr gesehen und sei ihr erst wieder begegnet, als er sie vor der Eingangstüre am Boden liegen sah, umringt von Türsteher, Polizei und Rettungskräften. Sie sei überhaupt nicht mehr ansprechbar gewesen, weshalb sie dann mit einem Krankenwagen in ein Kranken-

haus gebracht worden sei. Bei einem späteren Telefonat habe die Zeugin Laura S. auch ihm gegenüber angegeben, dass sie sich nicht erinnern könne, was passiert war.

Da der Zeuge erstmals noch in der Tatnacht vom 01.01.2016 polizeilich vernommen worden war, waren seine Angaben zu den Trinkmengen, die er vor Gericht nochmals bestätigte, glaubhaft.

Der Zeuge Max B. führte aus, er sei mit seiner Schwester Jacqueline B. auf der Silvesterparty in der Z-Bar *gewesen.*

Ihm seien dort ein »dunkelhäutiger« Mann und eine junge blonde Frau aufgefallen, die rumgeknutscht hätten. Auf Nachfrage schilderte er allerdings, dass lediglich der Mann versucht habe, die Küsse zu geben, während die Frau sie nicht erwidert habe. Die beiden seien ihm aufgefallen, weil die Arme der Frau völlig schlaff heruntergehangen hätten. Der Mann hätte zunächst seitlich zu ihnen gestanden und die Frau an der Wand. Der schwarz gekleidete Mann habe mehrfach mit der Hand ruppige streichende Bewegungen vorne auf Höhe ihres Genitalbereichs gemacht. Der Mann habe der Frau auch mit der anderen Hand am Po herumgespielt. Das Ganze habe etwa fünf bis zehn Minuten gedauert. Die Dame habe regungslos an dem Mann drangehangen und nur einmal relativ kraftlos seinen Arm weggedrückt.

Dies sei ihm äußerst merkwürdig vorgekommen, weshalb er die Türsteher habe holen wollen. Der Mann sei dann plötzlich ihm entgegen in Richtung Tanzfläche gelaufen und in der Menge verschwunden. Die Frau sei ihnen dann regelrecht in die Arme gefallen, und seine Schwester habe sie aufgefangen. Die Frau habe auf Ansprache nicht reagiert und kaum laufen können. Der Zeuge habe dann den Türsteher geholt und mit diesem den Täter auf der Tanzfläche gesucht. Zu diesem Zeitpunkt habe der Angeklagte mit einer anderen blonden Dame getanzt. Er sei sich ganz sicher, dass es sich bei dem besagten Mann um den Täter handle.

Die Angaben des Zeugen waren absolut glaubhaft. Er kannte den Angeklagten nicht und hatte auch keinen Grund, ihn zu Unrecht zu belasten. Er schilderte das Gesamtgeschehen lebensnah und in Übereinstimmung mit den weiteren Zeugen Jacqueline B., Paulsen und Zenger, wobei die letzteren beiden Zeugen ihm völlig fremd waren. Er hatte den Angeklagten auch bereits bei einer polizeilichen Wahllichtbildvorlage definitiv erkannt. Und auch auf Frage des Gerichts, ob der Mann auf der Anklagebank derjenige aus der Tatnacht sei, bejahte dies der Zeuge mit einem kräftigen Nicken.

Die Zeugin Jacqueline B. gab an, sie habe gemeinsam mit ihrem Bruder in der Z-Bar gesehen, dass sich der Angeklagte mit einer Frau in einer Ecke befand. Die Frau habe ziemlich willenlos gewirkt und sich kaum auf den Beinen halten können. Ihre Hände seien auf seiner Schulter gelegen und immer wieder heruntergefallen. Die Dame habe an der Wand gelehnt, und der Angeklagte sei seitlich zu ihnen mit der Geschädigten vor einer Wand gestanden. Er habe versucht, die Frau zu küssen. Diese sei hierzu aber gar nicht mehr in der Lage gewesen.

Der Angeklagte habe mit der Hand mehrfach vorne an der Hose der Dame hantiert. Sie glaube, dass er ihr auch in die geöffnete Hose gegriffen habe, genau hätte sie das aber nicht sehen können. Die Zeugin habe das alles als sehr »anstößig« und »anrüchig« empfunden, da Sex in der Öffentlichkeit ohnehin nichts verloren habe und man hierzu ja wohl auch nach Hause gehen könne.

Das Ganze habe circa zehn Minuten gedauert. Irgendwann sei dann der Angeklagte weggelaufen und die Geschädigte in eine Ecke gefallen. Sie habe sich dann noch gedacht, was für ein »Arschloch«.

Da die Geschädigte in der Ecke einfach liegen geblieben war, sei die Zeugin zu ihr hin, um nachzusehen, ob alles in Ordnung sei. Laura S. habe aber einen Blick »ins Nichts« gehabt, und auf die Frage, ob alles gut sei oder sie einen Arzt brauche, habe sie keine Antwort gegeben. Alles, was die Zeugin zu ihr gesagt habe, sei erst gar nicht bei ihr angekommen. Ihr Bruder habe dann den Türsteher alarmiert.

Auch die Angaben der Zeugin Jacqueline B. ließen keine Zweifel an ihrem Wahrheitsgehalt aufkommen. Sie kannte weder den Ange-

klagten noch hatte sie sonst ein Interesse am Ausgang des Verfahrens. Auch sie gab an, den Angeklagten bei ihrer polizeilichen Vernehmung auf der Wahllichtbildvorlage als denjenigen wiedererkannt zu haben, der die Geschädigte sexuell bedrängt hatte, und konnte dies auf gerichtliche Nachfrage mit Fingerzeig auf den Mann auf der Anklagebank auch in der gerichtlichen Hauptverhandlung nochmals bestätigen.

Die Zeugin Paulsen erklärte, sie habe mit ihrem Freund, dem Zeugen Zenger, und anderen Freunden gemeinsam Silvester gefeiert und hauptsächlich an der Bar gestanden. Ihr sei dann ein blondes Mädchen aufgefallen, das sehr betrunken schien. Sie sei wie ein »Waschlappen« an einem Mann gehangen und habe nicht mehr richtig stehen können. Der Mann habe mit dem Mädchen mit dem Rücken zur Wand nahe den Toiletten gestanden und aggressive Bewegungen im Bereich des Schritts der Dame gemacht, wobei sie aufgrund ihrer Position nicht gesehen habe, ob er auch in die Hose griff. Außerdem habe er ihr außen an den Hintern gefasst. Auf den ersten Blick habe es so gewirkt, als seien sie eng umschlungen, allerdings habe man dann sofort gesehen, dass die Frau völlig schlaff gewesen sei und selbst keinerlei aktive Rolle gezeigt habe. Die Zeugin habe dann auch ihren Freund angesprochen, dass er sich das ansehen solle, da es nicht so ausgesehen habe, als ob die Frau das auch wolle. Der ganze Vorfall habe etwa zehn Minuten bis zu einer Viertelstunde gedauert. Schließlich sei der Angeklagte weggelaufen, und die Geschädigte sei komplett zusammengebrochen. Die Zeugin sei dann mit ihrem Freund zum Eingangsbereich gelaufen, um den Türsteher zu verständigen. Als die Geschädigte dann wenig später am Eingang lag, habe sie dann auch gesehen, dass ihre Hose vorne geöffnet war. Irgendwann sei der Angeklagte von Türstehern runter zum Ausgang und direkt vor die Tür gebracht worden.

Bei dem Täter habe es sich aufgrund der Hautfarbe um einen Afrikaner oder Afroamerikaner gehandelt. Es sei genau der Mann, der auf der Anklagebank sitze und den sie auch bereits auf einer polizeilichen Wahllichtbildvorlage bei einer späteren polizeilichen Zeugenvernehmung wiedererkannt habe.

Auch die Aussage der Zeugin Paulsen war glaubhaft und zur Überführung des Angeklagten geeignet. Zwar war die Zeugin in der Hauptverhandlung der Ansicht, der Angeklagte habe ein blau kariertes Hemd getragen. Diesbezüglich ist jedoch festzustellen, dass derartige Abweichungen in der Erinnerung nicht ungewöhnlich sind. Soweit die Zeugin abweichend von den anderen Zeugen angab, der Angeklagte habe mit dem Rücken zur Wand (und nicht umgekehrt mit seiner Brust in Richtung zur Wand) gestanden, vermag auch dies keinen wesentlichen Widerspruch zu begründen, da sich nach Angaben aller Zeugen die beiden Personen in einer Ecke befanden, das Geschehen eine gewisse Dynamik aufwies und alle Zeugen unterschiedliche Blickwinkel auf die beiden hatten. Insofern ist es durchaus möglich, dass bei zwei Personen in einer Ecke mal die eine Person näher mit dem Rücken zu einer Wand und mal die gegenüberstehende Person näher mit dem Rücken zur anderen Wand erscheint. Die Kernpunkte des Geschehens wurden von der Zeugin jedoch in Übereinstimmung mit den übrigen Zeugen dargestellt. Sie war sich auch sicher, dass sie den Angeklagten in der gerichtlichen Hauptverhandlung erkannte, und hatte den Angeklagten auch bereits bei einer polizeilichen Wahllichtbildvorlage sicher wiedererkannt.

Der Zeuge Zenger gab an, er sei mit seiner Freundin, der Zeugin Paulsen, und ein paar gemeinsamen Freunden in der Z-Bar *bei der Silvesterparty gewesen und habe der Zeugin Paulsen gegenübergestanden, als sie ihn auf ein blondes Mädchen aufmerksam machte, welches unglaublich betrunken schien. Die Dame sei komplett weggesackt und habe wie ein »nasser Sack« in den Armen eines dunkelhäutigen Mannes gehangen und nicht mehr richtig stehen können. Der Mann habe mit dem Rücken zu ihm gestanden, die Frau sei zwischen dem Mann und der Wand gewesen. Es habe insgesamt sehr befremdlich gewirkt, fast so, als würde man mit einer »Gummi-*

puppe« rummachen. Den Vorgang habe er etwa zehn Minuten beobachtet. Bei dem Mann habe es sich hundertprozentig um den Angeklagten gehandelt. Der Angeklagte habe ein dunkles Hemd getragen. Er habe den Angeklagten auch bei einer polizeilichen Wahllichtbildvorlage wiedererkannt.

Auch die Angaben des Zeugen Zenger waren glaubhaft. Er stand sowohl dem Angeklagten als auch der Geschädigten völlig neutral gegenüber. Eine Beeinflussung durch die anderen Zeugen war nicht erkennbar.

Auch im Gerichtssaal erkannte der Zeuge den Angeklagten auf entsprechende Frage des Gerichts, ob der Mann auf der Anklagebank der Mann aus der Tatnacht sei, den er mit der Geschädigten im Club gesehen hatte.

Die Zeugin Sarah T. ist die Freundin des Angeklagten. Sie gab an, sie habe mit dem Angeklagten in der Tatnacht in der Z-Bar *Silvester gefeiert. Dort hätten sie die ganze Zeit gemeinsam getanzt. Sie sei dann nach etwa einer halben Stunde nur einmal für circa fünf Minuten auf die Toilette gegangen. Anschließend sei sie wieder direkt zur Tanzfläche gegangen und habe den Angeklagten dort wiedergetroffen. Anschließend habe sie wiederum die ganze Zeit gemeinsam mit dem Angeklagten getanzt, bis dieser völlig unvermittelt von einem Türsteher in eine Art Polizeigriff genommen und zum Eingang geführt worden sei.*

Diesbezüglich ergab sich ein Widerspruch zur Einlassung des Angeklagten insofern, als dieser geltend machte, er habe direkt bei den Toiletten an der Treppe auf die Zeugin gewartet, während diese angab, sie habe den Angeklagten nach dem Toilettenaufenthalt auf der Tanzfläche wiedergetroffen.

In der Gesamtschau der Beweismittel war der Angeklagte damit des sexuellen Missbrauchs einer Widerstandsunfähigen klar überführt.

Die vier Zeugen Max und Jacqueline B. sowie Paulsen und Zenger hatten den Angeklagten jeweils ganz klar während der Tat erkannt.

Bei allen Zeugen war auch bereits vor der Hauptverhandlung eine polizeiliche Wahllichtbildvorlage durchgeführt worden, auf der sie den Angeklagten getrennt voneinander sicher wiedererkannt hatten. Eine spätere gegenseitige Beeinflussung zwischen den Geschwistern B. einerseits und den Zeugen Paulsen und Zenger andererseits war nicht festzustellen.

Soweit die Zeugin Sarah T., die Freundin des Angeklagten, ihn dadurch entlastete, dass sie angab, bis auf einen circa fünfminütigen Toilettenaufenthalt die gesamte Zeit mit dem Angeklagten in der Diskothek zusammen gewesen zu sein, vermochte dies das Gericht nicht zu überzeugen. Als Freundin des Angeklagten hatte sie naturgemäß ein Interesse daran, diesen zu entlasten. Außerdem gab es auch Widersprüche in den Aussagen der beiden, wo sie nach dem Toilettengang wieder aufeinandergetroffen sind. Daneben ist auch zu berücksichtigen, dass die auf der Toilette verbrachte Zeit von der Zeugin nur geschätzt werden konnte, was regelmäßig nicht besonders zuverlässig ist. Da allerdings auch die übrigen Zeugen den Zeitraum der Tat überwiegend nur auf fünf bis zehn Minuten schätzten, erscheint es durchaus möglich, dass der Angeklagte mit der Geschädigten Laura S. zusammentraf, während sich seine Freundin auf der Toilette befand, und den Kontrollverlust der Geschädigten vielleicht zunächst sogar als Wunsch nach körperlichem Kontakt missinterpretierte und schließlich aber gezielt ausnutzte. Die vier Zeugen hatten jeweils angegeben, dass der Angeklagte nach einigen Minuten sehr plötzlich Richtung Tanzfläche lief, sodass die Geschädigte praktisch weggestoßen wurde und sich nicht mehr auf den Beinen halten konnte. Dies lässt sich naheliegend damit erklären, dass seine Freundin nach einigen Minuten von der Toilette auf die Tanzfläche zurückkehrte, der Angeklagte sie dort wahrnahm und sich damit gezwungen sah, sich nunmehr schnellstmöglich wieder zu ihr zurückzubegeben.

Das Gericht hatte auch keinerlei Zweifel daran, dass die Geschädigte für den Angeklagten erkennbar alkoholbedingt eine tiefgreifende Bewusstseinsstörung aufwies und deshalb unfähig war, Wider-

stand gegen die sexuellen Handlungen des Angeklagten zu leisten. Alle vier Zeugen, die den Vorfall beobachtet hatten, taten dies gerade wegen der äußeren Auffälligkeiten der Geschädigten. Sie schilderten jeweils übereinstimmend, dass sie völlig kraftlos am Angeklagten hing, Küsse nicht erwiderte, sich nicht mehr richtig auf den Beinen halten konnte und sogar vom Angeklagten wiederholt hochgezogen werden musste, um nicht zusammenzubrechen. Direkt nach der Tat habe sie sich nicht klar artikulieren können und auch auf Ansprache der Zeugen nicht reagiert. Es wurde sogar geschildert, dass die Geschädigte – wenn auch äußerst kraftlos – versucht habe, den Arm des Angeklagten wegzudrücken. Dass der Angeklagte dies alles nicht erkannt haben soll, ist völlig abwegig, zumal er die Geschädigte in diesem Zustand zunächst in die abgelegene Ecke verbrachte, was nach Aussage des Zeugen Zenger mehr ein Schleifen als ein Gehen darstellte.

Der Angeklagte war daher wegen sexuellen Missbrauchs einer widerstandsunfähigen Person schuldig zu sprechen.

Die von den Zeugen übereinstimmend geschilderten Tätigkeiten des Angeklagten stellen sexuelle Handlungen dar, durch die sich der Angeklagte befriedigen wollte.

Bei der Strafzumessung war von einem Strafrahmen von einer Freiheitsstrafe von sechs Monaten bis zu zehn Jahren auszugehen.

Innerhalb dieses Strafrahmens war zugunsten des Angeklagten zu berücksichtigen, dass er bislang nicht vorbestraft ist. Die Tat wurde spontan begangen. Die Berührungen des Angeklagten erfolgten nicht widerlegbar lediglich über der Kleidung der Geschädigten. Die Geschädigte gab an, dass der Vorfall sie psychisch nicht wesentlich belastet hat, und hatte auch kein Strafverfolgungsinteresse.

Zulasten des Angeklagten war dagegen zu sehen, dass die sexuellen Handlungen immerhin über mehrere Minuten andauerten. Er ließ sich nicht einmal dadurch vom Missbrauch der Geschädigten abhalten, dass die Handlungen in der gut besuchten Diskothek für mehrere Zeugen wahrnehmbar waren. Der Angeklagte zeigte hier ein hohes Aggressionspotenzial und brachte damit mehr als deutlich seine Missachtung gegenüber den Normen unserer Rechtsordnung und seinen mangelhaften Respekt gegenüber Frauen zum Ausdruck.

Besonders zulasten des Angeklagten sprechen insbesondere auch generalpräventive Erwägungen. Der Angeklagte hat die Tat in der Nacht vom 31. Dezember 2015 auf den 1. Januar 2016 begangen. In dieser Nacht kam es in ganz Deutschland, insbesondere in Köln, aber auch an zahlreichen anderen Orten zu massiven sexuellen Übergriffen, die große nationale und internationale Beachtung erfuhren. Die Täter waren vorwiegend Gruppen junger Männer, vornehmlich aus dem nordafrikanischen und arabischen Raum. In vielen Fällen wurden sowohl Sexual- als auch Eigentums- und Körperverletzungsdelikte verübt. Es wurden in der folgenden Zeit weit über 1000 Strafanzeigen erstattet, hauptsächlich wegen verschiedener Sexualdelikte, der Aufarbeitungsprozess dauert immer noch an. Der Bundespolizei wurde vorgeworfen, sie habe die Lage nicht unter Kontrolle gehabt und in ersten Berichten beschönigend dargestellt. Bemängelt wurde auch eine späte und zunächst zurückhaltende mediale Berichterstattung.

Diese Taten haben das Sicherheitsgefühl der Bevölkerung massiv beeinträchtigt, sodass die Rechtsordnung mit notwendiger Härte verteidigt werden muss. Auch wenn vorliegend keine direkte Verbindung zu den Tätern aus Köln besteht, so gebieten generalpräventive Erwägungen dennoch, den Angeklagten mit der notwendigen Härte zu bestrafen.

In diesem Zusammenhang war zulasten des Angeklagten auch zu werten, dass er sich trotz seines hohen Bildungsstandes zu der Tat hat hinreißen lassen und durch seine Tat das Ansehen anderer Studenten aus Nordafrika massiv geschädigt hat. Auch hieraus ergibt sich das Erfordernis, die Rechtsordnung mit der erforderlichen Konsequenz zu verteidigen.

Das Gericht erachtete daher die Verhängung einer deutlich spürbaren Freiheitsstrafe von zwei Jahren als zwingend erforderlich.

Eine Strafaussetzung zur Bewährung kommt vorliegend nicht in Betracht. Zwar verkennt das Gericht nicht, dass der Angeklagte bislang nicht vorbestraft und formal einigermaßen sozial integriert ist. Er verfügt über gewisse soziale Bindungen, über einen Studienplatz und gelegentliche Einnahmen aus Hilfstätigkeiten.

Allerdings ist festzuhalten, dass das Gericht diesen vorhandenen grundsätzlich positiven Faktoren nicht das Gewicht beimisst, ihn von der Begehung weiterer Straftaten abhalten zu können. Das Gericht konnte vielmehr keine positiven Integrationsfaktoren beim Angeklagten feststellen. Er hat die Tat nicht nur bis zuletzt abgestritten, sondern sogar nicht ausschließbar seine Freundin dazu motiviert, für ihn eine Gefälligkeitsaussage zu tätigen. Der Angeklagte hat in aller Öffentlichkeit eine Sexualstraftat begangen und dadurch seine Verachtung gegen die hiesigen Normen zum Schutz von Frauen deutlich zum Ausdruck gebracht.

Er bietet daher keine Gewähr dafür, dass er nunmehr unter dem bloßen Eindruck einer Verurteilung von der Begehung weiterer Straftaten abgehalten wird. Ihm kann keine positive Sozialprognose gestellt werden. Es gibt keine besonderen Gesichtspunkte in Tat oder Person des Angeklagten, welche eine Strafaussetzung zur Bewährung rechtfertigen würden.

Im Gegenteil ist im vorliegenden Fall die Vollstreckung der Freiheitsstrafe zur Verteidigung der Rechtsordnung zwingend geboten. Insbesondere lassen generalpräventive Erwägungen im Zusammenhang mit den zahlreichen Sexualstraftaten in der Silvesternacht 2015 auf 2016 den Vollzug der nunmehr ausgesprochenen Freiheitsstrafe als unumgänglich erscheinen.

Müller
Richter am Amtsgericht

Es kommt eher selten vor, dass ein Gericht eine höhere Strafe verhängt, als von der Staatsanwaltschaft beantragt wurde. Erst recht, wenn das mutmaßliche Opfer überhaupt kein Interesse an einer Verurteilung hat. In diesem Fall war das alles aber so.

Die Staatsanwältin hatte eine Freiheitsstrafe von einem Jahr und sechs Monaten beantragt, auszusetzen zur Bewährung. Arifs damaliger Verteidiger beantragte »Freispruch oder eine sehr milde Strafe« – so stand es jedenfalls im Protokoll der Hauptverhandlung.

Arif selbst erinnerte sich nicht mehr an den exakten Wortlaut, er hatte sich lediglich gewundert, warum sein Anwalt sich plötzlich im Plädoyer ohne jede Vorwarnung gegen ihn gewendet hatte. Sinngemäß sagte er wohl, dass Arif durch die Zeugen ja schon wiedererkannt und damit überführt sei, aber es habe sich doch nur um »niederschwellige sexuelle Handlungen« gehandelt. Außerdem handle es sich bei der Geschädigten Laura S. ganz offensichtlich um eine »lebenslustige junge Frau«, und es sei doch gar nicht auszuschließen, dass diese »alkoholbedingt den Drang nach einem exotischen Abenteuer verspürte« und »es doch auch gewollt habe«.

Arif erinnerte sich noch gut, dass der Amtsrichter ihn schon während des gesamten Plädoyers seines Rechtsanwalts ganz finster anstarrte. Die mündliche Urteilsbegründung habe nichts gemein gehabt mit den oben wiedergegebenen schriftlichen Urteilsgründen, welche erst zwei Wochen später zu den Akten gelangten.

Eigentlich habe der Richter einfach nur alle im Saal angeschrien, ihn, seinen Verteidiger, seine im Zuschauerbereich sitzende Freundin, sogar die Staatsanwältin. Der Angeklagte habe hier »jede Chance auf eine Bewährungsstrafe verspielt«. Er verstehe nicht, warum die Staatsanwaltschaft hier derartige Milde mit dem Angeklagten zeige. Der Fall sei schließlich »eindeutig«, der Angeklagte sei ganz offenbar »unbelehrbar«, zeige »hohe kriminelle Energie«. Er würde seine »deutsche Freundin« nur »ausnutzen« und »auf die schiefe Bahn bringen« durch »Anstiftung zur Falschaussage«, da erwarte er noch ein entschlossenes Durchgreifen seitens der Staatsanwaltschaft. Seine Freundin solle sich mal ernsthaft überlegen, sich von dem »skrupellosen Angeklagten« zu trennen.

Mit einem Geständnis und einer Entschuldigung wäre er, der Angeklagte, deutlich besser gefahren. Er müsse ins Gefängnis, weil »nach Köln« so etwas nicht mehr passieren dürfe – das war die einzige Gemeinsamkeit mit dem schriftlichen Urteil.

Der Amtsrichter folgte dem damals im Frühjahr 2016 nach der »Kölner Silvesternacht« allgegenwärtigen medialen Zeitgeist und schöpfte seine gesamte »Strafgewalt« aus – zwei Jahre ohne Bewährung ist die härteste Strafe, die ein einzelner Strafrichter verhängen darf, mehr gibt das Gesetz nicht her.

Es war ein populistisches und moralistisches Urteil, denn ungeachtet der ungünstig gewählten anwaltlichen Formulierungen im Schlussplädoyer wurde das ausgeurteilte Strafmaß dem Unrechtsgehalt der von dem Angeklagten vermeintlich begangenen Tat tatsächlich nicht gerecht – selbst wenn er die Tat begangen hätte, denn Arif beteuerte ja weiterhin seine Unschuld.

Zum Vergleich: Für einen unvermittelten Faustschlag ins Gesicht setzte die Staatsanwaltschaft laut »interner Strafliste« im selben Gerichtsbezirk 100 Tagessätze Geldstrafe an, wobei ein Tagessatz einem Tag Haft entspricht.

Eine Geldstrafe in Höhe von gut drei Monatsnettoeinkommen für einen heftigen Faustschlag ins Gesicht oder zwei Jahre Gefängnis für ein (unterstelltes) sexualisiertes Streicheln oberhalb der Kleidung – diese krasse Diskrepanz ist aus meiner Sicht nicht zu rechtfertigen –, noch dazu bei einem Opfer, das aussagte, derartigen Annäherungsversuchen gegenüber grundsätzlich nicht abgeneigt zu sein, keine negativen Folgen davongetragen zu haben und keine Bestrafung des Angeklagten zu wünschen.

Das heißt natürlich keinesfalls, dass intime Berührungen im Zustand der Willenlosigkeit nicht bestraft gehören. Doch die dafür vorgesehene Strafe sollte verhältnismäßig sein und nicht anhand politischer Gefälligkeiten und medialer moralischer Entrüstung bestimmt werden.

Arif Hassani legte gegen das Urteil des Amtsgerichts Berufung ein. Er wollte keine »milde Strafe«, sondern einen Freispruch – er habe mit der ganzen Sache nichts zu tun, beteuerte er bei seinem ersten Termin in unserer Kanzlei. Und ich glaubte ihm.

Warum? Weil bereits die allgemeine Lebenserfahrung einen gänzlich anderen Geschehensablauf nahelegte. Denn mal ganz objektiv in die Leserunde gefragt: Würde man(n) wirklich in der kurzen Zeit, in der die eigene Partnerin in einem Club die Toilette aufsucht, vor ebendieser mit einer anderen Frau rumzumachen anfangen? Wäre das, offen gesagt, nicht selten dämlich? Das Risiko, dabei von der eigenen Partnerin erwischt zu werden, läge so exorbitant hoch, dass man ein solches Verhalten nur bei völliger alkoholischer Enthemmung oder gnadenloser Dreistigkeit ernsthaft unterstellen kann. Gnadenlose Dreistigkeit kann man natürlich niemals ausschließen, für diese gab es aber angesichts des völlig geordneten Lebenswandels des Maschinenbaustudenten keine ernst zu nehmenden Anhaltspunkte. Es wäre – der Lebenserfahrung folgend – bei einem solchen Tätertyp zumindest anzunehmen, dass er schon öfters durch dreiste »Anmache«, »Fremdflirten« oder einen Seitensprung unangenehm aufgefallen wäre.

Den Angaben seiner Freundin zufolge neigte Arif aber im Gegenteil gerade nicht zu solcherlei Verhaltensweisen: Sie habe ihn als eher introvertiert, stets respektvoll und gegenüber Frauen geradezu schüchtern erlebt. Er habe sich immer nur für sie interessiert und nie Interesse an anderen Frauen gezeigt. Zu dem gemeinsamen Discobesuch an Silvester habe sie ihn regelrecht drängen müssen, und er habe den ganzen Abend über nur

Augen für sie gehabt. Bis auf den kurzen Toilettengang seien sie ja auch die ganze Zeit zusammen gewesen.

Nun mag man einwenden, nach der Lebenserfahrung sei die eigene Freundin keine besonders zuverlässige Alibizeugin und neige dazu, für ihren Liebsten notfalls auch zu lügen. Dieses Aussagemotiv mag in vielen Konstellationen naheliegen, in dem vorliegenden Fall aber gerade nicht. Mal ehrlich: Welche Partnerin gibt ihrem Freund denn ein Alibi für das Befummeln einer anderen Frau? Wenn sie aber trotzdem zur Falschaussage entschlossen war: warum diese dann angreifbar machen und die kurze Trennung durch den Toilettengang einbauen? Klar, solche Überlegungen waren juristisch ungeeignet, seine Unschuld zu beweisen, aber sie waren ein erster und notwendiger Ansatz, das erstinstanzliche Urteil und die angeblich bewiesenen Geschehnisse im Club zu hinterfragen.

Arif Hassani wollte einen neuen Verteidiger, um in der Berufungsverhandlung seine Unschuld zu beweisen. Sein bisheriger Rechtsanwalt hatte ihm dringend dazu geraten, in der Berufungsinstanz ein Geständnis abzulegen, um die vom Amtsgericht ausgeurteilte Vollzugsstrafe abzumildern und im Ergebnis nicht ins Gefängnis zu müssen. Leider musste ich dem Mandanten sagen, dass dieser Ratschlag durchaus gut nachvollziehbar war. Die Berufungsverhandlung war vom jetzt zuständigen Landgericht auf gerade einmal drei Stunden terminiert worden. Auch der neue Richter war offensichtlich der Meinung, dass bei »vier zu einer« Zeugenaussage eine schnelle Verurteilung zu erwarten war. Er hatte entsprechend auch schon im Vorfeld schriftlich gegenüber dem Verteidiger mitgeteilt, dass »nach einer vorläufigen Einschätzung des Gerichts« angeregt werde, die Berufung des Angeklagten auf die Rechtsfolgen der Tat zu beschränken. In diesem Fall sei – ebenfalls »nach vorläufiger Einschätzung des Gerichts« – eine zur Bewährung ausgesetzte Freiheitsstrafe gerade noch möglich.

Ich riet Arif Hassani, sich den Vorschlag seines bisherigen

Verteidigers noch einmal gründlich durch den Kopf gehen zu lassen. Denn egal für wie unfair Arif das Urteil des Amtsgerichtes auch halten mochte, mit einem Geständnis hätte er die dort ausgeurteilte Gefängnisstrafe in der Berufung nahezu sicher abwenden können. Und ehe man als Verteidiger dem Mandanten dazu rät, in der letztmöglichen (Tatsachen-)Instanz die eigene Freiheit zu riskieren, sollte man die bekannte Beweislage gründlich prüfen und Chancen und Risiken einer Freispruchverteidigung sorgsam abwägen. Denn auch ein Unschuldiger kann bei ungünstiger Beweislage Opfer einer falschen Verurteilung werden, und selbst bei eklatanten Rechtsfehlern werden Urteile in der Revisionsinstanz nicht immer aufgehoben. Schließlich werden hier ausschließlich Rechtsfehler geprüft, aber keine Beweise mehr gewürdigt. Es hilft dem Mandanten letztlich nichts, wenn sein Verteidiger ihm glaubt, das Gericht ihn aber trotzdem hart verurteilt.

Immerhin konnte das Urteil in Arifs Fall nicht noch schlimmer ausfallen. Die Staatsanwaltschaft hatte keine Berufung eingelegt, und mehr als die zwei Jahre Freiheitsstrafe beim Amtsgericht waren, wie eingangs erwähnt, ohnehin nicht möglich. Allerdings gilt dies nicht für die Verfahrens- und Verteidigungskosten, welche Arif bei einer erneuten Verurteilung weitgehend oder gar vollständig auferlegt zu werden drohten – selbst bei einem im Ergebnis milderen Urteil.

Man sollte also immer gute Gründe haben, ob und vor allem in welchem Umfang man ein strafgerichtliches Urteil anfechten möchte – so auch hier.

Arif wollte auf keinen Fall ein falsches Geständnis ablegen, sondern für einen Freispruch kämpfen. Aber auch wenn ich ihm glaubte, so konnte ich ihm keine allzu großen Hoffnungen machen. Im Gegenteil: Wo sollte eine Freispruchverteidigung in der Berufungsinstanz überhaupt ansetzen? Denn dass Laura S. in der von den Zeugen geschilderten Art und Weise begrapscht worden war, stand eigentlich außer Frage. Dies hatten gleich vier unabhängige Zeugen nahezu übereinstimmend geschildert, und keiner von ihnen hatte einen Grund gehabt, sich eine solche Geschichte auszudenken, noch die Gelegenheit, diese en détail untereinander abzusprechen.

Die ganz erhebliche alkoholbedingte Einschränkung der Laura S. in ihrer Willensbildung stand ebenfalls beweissicher fest. Aus der gemessenen Blutalkoholkonzentration und den übereinstimmenden Angaben der Zeugen ging im Gegenteil eher hervor, dass die junge Frau zum Tatzeitpunkt in Gänze willenlos war.

Einzige Alternative zur Täterschaft meines Mandanten war eine Verwechslung. Konnte man wirklich der unumstößlichen Überzeugung sein, dass ausgerechnet der Angeklagte der von den Zeugen beobachtete Grapscher gewesen war? Vielleicht lag hier ein folgenschweres Missverständnis vor?

Das gerichtliche Urteil stützte sich auch hier ausschließlich auf die Angaben der vier Zeugen, welche behaupteten, Arif als Täter eindeutig wiedererkannt zu haben. Denn wie im Urteil ausgeführt, gab es keine anderweitigen Beweise, insbesondere keine Videoaufzeichnungen und auch keine belastenden Sachspuren wie DNA. Ein oft zu beobachtendes Phänomen bei Strafverfahren, denn rund 70 Prozent aller Urteile beruhen auch heutzutage nach wie vor auf bloßen Zeugenaussagen.

Für den Amtsrichter war es im vorliegenden Fall wohl eine einfache Rechnung gewesen: Vier Zeugen hatten jeweils unabhängig voneinander den Angeklagten »eindeutig« als den Grapscher erkannt. Dem gegenüber stand lediglich eine einzige entlastende Zeugenaussage der Freundin des Angeklagten, die auch noch im leichten Widerspruch zu den Angaben des Angeklagten stand. Wir erinnern uns: Der Ort des Aufeinandertreffens nach dem besagten WC-Besuch der Freundin war von beiden unterschiedlich geschildert worden.

Abgesehen von dieser 4:1-Konstellation stand also im Raum, dass es sich bei der Aussage der Freundin um eine bloße Schutzbehauptung aus Verbundenheit zu ihrem Freund handelte. Und damit um eine bewusste Falschaussage – zumindest nach der Auffassung des erstinstanzlichen Richters, der in der Hauptverhandlung noch sein klares Unverständnis darüber zum Ausdruck gebracht hatte, dass die Staatsanwältin bei der Zeugenaussage der Sarah S. nicht eingeschritten war und diese unmittelbar wegen Falschaussage vorläufig festgenommen hatte. Denn lügen darf man vor Gericht auch dann nicht, wenn man Angehöriger, Ehe- oder Lebenspartner des Angeklagten ist. Man darf die Aussage verweigern, ohne dass hieraus nachteilige Schlussfolgerungen gezogen werden dürfen – wenn man aber vor Gericht aussagt, muss es die Wahrheit sein.

Immerhin: Die vermeintliche Falschaussage der Freundin sollte im Fortgang des Verfahrens keine weitere Rolle spielen, aber dazu später mehr.

Konnte es sich wirklich um eine Verwechslung handeln? Der Zeuge Max B. hatte ja angegeben, nach der Tat den Türsteher geholt und mit diesem dann den Täter auf der Tanzfläche gesucht zu haben. Zu diesem Zeitpunkt habe der Angeklagte mit einer blonden, etwas korpulenteren Dame, bei der es sich wohl um die Freundin des Angeklagten handelte, getanzt. Immerhin: Der Zeuge Max B. war dem Täter nicht direkt gefolgt, sondern hatte zunächst die Türsteher informiert und dann auf der Tanzfläche nach dem zuvor beobachteten Grapscher gesucht. Auf der nur mit Stroboskopblitzen zum Takt beleuchteten Tanzfläche glaubte er den späteren Angeklagten wiederzuerkennen, worauf dieser von der Security vor die Tür der Disco verbracht wurde. Hier könnte er sich durchaus geirrt haben. Ähnlich verhielt es sich auch mit den anderen Zeugen: Denn den Grapscher in der finsteren Ecke bei den Toiletten hatten auch diese nicht weiterverfolgt, sondern waren zur Geschädigten Laura S.

hingeeilt, um zu helfen, sodass all ihre Aufmerksamkeit zu diesem Zeitpunkt ausschließlich der jungen Frau galt. Eine folgenschwere Verwechslung war also zumindest möglich.

Andererseits: Alle Zeugen hatten den Angeklagten bei ihrer polizeilichen Vernehmung eindeutig auf einer sogenannten Wahllichtbildvorlage – einer Art digitaler Gegenüberstellung mit mindestens acht Bildern von Personen, unter denen sich dann auch tatsächlich ein Bild von dem mutmaßlichen Täter befindet – eindeutig wiedererkannt. Die Chance, dass vier unterschiedliche Zeugen aus acht möglichen Bildern jeweils zufällig einen eigentlich unschuldigen Tatverdächtigen herauspicken, ist statistisch gesehen dann doch eher gering, oder nicht?

Kurzum: Es gab keinen wirklichen Ansatzpunkt für eine Erfolg versprechende Verteidigung von Arif in der Berufungsinstanz, zumindest nicht, was eine vollständige Rehabilitierung anging. Eher konnte man in rechtlicher Hinsicht darüber streiten, ob die zur Last gelegten sexualisierten Berührungen wirklich »erhebliche sexuelle Handlungen« im Sinne des Strafgesetzbuches mit den damit verbundenen strengen Rechtsfolgen darstellten. Aber einen derartigen Ansatz blockte Arif komplett ab, er wollte beweisen, dass er gänzlich unschuldig ist.

Ich versprach Arif, beim Landgericht Einsicht in die vollständigen Akten, Beiakten, Hilfsakten, Gutachten und Sonderbände des Falles zu beantragen. Vielleicht ließ sich dort ja doch irgendein Verteidigungsansatz finden, der bisher ungesehen geblieben war. Wenn sich dort aber nichts finden ließe, dann sollte er doch noch einmal gut über den Rat seines bisherigen Verteidigers nachdenken und notfalls auch ein falsches Geständnis ablegen, um wenigstens nicht unschuldig ins Gefängnis gehen zu müssen, sondern auf Bewährung draußen bleiben zu können. Arif verstand die Sachlage, dennoch bat er nochmals eindringlich darum, alles ganz genau durchzugehen, irgendetwas könne da nicht stimmen.

Und was soll ich sagen? Arif hatte recht. Bei gründlicher Durchsicht aller Akten stimmte tatsächlich etwas nicht. Und so viel sei an dieser Stelle schon vorab verraten: Hassani Arif wurde schließlich freigesprochen. Doch eins nach dem anderen.

Zunächst steuerte alles auf eine Verurteilung zu. Wie schon in der ersten Verhandlung vor dem Amtsgericht gaben die Zeugen reihum an, den Angeklagten seinerzeit »eindeutig« als den Täter bei der Polizei identifiziert zu haben. Auch wenn sie auf Nachfrage nicht mehr mit absoluter Sicherheit sagen konnten, ob nun derjenige, der auf der Anklagebank saß, auch der Mann war, den sie seinerzeit in der finsteren Ecke bei den Toiletten mit der Geschädigten gesehen hatten, so spielte dies für das Gericht keine Rolle. Die (sinngemäße) Standardfrage vieler Richter darauf lautet in solchen Fällen: »Haben Sie damals bei der Polizei gelogen oder die Wahrheit gesagt«, worauf wirklich noch nie jemand entgegnet haben soll, dass er eigentlich ein Lügner sei. Damit ist die »Überzeugungsbildung« des Gerichts dann auch schon abgeschlossen. Kurzum: Bisher stand es auch in der Berufungsverhandlung nicht sonderlich gut um den Angeklagten.

Der letzte Zeuge war der ermittelnde Polizeikommissar, der die Vernehmungen der vorbenannten Zeugen durchgeführt hatte, die den Angeklagten alle eindeutig als den Täter identifiziert hatten. Hierzu hatte er den Zeugen jeweils nacheinander insgesamt acht Lichtbilder von männlichen Personen vorgelegt, anhand derer sie den Angeklagten erkennen sollten, die besagte »Wahllichtbildvorlage«.

Das Gericht hatte nur sehr wenige Fragen an diesen Zeugen, erkennbar handelte es sich aus Sicht des Vorsitzenden Richters der Berufungskammer um eine reine Formalität. Sein Urteil stand zu diesem Zeitpunkt vermutlich schon fest.

Ich zog also den ernstlichen Unmut des Vorsitzenden auf

mich, als ich begann, den Zeugen intensiv nach besagter Wahllichtbildvorlage zu befragen, und deren Beweiswert offen anzweifelte. Worauf das denn bitte hinauslaufen solle?, raunzte mich der Richter mit erkennbarem Missfallen in seiner Stimme an. Ich erklärte es ihm.

Im Anschluss daran wurde die Beweisaufnahme geschlossen und der Angeklagte nach den Plädoyers und der Urteilsberatung freigesprochen. Eine Parallele zur ersten Instanz gab es immerhin: In der mündlichen Urteilsbegründung beschimpfte der Vorsitzende Richter erneut den Angeklagten, seine Freundin und dieses Mal auch mich als seinen Verteidiger.

Doch bevor ich verrate, welche Fragen es schlussendlich waren, die wohl nicht nur den Richter aus der Fasson gebracht hatten, gibt es ein paar grundsätzliche Dinge, die man über die bei Polizei und Justiz sehr beliebten »Wahllichtbildvorlagen« wissen muss:

Aus Sicht der Gerichte bestehen üblicherweise gar keine Zweifel, wenn ein unbeteiligter Zeuge behauptet, den vermeintlichen Täter eindeutig als solchen wiedererkannt zu haben. Dies führt zu einer Vielzahl an erkannten und unerkannten Fehlurteilen. Denn die psychologische Forschung weiß: Wer einmal jemanden auf einem Bild erkannt zu haben glaubt, der bleibt fast immer bei dieser Entscheidung, selbst wenn sie objektiv falsch ist. In einem Experiment hielten 78 Prozent an der genannten – verkehrten – Person fest.

Trotz solch niederschmetternder Erfahrungen verlassen sich Gerichte so sehr auf vermeintliche Wiedererkennungen, dass manche Experten sogar von einer »Tyrannei des Augenzeugen« sprechen. In solchen »Augenzeugenfällen« kommt es in der überwiegenden Zahl der Fälle zu oftmals falschen Verurteilungen, selbst wenn überwältigende Indizien dafürsprechen, dass der Angeklagte eigentlich gar nicht der Täter sein kann.

Nach neueren Forschungsergebnissen wird die subjektive Sicherheit eines Zeugen immer wieder auch beeinflusst. So können beispielsweise anerkennende Kommentare eines Vernehmungsbeamten (»Schön, dass Sie den Täter identifiziert haben. Sie haben uns damit sehr geholfen«) oder auch die Rückmeldung, dass ein anderer Zeuge dieselbe Person identifiziert hat, zu einer nachträglichen Erhöhung der subjektiven Sicherheit führen.

Leider gibt es aber ganz erhebliche gedächtnispsychologische Einschränkungen, welche den Beweiswert des vermeintlich »eindeutigen« Wiedererkennens von Personen massiv mindern. So bedingt etwa die Wahrnehmungssituation, insbesondere die Lichtverhältnisse am Beobachtungsort und die Entfernung des Beobachters von der Zielperson, der Beobachtungswinkel bezüglich des Gesichts, die Beobachtungsdauer und die Erregung (Stress), während der Beobachtung den Kontext einer Wahrnehmung.

So wurde zum Beispiel die Rolle, die die Entfernung zwischen Täter und Zeugen spielt, anhand eines Mordfalles in Alaska sehr deutlich. Hier hatte ein Zeuge eine Identifizierung vorgenommen, obwohl er die Tat bei Dunkelheit und aus 150 Metern Entfernung beobachtet hatte. Simulationen mit Gesichtern und Gegenständen zeigten aber, dass aus dieser Entfernung gar kein Erkennen eines Gesichts möglich war.

Auch die Fokussierung spielt eine entscheidende Rolle bei der Wahrnehmung. So ist in Fällen, in denen der Täter den Zeugen mit einer Waffe bedroht, der Augenfokus auf die Waffe und damit die Aufmerksamkeit vom Gesicht abgelenkt, was zu einer viel geringeren Wiedererkennungsleistung führt (sogenannter »Waffeneffekt«).

Eine weitere Einschränkung erfährt die Wahrnehmungsleistung, wenn Zeugen und Täter unterschiedlichen ethnischen Gruppen angehören – der sogenannte »Ausländereffekt«. Untersuchungen in den USA haben gezeigt, dass Amerikaner europäischer Abstammung (»Weiße«) besondere Schwierigkeiten haben, Amerikaner afrikanischer Abstammung (»Schwarze«) wiederzuerkennen. Vergleichbare Untersuchungen an deutschen Universitäten haben ergeben, dass die deutschen »Weißen« ebenfalls deutlich schlechtere Leistungen bei der Verarbeitung und dem Wiedererkennen von »Schwarzen«, »Latinos« oder anderen »Südländern« zeigen.

Selbstverständlich spielt auch die Zeit zwischen der Wahrnehmung einer Person und dem späteren Wiedererkennen eine entscheidende Rolle. Im Rahmen einer Untersuchung, bei der eine Person, der Zeuge, kurz mit einer anderen Person, der Zielperson, zusammentraf und beide für etwa 15 Sekunden miteinander interagierten (Frage nach einer Wegbeschreibung), sollten die Zeugen später die Personen entweder in einer Einzellichtbildvorlage oder unter mehreren Fotos wiedererkennen. Im unmittelbaren Anschluss an die Begegnung lag die Trefferrate bei der Einzellichtbildvorlage noch bei immerhin 70 Prozent, nach 30 Minuten verringerte sie sich auf 64 Prozent, bereits nach zwei Stunden war die Trefferquote nicht höher als bei einem Zufallstreffer.

In diesem Zusammenhang ist auch zu beachten, dass das Gedächtnis nicht wie eine abgespeicherte Videoaufnahme arbeitet, die alles Aufgezeichnete so lange getreulich wiedergibt, bis sie gelöscht wird. Im Gegenteil: Das Gedächtnis puzzelt sich sein Bild von der Vergangenheit aus Erinnerungen, Wissen und mehr oder weniger plausiblen Hypothesen ständig neu zusammen.

In unserem Fall gab es zwar keinen vernünftigen Zweifel daran, dass die Zeugen die Grapschereien an der sturzbetrunkenen jungen Frau durch einen »dunkelhäutigen« Täter beobachtet hatten und sich dieser sodann in Richtung Tanzfläche entfernt hatte. Die eigentliche Frage war aber, ob der Zeuge Max B. kurz darauf den richtigen »dunkelhäutigen« Mann auf der Tanzfläche als Täter wiedererkannt hatte oder ob der arme Arif lediglich das Zufallsopfer eines folgenschweren Irrtums geworden war.

Denn hier kamen gleich mehrere Probleme zusammen: die schlechte Wahrnehmungssituation (dunkle, von der Nebelmaschine durchtränkte Clubatmosphäre, Abstand der Zeugen auf der Tanzfläche von der Tatsituation bei den Toiletten), die oben erwähnte Fokussierung auf die Grapschereien (Waffeneffekt) sowie das grundsätzlich schlechtere Wiedererkennen von Personen einer anderen ethnischen Gruppe (Ausländereffekt). Das dürfte dann umso mehr für jene Zeugen gelten, die den Angeklagten erst Wochen später identifiziert hatten. Aufgrund der Vielzahl an Besuchern in der Silvesternacht muss zudem bezweifelt werden, dass Arif der einzige »dunkelhäutige« Gast in dem Club gewesen war.

Aber warum hatten dann die drei anderen Zeugen übereinstimmend den Angeklagten als mutmaßlichen Täter auf der Wahllichtbildvorlage identifiziert? Nun, ungeachtet der bereits genannten Schwierigkeiten bei der »richtigen« Erinnerung an die Tat selbst sind derartige polizeiliche »Wahllichtbildvorlagen« regelmäßig nicht nur fehleranfällig, sondern sogar die Ursache objektiv falscher Täteridentifizierungen. Dies gilt insbesondere dann, wenn sie falsch durchgeführt werden – und die Fehlerquellen hierbei sind zahlreich.

Ein erstes (und ernstes) Problem ist die Erwartungshaltung. Bei polizeilichen Identifizierungsverfahren gehen oftmals sowohl Zeuge als auch Ermittler innerlich fest davon aus, dass der Tatverdächtige auch der wirkliche Täter ist. Beide Seiten sind damit nicht wirklich offen für die Möglichkeit, dass sich der wirkliche Täter vielleicht auf keinem der vorgelegten Bilder befindet. Insbesondere bei den Zeugen führt dieser innere und äußere Erwartungsdruck zu der Tendenz, bei Gegenüberstellungen und Lichtbildvorlagen auch dann eine Person als »Täter« auszuwählen, wenn sie in Wirklichkeit überhaupt niemanden erkannt haben.

Es wird daher empfohlen, Zeugen vor einem Identifizierungsversuch explizit darauf aufmerksam zu machen, dass durchaus die Möglichkeit besteht, dass der Täter sich gar nicht unter den gezeigten Personen befindet. Doch selbst dann gehen Zeugen meist implizit davon aus, dass der Täter Teil der Gegenüberstellungsreihe ist und sie sozusagen nur die richtige Person herausfinden müssten. Bei einer fehlenden Warnung vor der möglichen Abwesenheit des Täters sind offensichtlich sehr viel häufiger Falschidentifizierungen zu erwarten.

Dieser Effekt kann sich natürlich verhängnisvoll verstärken, wenn der zuständige Ermittler unbewusst oder gar bewusst Signale an den Zeugen sendet, »den« Tatverdächtigen auszuwählen – sei es durch bloße Körpersprache oder gar die direkte Aufforderung, sich ein bestimmtes Bild »noch einmal genauer anzuschauen«. Deshalb wird empfohlen, dass Identifizierungsmaßnahmen stets von Ermittlungsbeamten durchgeführt werden sollten, die die Identität des Tatverdächtigen gar nicht kennen.

Aber auch ohne bewusste oder indirekte Einflussnahme kann eine objektiv ungeeignete Auswahl der Lichtbilder dazu führen, dass eine falsche Identifizierung erfolgt. Denn Zeugen tippen meist auf den Kandidaten, der ihrer Erinnerung an den Täter am nächsten kommt. Dabei genügen oft schon »Ungereimtheiten«, welche die ausgewählte Person von den anderen irgendwie unterscheidet und die dann bewusst oder unbewusst wahrgenommen werden – beispielsweise, wenn das Foto des Tatverdächtigen eine niedrigere Bildqualität aufweist.

Insbesondere simultane Gegenüberstellungen, also Situationen, in denen dem Zeugen der Tatverdächtige gleichzeitig mit den Vergleichspersonen gezeigt wird, führen meist dazu, dass der »ähnlichste« Kandidat von den Zeugen vermeintlich »eindeutig« erkannt wird.

Dieser Effekt wird natürlich noch massiv verstärkt, wenn die Vergleichspersonen dem Tatverdächtigen gar nicht wirklich ähnlich sehen – wenn also dieser der Einzige ist, der für den Zeugen als möglicher Täter infrage kommt.

Um angesichts dieser ganzen Probleme überhaupt einen gewissen Beweiswert erzielen zu können, wird dringend die sogenannte »sequenzielle Gegenüberstellung« empfohlen. Hier bekommen die Zeugen nicht alle Kandidaten auf einmal präsentiert, sondern einen nach dem anderen – und jedes Mal müssen sie sofort sagen, ob dies der Täter ist oder eben nicht. Das zwingt sie zu einem »absoluten Urteil«: Das war der Mann – oder eben nicht. Dies verhindert immerhin das extrem fehleranfällige relative Urteil nach der Devise »Wer sieht dem Täter am ähnlichsten?«. Laut einer Untersuchung lässt sich die Zahl der falschen Identifikationen so immerhin auf etwa 28 Prozent drücken. Dabei darf der Zeuge nicht wissen, wie viele Personen noch präsentiert werden, und im Falle einer positiven Identifizierung muss das Verfahren sofort gestoppt werden.

Allerdings muss auch bei der sequenziellen Gegenüberstellung darauf geachtet werden, dass sämtliche Vergleichspersonen alle Merkmale in der vom Zeugen abgegebenen Personenbeschreibung erfüllen, der Tatverdächtige nicht durch irgendwelche Alleinstellungsmerkmale »aus der Reihe fällt« und keine Beeinflussung durch die Ermittler erfolgt.

Als Verteidiger sollte man bei einer im Raum stehenden Täterverwechslung daher immer die Auswahl der Vergleichsbilder einer gründlichen Überprüfung unterziehen. Ziemlich oft haben sich hier nämlich Fehler eingeschlichen, welche im Ergebnis zu einer falschen Täteridentifizierung und damit auch zu einem möglichen Fehlurteil führen können.

Das letzte (und im Ergebnis fast schwerwiegendste) Problem bei der falschen Täteridentifizierung ist ein Effekt, der in der Forensik als Problematik des »wiederholten Wiedererkennens« bekannt ist. Die psychologische Forschung weiß: Wenn ein

Zeuge einmal jemanden auf einem Bild erkannt zu haben glaubt und das auch noch kundgetan hat, dann bleibt er, wie oben bereits erwähnt, meist bei dieser Entscheidung – auch wenn sie falsch ist. In einem Experiment hielten 78 Prozent an der von ihnen genannten – verkehrten – Person fest. Wenn also einmal der Falsche als vermeintlicher Täter »wiedererkannt« wurde, so ist aus gedächtnispsychologischer Sicht davon auszugehen, dass der bei diesem ersten »Wiedererkennen« gewonnene Eindruck das ursprüngliche authentische Erinnerungsbild quasi »überschreibt«. Anders gesagt: Ein grober Patzer bei einer polizeilichen Identifizierung, und jeglicher Beweiswert eines späteren Wiedererkennens ist nahezu unwiderruflich verloren. Denn nach gesicherten Erkenntnissen der kriminalistischen Praxis ist die Verlässlichkeit eines erneuten Wiedererkennens fragwürdig, weil es durch das vorangegangene »Wiedererkennen« beeinflusst werden kann; in der Regel wird der beim ersten »Wiedererkennen« gewonnene Eindruck das ursprüngliche Erinnerungsbild überlagern.

Zurück zu unserem Fall, in welchem, wie sich mir bei der Durchsicht der Wahllichtbilder zeigte, der ermittelnde Polizeikommissar einen eindeutigen Fehler begangen hatte: Alle Zeugen hatten Arif völlig nachvollziehbar »eindeutig« als den Täter identifiziert. Von insgesamt acht vorgezeigten Personen, die die Zeugen anhand der polizeilichen Wahllichtbildvorlage ansehen und den ihrer Meinung nach schuldigen Täter identifizieren sollten, war Arif der Einzige mit schwarzer Hautfarbe. Alle anderen sieben Fotos zeigten deutlich hellhäutigere Personen.

Mit anderen Worten: Man hätte den Zeugen anstelle meines Mandanten auch jede andere x-beliebige dunkelhäutige Person vorlegen können, die Wahrscheinlichkeit, dass diese dann ebenso »eindeutig« identifiziert worden wäre, stünde wohl bei 100 Prozent. Denn hätte die Polizei den Zeugen anstelle von einem Schwarzen und sieben weißen Personen ausschließlich dunkelhäutige Menschen präsentiert, wäre eine andere Gedächtnisleistung erforderlich gewesen.

Diese Erkenntnis hatte ich aber nur durch die vorherige Einsicht in die Originalakte »Sonderband Lichtbilder« gewonnen. In der Hauptakte befanden sich nämlich lediglich Kopien in Schwarz-Weiß, auf denen der massive Unterschied im Hautton der Auswahlpersonen kaum erkennbar war. Entsprechend war das Problem dem Verteidiger in erster Instanz gar nicht aufgefallen.

Wenn Sie, lieber Leser, liebe Leserin, das alles trotz obiger Ausführungen für einen plumpen Trick der Verteidigung halten, dann hätten Sie in dem Vorsitzenden Richter einen meinungsstarken Verbündeten gefunden. Zu Arif Hassanis Pech war dieser nämlich wenig aufgeschlossen gegenüber Erkenntnissen der modernen Wahrnehmungspsychologie. Wie gesagt: Im Anschluss wurde die Beweisaufnahme geschlossen und der Angeklagte nach den Plädoyers und der Urteilsberatung freigesprochen, aber in der mündlichen Urteilsbegründung erneut beschimpft, übrigens auch der Staatsanwalt, der mittlerweile von Aris Unschuld überzeugt, war.

Letzterer hatte aber offenbar den Auftrag seines Abteilungsleiters, unbedingt für eine Verurteilung zu plädieren. Man merkte ihm deutlich an, dass er trotz seiner innerlichen Zweifel an Arifs Schuld seinen Auftrag erfüllen musste. Einen Freispruch durfte er nicht beantragen, also forderte er mit erkennbar geringem Elan »eine milde Strafe« von acht Monaten, ausgesetzt zur Bewährung, ohne weitere große Auflagen. Die krasse Diskrepanz zum Urteil erster Instanz und auch zu den Forderungen der Staatsanwaltschaft beim Amtsgericht (immerhin ein Jahr und sechs Monate) begründete er damit, dass im Rahmen der Berufung noch einmal deutlich geworden sei, dass der Angeklagte lediglich »niederschwellige sexuelle Handlungen« begangen habe; zudem seien die Folgen der Tat für das

Opfer ja glücklicherweise sehr gering gewesen. Im Prinzip bemühte der Staatsanwalt die Argumente des Verteidigers aus der ersten Instanz.

Diese Ausführungen interessierten den Richter aber ebenso wenig wie die mit wahrnehmungspsychologischen Erkenntnissen untermauerte sehr mögliche Verwechslung des Angeklagten mit dem wahren Täter.

Zwar wurde Arif freigesprochen, jedoch mit einer ganz anderen Begründung:

»Der Angeklagte war aus rechtlichen *Gründen freizusprechen.*

Zwar haben die Zeugen Sarah T., Zenger, Paulsen, Jacqueline und Max B. übereinstimmend angegeben, beobachtet zu haben, wie der Angeklagte seine Hand in Richtung des Geschlechtsbereichs der Zeugin geschoben habe. Sie haben jedoch ebenfalls übereinstimmend angegeben, dass sie nicht haben erkennen können, ob der Angeklagte zum Knopf der Hose der Geschädigten Laura S. gegangen sei oder ob tatsächlich die Hand den Intimbereich berührt hat; jedenfalls sei die Hose der Geschädigten anschließend offen gewesen.

Damit ist zugunsten des Angeklagten davon auszugehen, dass der Angeklagte lediglich die Hose der Geschädigten geöffnet hat, jedoch nicht in den Intimbereich gelangt hat.

Dieses Verhalten stellt jedoch keine strafbare sexuelle Handlung dar. Sexuelle Belästigungen durch Begrapschen oberhalb der Kleidung werden von der Rechtsordnung insgesamt zwar als sozial unerwünscht angesehen und können arbeits- und zivilrechtliche Folgen nach sich ziehen; strafrechtliche Konsequenzen hat die sexuelle Belästigung aber nur, wenn es sich um eine sexuelle Handlung handelt, die im Hinblick auf das jeweils geschützte Rechtsgut von einiger Erheblichkeit ist.

Bloße grobe Zudringlichkeiten (»Begrapschen«) werden von der Rechtsprechung hingegen nicht als erheblich angesehen. Das Gleiche gilt für das Berühren im Vaginalbereich über der Kleidung oder das Anpacken des bekleideten Gesäßes.

Entsprechend ist das dem Angeklagten nachgewiesene Verhalten zwar moralisch zu missbilligen, aber straflos. Somit war der Angeklagte freizusprechen.«

Wie schon beim Amtsgericht hörte sich die mündliche Urteilsbegründung deutlich anders an, man kann auch sagen: Sie war völlig unsachlich. Bei den in bayerischer Mundart vorgetragenen Ausführungen des mürrischen Berufungsrichters kriegte wirklich jeder Verfahrensbeteiligte sein Fett weg: Der Angeklagte sei »natürlich« der Täter, schließlich hätten die Zeugen ihn ja wiedererkannt. Die »psychologische Wundertüte« des Verteidigers sei ein »Schmarrn«, schließlich habe der Kommissar Wittmann doch ganz klar alle Zeugen darüber aufgeklärt, dass es auch möglich sei, dass auf keinem der Bilder der wirkliche Täter abgebildet ist. Warum hätten sich die Zeugen dann auf den Angeklagten festlegen sollen? Natürlich nur, weil er der Täter ist! Er solle sich was schämen und mal gescheit integrieren, seine Freundin solle sich auch schämen, ihrem Partner beim Grapschen zu helfen! Ja und der Staatsanwalt solle sich noch gleich mitschämen, schließlich sei das ja ganz offensichtlich nicht strafbar gewesen. Und überhaupt: Bei der angeblichen Geschädigten Laura S. müsse man sich ja schon fragen, was für einen Lebenswandel die jungen Mädels so haben. Da kann man doch gar nicht wissen, ob die nicht doch den Angeklagten »angemacht« habe. Die sollte sich auch noch schämen, fand der Vorsitzende Richter.

Was soll ich sagen? Es war ein bitterer Sieg für Arif. Die wohl größte Ironie: Das Plädoyer seines Verteidigers in erster Instanz hatte den Amtsrichter erst so wütend gemacht, den Angeklagten zu einer Gefängnisstrafe zu verurteilen – nunmehr sprach ihn der Berufungsrichter mit genau dieser Begründung frei. So gesehen hätte er sich den Anwaltswechsel freilich sparen können …

So wurde also Arif zumindest moralisch rechtskräftig verurteilt, obwohl er die Tat möglicherweise nie begangen hatte. Ein Rechtsmittel einlegen konnte er nicht: Gegen einen Freispruch kann man sich als Angeklagter nicht wehren, auch wenn die inhaltlichen Feststellungen des Urteils noch so unfair sind.

Auch die Staatsanwaltschaft akzeptierte das Urteil. Der Fall des Arif Hassani wurde als weiterer vermeintlicher Beleg dafür verbucht, dass viel zu viele schuldige Sexualstraftäter wegen angeblich zu lascher Gesetze freigesprochen werden und ihrer gerechten Strafe entkommen.

Nur einen knappen Monat später, am 7. Juli 2016, beschloss der Bundestag unter dem medialen Druck der »Kölner Silvesternacht« und der »#metoo-Bewegung« eine umfangreiche Verschärfung des Sexualstrafrechts, deren Folgen bis heute bedenklich sind. Nach den Maßstäben dieser neuen Gesetze säße Arif Hassani jetzt unschuldig im Gefängnis.

DEIN FREUND UND HELFER

Forstner betätigte den Alarmknopf, es folgten die eintönigen Quart-Intervalle des Martinshorns. Der Polizeibeamte gab Gas, sein Kollege Meixner setzte das Magnetblaulicht aufs Dach, dessen grelle Blitze die Nacht durchschnitten. Dann hielt er die Anhaltekelle aus dem Beifahrerfenster. Die beiden Beamten waren angespannt, denn dieser Einsatz war keine Routinekontrolle.

Forstner setzte mit dem zivilen Einsatzfahrzeug vor den anzuhaltenden Audi, während Meixner die Lage im Rückspiegel genauestens im Blick behielt. Es war jetzt wichtig, jede Reaktion der Zielperson im Auge zu haben, insbesondere, ob sie versuchen würde, belastende Beweise über das Fenster zu entsorgen, zu flüchten oder gar, sich zu bewaffnen und die Beamten anzugreifen.

Forstner und Meixner sprachen kein Wort, beide waren hoch konzentriert. Einige Hundert Meter weiter bog Forstner auf den Parkplatz eines großen Baumarkts ein, der Audi folgte. Auf dem leeren, aber um diese Zeit gut ausgeleuchteten Parkplatzgelände mit einiger Entfernung zum Eingang des Baumarkts blieb Forstner stehen und stieg zusammen mit Meixner zügig aus dem Fahrzeug. Mit der Hand am Holster ihrer verdeckt getragenen Pistolen und ihren Taschenlampen im Anschlag liefen die beiden Beamten zielgerichtet zum Audi, Forstner zur Fahrertür, Meixner zur Absicherung auf die andere Seite.

Die beiden Polizisten ließen sich den wahren Grund ihres Einsatzes aus taktischen Gründen nicht anmerken. Zum einen könnte eine sofortige Konfrontation mit ihrem eigentlichen Anliegen zu einem Flucht- oder gar gewalttätigen Verhalten der verdächtigen Person führen, zum anderen wollte man den Informanten schützen.

»Allgemeine Polizeikontrolle, Führerschein und Fahrzeugpapiere bitte!«, sagte Forstner durch das geöffnete Fenster der Fahrertür, während Meixner jede Bewegung der Fahrerin genauestens beobachtete und mit seiner Taschenlampe den dunklen Innenraum des Audis ausleuchtete. Außer der jungen Frau waren keine weiteren Personen im Fahrzeug. Sie wirkte ruhig und kramte anscheinend ohne jegliche Nervosität in ihrer auf dem Beifahrersitz liegenden Handtasche nach dem Führerschein. Als sie aber mit einer plötzlichen schnellen Bewegung das Handschuhfach öffnete, zuckte Meixner zusammen und griff nach seiner Dienstwaffe – zu spät, zumindest wenn die Fahrerin tatsächlich eine dort deponierte Waffe herausgeholt hätte. Aber es waren lediglich die Fahrzeugpapiere, die sie Forstner mit einem charmanten Lächeln reichte.

Auf die Frage, wo sie herkomme, antwortete sie freundlich, dass sie sich gerade mit einem Bekannten getroffen habe und nun auf dem Weg nach Hause sei. Dabei strahlte sie die Beamten mit einem bemüht unschuldigen Lächeln an. Ganz schön abgebrüht, dachte Forstner. Fast wäre er darauf hereingefallen, obwohl Susanne Müller, so die Personalien der Audi-Fahrerin, schon vom Phänotyp her perfekt in das Raster der Drogenfahnder passte: stark tätowiert und gepierct, rot gefärbte Haare und vom gesamten Erscheinungsbild her ganz offenkundig einer alternativen Szene zugehörig, welche ihren »Erfahrungshorizont« nur allzu gern durch den Konsum verbotener psychoaktiver Substanzen zu erweitern suchte. Hoffentlich waren sie nicht zu spät, schoss es Forstner durch den Kopf – möglicherweise hatte die Tatverdächtige die Drogen bereits übergeben oder auf sonstige Art und Weise beiseitegeschafft und konnte daher so locker bleiben.

Forstner fackelte nicht lange. Während er die Fahrerin nicht aus den Augen ließ und sie in ein scheinbar harmloses Gespräch verwickelte, gab er Meixner durch ein Zunicken das vereinbarte Zeichen. Der wusste durch den Tipp des Informanten schon, wo er suchen musste. Er ging zum vorderen Kennzeichen und leuchtete mit seiner Taschenlampe zwischen den Spalt der Befestigung von Kfz-Schild und Stoßstange. Volltreffer!

Schon mit bloßem Auge war das genarbte Gewebe eines silbergrauen Panzerklebebandes zu erkennen. Meixner drückte seine Fingerkuppen zwischen den Spalt von Kennzeichen und Kennzeichenhalter und zog mit einem festen Ruck das Kennzeichen aus der Klemmvorrichtung. Und siehe da: Unter dem Kennzeichen war ein Tütchen aus durchsichtigem Plastik befestigt, darin ganz offensichtlich eine ordentliche Menge Rauschgift. Meixner nickte Forstner zu und begab sich zum Heck des Audis. Unterdessen ließ Forstner die Fahrerin nicht aus den Augen, während sein Handballen griffbereit auf seiner Dienstwaffe lag. Immer noch zeigte Susanne Müller keine Spur von Nervosität, obwohl sie die ruckartige Entfernung des vorderen Kennzeichens eigentlich gehört haben musste. Die Frau schien entweder die Ruhe wegzuhaben, oder sie stand unter Drogeneinfluss.

Auch am Heckkennzeichen war zwischen Nummernschild und Halterung silbergraues Panzertape erkennbar. Nachdem Meixner auch hier das Kennzeichen weggezogen hatte, war endgültig klar: Der Fisch war ihnen ins Netz gegangen. Denn auch hier befand sich in einem durchsichtigen Plastiktütchen eine beachtliche Menge Cannabis.

»Was haben wir denn da?«, rief Meixner mit schlecht gespielter Überraschung. Grinsend präsentierte er die beiden sichergestellten Tüten mit den Drogen: »Ein echter Volltreffer!«

Erst jetzt schien Frau Müller zu realisieren, dass sie aufgeflogen war. Forstner belehrte sie, als Beschuldigte einer Straftat, umgehend ihrer Rechte und erklärte sie für vorläufig festgenommen. Mit den Vorwürfen des Drogenfundes an ihrem Auto konfrontiert ließ Susanne Müller ihr Pokerface schlagartig fallen und begann bitterlich zu weinen. »Das muss mir irgendjemand untergeschoben haben«, schluchzte sie. »Ich habe damit nichts zu tun!«

Diese Reaktion war nichts Besonderes für die Polizisten. Denn selbst hartgesottene Berufskriminelle verfallen mitunter in Schockstarre, wenn ihnen plötzlich bewusst wird, dass es nun endgültig vorbei ist. Von stumpfem Starren und Schweigen über Weinen bis hin zum völligen Zusammenbruch ist selbst bei schmierigen Zuhältern oder knallharten Mafiabossen alles dabei.

In diesem Zusammenhang erinnere ich mich an den Fall einer Strafverteidigerin, die den großen Fehler gemacht hatte, die gebotene Distanz zu ihren Mandanten aufzugeben und sich in deren kriminelle Machenschaften verwickeln zu lassen. Zunächst hatte sie sich »nur« mit teuren Uhren, edlem Schmuck und Designerhandtaschen bezahlen lassen – alles Diebesgut oder Hehlerware, was sie auch wusste. Doch es dauerte nicht lange, bis sie auch in andere mafiöse Machenschaften ihrer Kundschaft verstrickt war. Was sie nicht wusste: Die Ermittler waren ihr durch Telefonüberwachungen ihrer Kontaktpersonen auf die Schliche gekommen. Ausgerechnet bei einem Gefängnisbesuch wurde sie dann vor den Augen des eigenen Mandanten und der versammelten Justizbediensteten verhaftet. Als ihr klar wurde, dass sie jetzt gleich – wie ihre eigene Kundschaft – in Untersuchungshaft landen würde, wollte sie ihre eigene Beschuldigtenvernehmung gar nicht mehr verlassen, obwohl der

Staatsanwalt und die Kriminalbeamten keine einzige Frage mehr an sie hatten und endlich Feierabend machen wollten. Ins Gefängnis musste sie trotzdem.

»Das sind nicht meine!«, stammelte Frau Müller erneut, als Forstner ihr die Handschellen anlegte. Unter Tränen flehte sie die beiden Ermittler an, ihr doch zu glauben. Ihre Verzweiflung wirkte echt, und Forstner hatte durchaus Mitleid mit ihr. Aber die Behauptung, die Drogen seien einem irgendwie untergeschoben worden, ist nun wirklich die fantasieloseste und häufigste Ausrede von auf frischer Tat ertappten Kriminellen. Und die Beweislage war ja auch eindeutig. Immerhin war es Susanne Müllers Auto.

»Hinter dieser Aktion steckt bestimmt mein Ex!«, schluchzte sie mit einer Mischung aus Wut und Verzweiflung in der Stimme. Wie recht sie hat, dachte Forstner und konnte ein wissendes Grinsen kaum unterdrücken. Denn tatsächlich hatte sein Polizeikollege Vincent Witting von einem seiner Informanten den Tipp erhalten, dass Wittings Ex-Freundin Susanne Müller sich seit Neuestem eine Einnahmequelle als Drogenkurierin erschlossen hatte. Witting war am Tag zuvor auf seine beiden Polizeikollegen zugekommen und hatte ihnen besorgt davon berichtet, dass seine Ex-Partnerin offenbar total die Kontrolle über sich verloren habe. Seit der Trennung stehe ihr finanziell das Wasser bis zum Hals, ihr kleines Tattoostudio habe schon länger nur mehr rote Zahlen geschrieben. Ihr drohe sogar die Privatinsolvenz, daher würde Susi – wie Witting seine Ex-Freundin nannte – seit geraumer Zeit Betäubungsmittel über die Grenze nach Deutschland einführen, um ihre großen finanziellen Probleme mit dem Verkauf von Marihuana aufzubessern. Über einen zuverlässigen Informanten habe er heute erfahren, dass eine neue Drogenfahrt unmittelbar bevorstehen würde und dass sie die Drogen üblicherweise außen an ihrem Fahrzeug anbringen würde.

Witting hatte seine beiden Kollegen Forstner und Meixner darum gebeten, sich um den Fall zu kümmern. Als Polizist war er verpflichtet, bei Straftaten aktiv zu werden, auch wenn es sich um seine Ex-Freundin handelte. Gleichzeitig konnte er als Ex-Partner nachvollziehbarerweise nicht selbst eine Polizeikontrolle durchführen. Aus seiner Sicht wäre es am klügsten, ihn und seinen Informanten aus der Sache rauszuhalten und einen Zufallsfund zu inszenieren – alles andere würde später nur Probleme verursachen.

Erst kurze Zeit später begriffen Forstner und Meixner, dass Susi das mit dem »Dahinterstecken« anders meinte, als sie dachten. Denn sie beschuldigte ihren Ex nicht als Tippgeber, sondern meinte vielmehr, dass *er* ihr die Drogen untergeschoben habe, um sie »fertigzumachen«. Sie hörte gar nicht mehr auf zu reden. Seit der Trennung von ihrem Ex-Freund Vincent Witting vor etwa einem halben Jahr habe sie permanent Stress mit ihm. Mehrfach habe er ihr mit seinen guten Polizeikontakten gedroht und ihr in Aussicht gestellt, ihr Leben zu ruinieren. Gleichzeitig behauptete sie immer wieder, absolut nichts mit Drogen zu tun zu haben, sie hätte bisher noch nicht einmal an einem Joint gezogen.

Diese Vorwürfe erschienen Forstner und Meixner völlig haltlos und auch schlicht unverschämt. Ihr Kollege Witting hatte sich immer als sehr zuverlässig erwiesen und würde ganz bestimmt nicht seinen Job riskieren, um sich an seiner abgestürzten Ex-Freundin zu rächen – zumal er den beiden erst vor zwei Wochen bei einem Feierabendbier seine neue Freundin Sarah vorgestellt hatte, eine junge Polizeikollegin. Und als erfahrene Polizisten waren Forstner und Meixner ziemlich dünnhäutig, was die ständigen haltlosen Vorwürfe von Berufskriminellen gegen anständige Kollegen anging. Deshalb wies Meixner die Tatverdächtige barsch darauf hin, sie solle sich ihre Aussage besser noch einmal gut überlegen, denn wenn sie das Gesagte offiziell zum Gegenstand des Vernehmungsprotokolls machen würde, müssten sie dieser Sache auch nachgehen und zusätzlich ein Verfahren wegen falscher Verdächtigung gegen sie einleiten. Sie solle lieber ihren Dealer und ihre Kunden nennen, dann würde sicher eine deutlich mildere Strafe für sie bei der ganzen Sache herauskommen.

Doch Susi Müller hielt die schwerwiegenden Vorwürfe gegen ihren Ex-Partner nicht nur aufrecht, sie war sogar trotz ihres Beschuldigtenstatus und ihrem damit einhergehenden Recht, jegliche Angaben gegenüber den beiden Polizisten zu verweigern, ungewöhnlich kooperativ. Sie stimmte einem umfassenden freiwilligen Drogentest zu und gab ihr Handy nebst Passwort an die beiden Ermittler heraus. Auch mit einer umfassenden weitergehenden Untersuchung ihres Autos und sogar mit einer Durchsuchung ihrer Wohnung ohne vorherigen richterlichen Beschluss war Susi Müller sofort einverstanden.

Ein äußerst unübliches Gebaren, gerade im Bereich der Betäubungsmittelkriminalität, denn Personen dieses Täterkreises kennen sich für gewöhnlich gut aus, wenn es um den Umgang mit der Polizei geht. Und Regel Nummer 1 lautet stets: Klappe halten und schon gar nichts freiwillig herausgeben. Doch auch im Bereich der Drogenkriminalität gilt in Ermittlerkreisen das Sprichwort »Jeden Tag steht ein Dummer auf«. Ihre ungewöhnlich weitgehende Kooperation allein war also noch lange kein Grund dafür, Susis Version der Dinge als glaubhaft in Erwägung zu ziehen. Spätestens nach Auswertung des im Fahrzeug befindlichen Navigationsgeräts und dem Ergebnis des Drogentests würde Susis Lügengerüst in sich zusammenfallen, da waren sich Forstner und Meixner sicher.

Doch am Ende sollte alles anders kommen: Für Susi, für Forstner und Meixner, vor allem aber auch für Witting und noch ein paar weitere – bis dato noch unbekannte – Beteiligte.

Erste Zweifel an ihrem profunden Zwischenergebnis, mit Susi eine Drogenkurierin und mutmaßliche Dealerin aus dem Verkehr gezogen zu haben, beschlichen Forstner und Meixner nach Durchführung und Auswertung der ersten Ermittlungsmaßnahmen. Denn sämtliche Beweise entlasteten Susi Müller ganz erheblich: Bei der Durchsuchung ihres Fahrzeugs, der Wohnung und des Tattoostudios hatten weder die erfahrenen Drogenfahnder noch der eigens hinzugezogene Drogenspürhund irgendwelche Betäubungsmittel oder andere illegale Substanzen gefunden, auch sonstige Hinweise auf Marihuanakonsum, wie »Bong«, »Papers« oder Feinwaage, gab es nicht. Und auch sämtliche Drogentests fielen negativ aus. Susi hatte laut Haar- und Urinanalyse mindestens ein halbes Jahr lang keinerlei verbotene Substanzen konsumiert – eher untypisch für jemanden, der Drogen verticken soll, finanzieren sich doch die meisten Kuriere und Dealer ihren meist nicht unbeträchtlichen Eigenkonsum durch ebenjenen Handel.

An den Drogen selbst und auch am Versteck fanden sich keine verwertbaren Spuren, welche einen Kontakt Susis mit dem Rauschgift nachweisen konnten. Auch das verwendete Panzertape war weder in ihrem Auto noch in ihren Räumlichkeiten zu finden.

Klar, das Fehlen weiterer Beweise war keinesfalls ein Beweis für Susis Unschuld, das war aber noch nicht alles: Eine erste Auswertung von Susis Handy ergab, dass sie am angeblichen Tattag nicht einmal in der Nähe der deutschen Grenze gewesen war. Auch die Geodaten des Fahrzeugs, sprich die Auswertung des Navigationsgeräts, zeigten, dass der Audi, mit Ausnahme des heutigen Abends, zuletzt am Samstag, also vor zwei Tagen, zehn Minuten lang bewegt worden war, und zwar von Susis neuem Freund, um – ihrer Aussage nach – eine Pizza zu holen. Viel zu kurz, um an die 20 Kilometer entfernte Grenze zu fahren, Drogen zu holen und wieder zurückzukommen.

Auch die weitere Durchsicht ihres Handys verlief komplett

ergebnislos: Keine verdächtigen Kontakte oder szenetypischen Chatprogramme, kein auffälliger Suchverlauf, nichts. Stattdessen schien der WhatsApp-Chatverlauf mit ihrem Ex-Partner, dem Polizeikollegen Witting, Susi Müllers Vermutung eines Rachemotivs durchaus zu stützen: *»Ich mach dich fertig«*, *»Dein Name liegt schon an der richtigen Stelle«*, *»Das Karma hat dich bald«*, *»Ich brauch nur einen Anruf«*, schrieb der sonst so professionelle und zuverlässige Kollege an seine Ex-Freundin.

Konnte es am Ende also doch so gewesen sein, wie Susi den beiden Polizeibeamten versichert hatte? Waren ihr die Drogen von ihrem Ex-Freund – und noch dazu ausgerechnet von einem Polizeibeamten – untergeschoben worden, der dann die eigenen Kollegen auf sie gehetzt hatte? Das kennt man doch sonst nur aus schlechten Filmen.

Aber Meixner und Forstner hatten nun doch ihre Zweifel. Die Sache wurde ihnen zu brenzlig. Sie fertigten entsprechende Vermerke an und informierten ihren Chef, der wiederum die zuständige Staatsanwaltschaft einbezog. Daraufhin übernahm eine Kriminalhauptkommissarin des Landeskriminalamtes, Sachgebiet für interne Ermittlungen, den Fall. Forstner und Meixner waren jetzt nicht mehr zuständig – zunächst musste aufgeklärt werden, ob die ungeheuerlichen Vorwürfe gegen den Polizeikollegen zutreffend waren oder nicht.

Ehe man jedoch Vincent Witting mit den Vorwürfen konfrontieren wollte, war es an der Zeit, sich seinen Informanten einmal vorzuknöpfen. »André«, so der Name des Informanten, war, auch ohne Witting einzubinden, leicht ausfindig zu machen. Immerhin hatte er sich noch kurz vor Susis Kontrolle mit ihr getroffen und Witting daraufhin den entscheidenden heißen Tipp gegeben, welchen dieser unmittelbar an seine Kollegen Forstner und Meixner weitergeleitet hatte.

Auf entsprechende Nachfrage hatte Susi gesagt, dass es sich bei André um einen guten Kumpel ihres Ex-Freundes handeln würde, der sich noch am Tag der Kontrolle bei ihr über Facebook gemeldet hatte, wie er schrieb, um »ein Zigarettchen zu rauchen«. Das war schließlich der Grund gewesen, überhaupt am Montagabend ihre Wohnung zu verlassen und ins Auto zu steigen. Dass ausgerechnet er wiederum Wittings Informant gewesen sein sollte, davon ahnte Susi nichts.

Susi Müller kenne er seit knapp einem Jahr, berichtete André in seiner Vernehmung. Er habe sie des Öfteren zusammen mit seinem Kumpel Witting getroffen, als die beiden noch zusammen waren. André habe interessiert, woher Susi das viele Geld in letzter Zeit habe, schließlich habe sie in der Vergangenheit immer geklagt, wie schlecht ihr kleines Tattoostudio laufe. Von einem Dritten habe er dann unter vorgehaltener Hand den Tipp bekommen, dass Susi immer montags über die deutsche Grenze fahre, um Drogen mitzubringen. Das habe er seinem Kumpel Witting erzählt, schließlich sei der ja Polizist.

Witting habe ihm dann gesagt, dass man für eine Überführung harte Beweise brauche. Er selbst habe daraufhin angeboten, Susi auszuhorchen und die nächste anstehende Kurierfahrt an Witting zu melden. Das habe er aus eigenem Antrieb gemacht, es sei ja irgendwie eine Bürgerpflicht und auch etwas Persönliches für ihn, da sein älterer Bruder vor einigen Jahren an einer Überdosis gestorben sei. Witting habe kein Geheimnis daraus gemacht, dass er sich darüber freue, seine Ex-Partnerin auffliegen zu lassen. Natürlich habe er keine Gegenleistung von Witting für seine Infos bekommen.

Er habe gewusst, dass Susi immer montags über die Grenze fahre, weil sie jeden Sonntag gefragt habe, ob jemand billige Zigaretten brauche. Um sicherzugehen, dass sie am Tag der Kontrolle auch wirklich Drogen dabeihabe, habe er sich unmittelbar davor mit ihr getroffen. Er habe sie unter dem Vorwand angeschrieben, mit ihr eine Zigarette rauchen zu wollen. Tatsächlich habe er aber wissen wollen, ob sie wieder über die deutsche Grenze gefahren war und Drogen gekauft hatte. Daher habe er sie ganz direkt gefragt, ob sie ihm eigentlich auch etwas anderes »zum Rauchen« anbieten könne. Sie habe ihn wissend angegrinst und gesagt, sie sei heute schon »unterwegs« gewesen, er könne gern morgen bei ihr im Studio vorbeikommen, dann würden sie beide sicherlich ins Geschäft kommen.

Dass Susi das Rauschgift tatsächlich hinter den Kennzeichen versteckt hatte, habe André nicht gewusst, aber das seien so die gängigen Verstecke, das wisse er noch von seinem verstorbenen Bruder. Er sei davon ausgegangen, dass sie das Rauschgift in den Radläufen oder hinter den Kennzeichen verborgen habe. Und da es an diesem Tag geregnet hatte und die Radläufe dem Wasser ausgesetzt gewesen wären, vermutete er, dass sich das Versteck wohl hinter den Kennzeichen befände. Nach dem Treffen habe er seinen Freund Witting direkt angerufen, damit dieser seine Kollegen informieren konnte.

Dass Witting seiner Ex-Freundin etwas unterschieben wolle, konnte sich André beim besten Willen nicht vorstellen. Er habe Witting doch überhaupt erst auf die Geschichte mit den Drogen aufmerksam gemacht, nachdem er von einer dritten Person davon erfahren habe. Den Namen dieser Person wollte André aber unter keinen Umständen nennen.

Andrés Angaben waren stimmig. Denn auch wenn Susi am Tag der Kontrolle nach Auswertung der Geodaten nicht über die deutsche Grenze gefahren war, so hatte sie ja durchaus zugegeben, regelmäßig montags zum »Zigarettenholen« ins Ausland zu fahren. Möglicherweise hatte sie sich André gegenüber missverständlich ausgedrückt, oder André hatte schlicht falsch verstanden, wann sie zuletzt über die Grenze gefahren war. Dann wäre der Drogenfund bei der Polizeikontrolle eben doch ein glücklicher Zufall gewesen. Davon abgesehen konnte es ja auch sein, dass sie die Drogen diesmal aus einer anderen – inländischen – Quelle erworben und schlicht hinter den Kennzeichen versteckt hatte, um im Falle einer Kontrolle behaupten zu können, dass ihr die Drogen »untergeschoben« worden seien. Denn jedes Versteck ist sicherer als die eigene Wohnung, so viel ist klar. Und wenn es Susi bei ihrem Drogenschmuggel tatsächlich nur darum gegangen war, möglichst viel Profit zu machen, würde das auch erklären, warum sie selbst keine Drogen nahm und ihre Tests bei der Polizei entsprechend negativ verlaufen waren.

Klar wäre es günstiger gewesen, wenn Witting sich vollständig aus den Ermittlungen herausgehalten und seinen Kumpel André sofort an seine Kollegen weitervermittelt hätte. Aber auch das musste nicht gleich zu dem Verdacht führen, dass er einen derartig sinnlos komplizierten Racheplan gegen seine Ex-Freundin ausgetüftelt hatte. Und insbesondere Andrés Aussage entlastete ihn massiv von dem Vorwurf, doch irgendwie in die Sache verwickelt zu sein. Kurzum, es sah nicht gut aus für Susi; zusätzlich zu den aufgefundenen Drogen drohte ihr jetzt auch noch ein Verfahren wegen falscher Verdächtigung.

Sechs Wochen sollte es noch dauern, bis ein einziger Anruf dem Fall eine ganz neue Wendung geben würde. Dieser Anruf wurde von Forstner in einem Aktenvermerk wie folgt festgehalten:

Am 27.11.2018, um 11:00 Uhr, erhielt ich auf meinem Diensttelefon einen Anruf von der Mobilfunknummer 017XXXXXXXXX.

Als Teilnehmerin meldete sich eine junge Frau/ein Mädchen und nannte den Namen »Spreider«.

Auf meine Frage hin, was der Grund ihres Anrufs sei, gab sie an, sie wisse, dass Susi Müller Drogen untergeschoben worden seien. Das Unterschieben habe André gemacht. Die Sache sei von Vincent Witting geplant worden.

Ich beruhigte Fr. Spreider und sicherte ihr zu, dass sich die Polizei der Sache annehme und sie zeitnah von uns hören würde.

Vom Telefonat setzte ich die zuständige Kommissarin für innere Ermittlungen des LKA, Frau Kriminalhauptkommissarin Wolf, unverzüglich in Kenntnis.

Forstner, Kriminalkommissar

Die zuständige Kommissarin beim LKA fackelte nicht lange und lud Frau Spreider vor. In den Diensträumen der LKA-Abteilung für interne Ermittlungen erschien ein zierliches junges Mädchen, siebzehn Jahre alt, in Begleitung ihrer Mutter. Sophie Spreider wirkte auf die ermittelnde Kommissarin Wolf stark verängstigt. Kein Wunder: Wie sich herausstellte, war sie die Ex-Freundin von keinem Geringeren als André. Und was Sophie Spreider in der kurzen Zeit ihrer Beziehung mit André erlebt haben wollte, verschlug selbst der abgebrühten Kriminalhauptkommissarin Wolf die Sprache:

»André hat mir irgendwann mal erzählt, dass er mit Vincent (Witting) einen Pakt geschlossen hat. Dieser sollte für ihn aus der Asservatenkammer Gegenstände entwenden, damit André diese gewinnbringend veräußern könne. lm Gegenzug wollte Witting von André aber auch einen Gefallen. Bei einem Treffen der beiden habe ich gehört, dass Vincent Witting seine Ex, also Susi Müller, gestalkt hat. Er hat ständig kontrolliert, wo sie sich aufhält und was sie so macht, und ihr auch zu Hause und bei ihrem neuen Freund aufgelauert.

Dazu muss ich noch sagen, dass sich Vincent und André meist nicht in der Öffentlichkeit treffen, sondern oft nachts und an Orten, wo nichts los ist – zum Beispiel unter einer Autobahnbrücke. Vincent Witting sagte jedenfalls André, dass er mitbekommen habe, dass die Susi jetzt einen neuen Typen am Start habe und er jetzt Rache nehmen wolle. André und Vincent haben dann länger darüber nachgedacht, wie diese Rache aussehen könnte. Irgendwann kam einer von beiden auf die Idee – ich weiß nicht mehr, wer – man könne der Susi doch Drogen unterschieben. Zu einem späteren Zeitpunkt habe ich mitbekommen, dass Vincent André Bargeld gab, um die Drogen zu besorgen. Das hat André dann auch gemacht. Er hat sie mir im Auto bei einem gemeinsamen Treffen mit Witting selbst gezeigt.

Als es so weit war, wollte mich André erst nicht mitnehmen, er hat sich dann aber umentschieden und mich angewiesen, mein Handy in den Flugmodus zu setzen, das GPS auszuschalten und mich ganz ruhig zu verhalten. Wir fuhren mit Andrés Auto zur Wohnung von Susis neuem Freund. Ich saß auf der Rückbank, und Vincent ist an einer Tankstelle in der Nähe zugestiegen. In der Nähe der Wohnung von Susis Freund stand ihr Audi. Woher Witting wusste, dass Susis Auto an dem Tag dort stehen würde, weiß ich nicht. Als wir in der Straße, wo Susis Freund wohnt, ankamen, haben Witting und André sich ihre Kapuzen und Handschuhe übergezogen. Sie sind zu dem Auto von Susi gegangen. Ich muss dazusagen, dass André sein Fahrzeug um die Ecke parkte und ich keinen freien Blick auf den Audi von Susi hatte. Der Plan war jedenfalls, dass André die Drogen am Kennzeichen anbringt, während Vincent aufpasst, dass niemand kommt. Vincent wusste, dass der Nachbar gegenüber der Wohnung von Susis Freund öfter rausgeht, um eine Zigarette zu rauchen. André hatte mir erzählt, dass er schon mal hierhergefahren sei, um sich die Kennzeichenhalterungen anzuschauen. Dabei hat er festgestellt, dass es die gleichen sind wie bei seinem Fahrzeug.

Jedenfalls kamen die beiden nach einiger Zeit angerannt. Sie waren circa fünf Minuten weg gewesen, und ich dachte schon, dass etwas schiefgelaufen sei. Witting aber lachte und sagte: »Die Drogen sind angebracht.«

Auf dem Weg zurück zur Tankstelle, wo Vincent seinen eigenen Wagen geparkt hatte, haben wir dann noch einmal irgendwo angehalten, und André und Vincent haben die Handschuhe sowie eine Zigarettenschachtel verbrannt. In dieser Zigarettenschachtel war vorher das Rauschgift deponiert gewesen. Witting hat noch erzählt, dass er bereits mit seinen Polizeikollegen Kontakt hatte. Er habe ihnen gesagt, dass er einen anonymen Tipp bekommen habe, dass Susi montags immer über die Grenze fahre, um Drogen zu besorgen. Der Plan war, dass wir das Rauschgift am Sonntag anbringen, um sicher zu sein, dass Susi am Montag kontrolliert wird – und die Kollegen sich bereithalten.

Am nächsten Tag habe ich André per WhatsApp angeschrieben und gefragt, wie es ausschaut. Er sagte mir, dass Susi noch nicht da sei. Wir hatten vereinbart, dass ich André nach etwa zehn Minuten anrufe, damit er einen Grund hätte, von Susi wegzukommen. Das habe ich dann auch getan. Ich habe einfach gemacht, was André gesagt hat, weil ich Angst vor ihm habe. Er kennt viele Leute, die dafür sorgen können, dass jemand verschwindet oder zusammengeschlagen wird. Deswegen habe ich auch Angst, hier zu sitzen.«

Die LKA-Kommissarin war von der geschilderten Abgebrühtheit, die ein eigener Polizeikollege an den Tag gelegt haben sollte, schockiert, aber zugleich auch beeindruckt von den detaillierten Schilderungen der Siebzehnjährigen. Ihre Aussage änderte alles.

»Weißt du, wo und wie die Drogen angebracht wurden?«

»Ich weiß, dass sie hinter den Kennzeichen angebracht waren. Sie wurden mit Klebeband befestigt. Das Material stammte von André.«

»Fanden weitere Absprachen zwischen André und Vincent Witting bezüglich einer polizeilichen Anhörung statt?«

»Ja, André sollte sagen, dass er einen anonymen Anruf erhalten habe und dass er es als seine bürgerliche Pflicht angesehen habe, diese Mitteilung an die Polizei weiterzugeben. Dass Susi behaupten könnte, die Drogen von Vincent untergeschoben bekommen zu haben, hatten Vincent und André vorausgesehen und deshalb schon abgesprochen, dass Vincent die Info mit den Drogen von einem ›Informanten‹ habe. André war sogar noch stolz darauf, dass die Polizei auf den Kennzeichen und den Drogenverpackungen keine Spuren gefunden hatte, weil er ja in weiser Voraussicht Handschuhe anhatte.«

Nach dieser Aussage war es nur noch eine reine Formsache, zwei Durchsuchungsbeschlüsse und die richterliche Anordnung zur DNA-Abgabe gegen André und Vincent Witting zu erwirken. Denn solche Details, wie Sophie Spreider sie schilderte, konnte nur jemand wissen, der bei der Tat dabei gewesen war.

Und tatsächlich: Zumindest André schien in Sachen Spurenverwischung seinen Plan nicht zu Ende gedacht zu haben. Er hatte dummerweise vergessen, die Rolle mit dem Panzertape zu entsorgen, mit dem er die Drogen hinter Susis Kennzeichen befestigt hatte. Besagte Klebebandrolle lag bei der polizeilichen Durchsuchung noch immer im Kofferraum von Andrés Auto. Ein sogenanntes »Formspurengutachten« würde später ergeben, dass sich die Trennstellen der Klebebandenden der Klebebandrolle und der sichergestellten Klebebänder vom Kennzeichen perfekt ergänzten. Mit anderen Worten: Diese Feststellung sprach in hohem Maße dafür, dass das hinter Susis Kennzeichen vorgefundene Klebeband von der in Andrés Kofferraum sichergestellten Klebebandrolle abgetrennt worden war.

Und auch die DNA-Abgabe lieferte einen Treffer, wenn auch keinen Volltreffer. Am Klebeband, mit dem das Marihuana hinter den Kennzeichen angebracht worden war, wurden sogenannte DNA-Mischspuren gesichert. Ein DNA-Abgleich mit Witting und André erbrachte an beiden Klebebandstreifen einen Treffer: André hatte mit hoher Wahrscheinlichkeit die Drogen am Auto montiert.

Unter dem Druck dieser Beweislast gestand André alles genau so, wie es seine Ex-Freundin Sophie Spreider bei der Polizei geschildert hatte.

Damit war der Fall klar – oder nicht? Allerdings beteuerte Vincent Witting felsenfest seine Unschuld –, obwohl ihn neben Susi Müller sowohl sein »Informant« André als auch Sophie Spreider bezichtigten, seiner Ex-Freundin die Drogen untergeschoben zu haben. Und Wittings Verteidigungsposition schien gar nicht einmal so aussichtslos, wie man an dieser Stelle vielleicht mutmaßen würde.

Das fing schon damit an, dass es kein nachvollziehbares Motiv für die ihm zur Last gelegte Tat gab. Warum hätte er, mehr als ein halbes Jahr nach der Trennung von seiner Ex-Freundin, deren Leben mit einem so riskanten Plan zerstören sollen, wo er doch selbst schon wieder eine neue und glückliche Liebesbeziehung mit einer jungen Kollegin eingegangen war? Ein paar unfreundliche Kurznachrichten allein machten noch kein Motiv. Warum hätte er seinen Beruf als Polizeibeamter und seine ganze Existenz aufs Spiel setzen sollen, nur um seiner »Ex« einen heftigen strafrechtlichen »Denkzettel« zu verpassen?

Darüber hinaus gab es aber durchaus Argumente, mit denen Vincent Witting seine Unschuld untermauerte: So hatte seine Ex-Freundin Susi Müller ihn nach der Trennung schon einmal fälschlich im Verdacht gehabt, ihr Bauschaum in die Felgen ihres Autos gesprüht zu haben. Sie hatte ihn deshalb sogar angezeigt, das Verfahren gegen ihn war aber wegen seiner erwiesenen Unschuld eingestellt worden: Er hatte in dem fraglichen Tatzeitraum mit einem Kollegen durchgehend Nachtdienst gehabt, also ein wasserdichtes Alibi.

Und was die unfreundlichen Textnachrichten an seine »Ex« anging, so musste man bei nüchterner Betrachtung einräumen, dass die beiden sich seit ihrer emotionalen Trennung immer wieder gegenseitig aufgestachelt und beschimpft hatten, im Ergebnis nahmen die beiden sich da nicht viel.

Dies erklärte aber nicht die beiden Geständnisse von André und Sophie, die Vincent Witting mit ihren Aussagen schwer belasteten. Andererseits war es um den Beweiswert dieser Zeugenaussagen bei näherer Betrachtung nicht allzu gut bestellt. Denn Wittings – jetzt definitiv ehemaliger – Freund André schien es mit der Wahrheit insgesamt nicht so genau zu nehmen.

Das fing schon mit der tränenreichen Geschichte an, sein älterer Bruder habe mit Drogen gedealt und sei an einer Überdosis verstorben. Tatsächlich war Andrés Bruder zwar vor einigen Jahren ums Leben gekommen, jedoch bei einem tragischen Autounfall, ohne jeden Bezug zu Drogen oder Alkohol. Sehr wohl mit Drogen zu tun gehabt hatte dagegen offenbar André selbst: Vor gut sieben Jahren war er als Zwanzigjähriger nach Jugendstrafrecht verurteilt worden, weil er seinerzeit einen schwunghaften Handel mit Marihuana betrieben und auch gern minderjährige »Kunden« an der nahe gelegenen Schule mit frischem »Stoff« versorgt hatte. Er war damals nur knapp einer Haftstrafe entgangen, nachdem er sich bereit erklärt hatte, sämtliche Kunden und »Hintermänner« zu nennen. Der Beweiswert seiner strafrechtlichen »Lebensbeichte« war seinerzeit aber sehr umstritten gewesen: Mehrere der angeblichen »Stammkunden« hatten ganz offenkundig mit Drogen nichts am Hut, und ein angeblicher »Hintermann« wurde im Gerichtsverfahren auf Antrag der Staatsanwaltschaft freigesprochen, nachdem »Kronzeuge« André sich bei seiner Aussage in unauflösbare Widersprüche verwickelt hatte.

Hierzu muss man sagen, dass gerade bei Drogendelikten die überführten Beschuldigten relativ häufig vermeintliche Mittäter, Dealer, Zwischenhändler und Käufer durch ihre Aussage schwer belasten. Hintergrund ist § 31 des Betäubungsmittelgesetzes, die sogenannte Kronzeugenregelung, im Drogen-Fachjargon auch gern »Judasparagraf« genannt. § 31 BtMG gewährt einem Täter eine erhebliche Strafmilderung bis hin zur Möglichkeit, von einer Bestrafung gänzlich abzusehen, wenn er durch freiwillige Offenbarung seines Wissens wesentlich dazu beigetragen hat, dass die Tat über seinen eigenen Tatbeitrag hinaus aufgedeckt oder weitere Taten verhindert werden konnten. Das kriminalpolitische Ziel der Vorschrift besteht darin, über die Aufklärungshilfe eines Beschuldigten in den Betäubungsmittelmarkt einzudringen, Banden und kriminelle Vereinigungen aufzubrechen und damit weitere Betäubungsmittelstraftaten zu verhindern. Die Medaille hat aber auch eine berüchtigte Kehrseite: Sie lädt angesichts des in Aussicht gestellten Strafbonus (bis hin zur Straffreiheit) geradewegs dazu ein, Unschuldige zu belasten.

André hatte sich bereits in der Vergangenheit als unzuverlässiger »Einunddreißiger« erwiesen – da erschien es nicht ganz aus der Luft gegriffen, dass er auch diesmal versucht hatte, einen Unbeteiligten in seine Machenschaften hineinzuziehen.

Zu guter Letzt hatte auch André ein Motiv, Susi Müller fälschlich zu beschuldigen: Kurz nach Susis Trennung von Vincent hatte er seinerseits versucht, mit der hübschen Ex-Freundin seines Freundes anzubandeln, sie hatte ihn aber, laut ihrer Aussage bei der Polizei, recht unfreundlich zurückgewiesen und sogar ausgelacht.

Aber es gab ja noch eine weitere Belastungszeugin, Sophie Spreider. Auch sie erwies sich jedoch als unzuverlässige und suggestionsanfällige Zeugin. So war sie erst kurz vor den Vincent Witting zur Last gelegten Geschehnissen in der Schule immer wieder negativ als pathologische Lügnerin aufgefallen. Das war aber noch nicht alles: Witting legte seinem Verteidiger ein heimlich mitgeschnittenes Telefonat mit Sophie Spreider vor, welches er im Nachgang der gegen ihn geführten Ermittlungen geführt hatte. Als er ihr erzählte, wessen er mittlerweile beschuldigt werde, sagte Sophie: »Das warst du halt echt nicht, das ist das Miese dran.«

Während sie bei der Polizei Vincent Witting schwer belastet hatte, räumte Sophie Spreider in ihrer späteren Vernehmung bei Gericht ein, dass er an besagtem Abend zwar im Auto gewesen sei, sie sich aber nicht mehr so genau erinnern könne, ob direkt in ihrem Beisein mit André über die Tat gesprochen wurde oder ihr Wittings angebliche Beteiligung erst im Nachhinein von André erzählt worden war.

Die Verurteilung von Vincent Witting war also für die Staatsanwaltschaft alles andere als ein Selbstläufer. Und Vincent Witting hatte noch einen weiteren Beweis für seine Unschuld: nämlich ein Alibi. Zu dem Zeitpunkt, als André begleitet von Witting – nach der Erzählung von Sophie Spreider – die Drogen an Susis Auto angebracht haben soll, war Witting zusammen mit seiner neuen Freundin Sarah beim Essen gewesen, was diese bestätigen konnte. Danach seien sie gemeinsam zu Witting nach Hause gefahren, und Sarah sei über Nacht geblieben.

Sofern also Wittings neue Freundin die Wahrheit sagte, konnte die Geschichte von Sophie und André nicht stimmen. Und anders als bei »normalen« Lebenspartnern, denen man gern mal unterstellt, dass sie stets geneigt seien, für den eigenen Partner nötigenfalls auch falsch auszusagen, war Wittings neue Freundin Sarah selbst Polizistin und damit wiederum eine Person, der bei Gericht ob ihres ehrbaren Berufes gemeinhin besondere Glaubwürdigkeit zukommt.

Zusammenfassend konnte man also sagen: Warum André und Sophie auch immer Witting belasteten, Vincent hatte diesen Anschuldigungen einiges entgegenzuhalten. Also setzte er auf eine glasklare Freispruchverteidigung und forderte diese angesichts der für ihn sprechenden Entlastungsbeweise von seinem Anwalt ein.

Die Verhandlung vor dem zuständigen Schöffengericht verlief allerdings nicht, wie von Witting erhofft. Er selbst schwieg zu den gegen ihn erhobenen Vorwürfen, was sein gutes Recht war. Was hätte er auch anderes sagen sollen, als dass die seitens Susi, Sophie und André erhobenen Verdächtigungen gegen ihn und die behaupteten Geschehensabläufe falsch seien? André und Sophie hingegen blieben im Wesentlichen bei ihrer Version der Ereignisse, auch wenn Sophie, wie bereits erwähnt, insoweit zurückruderte, dass Vincent an besagtem Abend zwar im Auto gewesen war, sie sich aber nicht mehr so sicher sei, ob sie direkt in ihrem Beisein über die Tat gesprochen hatten oder nicht. Sicher war sie sich aber darüber, dass André ihr mehrfach erzählt hatte, dass alles Wittings Idee gewesen sei und er über alles Bescheid gewusst habe. Und Wittings heimlich aufgezeichnete Tonbandaufnahme, in der Sophie am Telefon sagt, dass er das mit den untergeschobenen Drogen »halt echt nicht« war, wurde vom Gericht aufgrund von rechtlichen Bedenken gar nicht erst als Beweis zugelassen.

Blieb also noch Wittings neue Freundin, immerhin sein angeblich wasserdichtes Alibi für den mutmaßlichen Tatzeitraum. Jedoch hatten sowohl Gericht als auch Staatsanwaltschaft erhebliche Vorbehalte, ob man Wittings neue Freundin Sarah überhaupt als Zeugin anhören sollte. Grund hierfür waren die ausgewerteten WhatsApp-Nachrichten zwischen den beiden. Deren Inhalt legte eher nahe, dass sie den besagten Abend keineswegs gemeinsam verbracht hatten. Denn wie plausibel ist es, dass man zusammen essen geht und sich währenddessen schriftlich für den nächsten Abend zum Essen verabredet? Oder dass man anschließend beieinander übernachtet, sich aber zugleich per WhatsApp wortreich eine gute Nacht wünscht?

Der Vorsitzende Richter jedenfalls befand, jedwede angebliche »Erklärung« hierzu als völlig unwahrscheinlich einzustufen. Er ging nachvollziehbarerweise davon aus, dass Witting seine neue Freundin zu einer Falschaussage motiviert hatte, und regte daher mehrfach an, auf eine Zeugeneinvernahme von Wittings neuer Lebensgefährtin Sarah zu verzichten – insbesondere mit Blick auf die schwerwiegenden Folgen einer möglichen Falschaussage vor Gericht, gerade für eine junge Polizeibeamtin.

Doch Witting beharrte gegenüber dem Gericht darauf, dass seine Freundin aussagen solle. Ein großer Fehler, wie sich bald herausstellen sollte. Denn natürlich befragten Gericht und Staatsanwaltschaft die Zeugin mit aller Härte, warum sie während eines gemeinsam verbrachten Abends ständig WhatsApp-Nachrichten mit ihrer Begleitung ausgetauscht habe. Sarah versuchte das damit zu erklären, dass sie eine sehr strenge Mutter habe, die es nicht gutheiße, wenn ihre Tochter sich mit Männern treffe, und regelmäßig ihr Handy kontrolliere. Daher hätten Witting und Sarah bei ihrem Treffen die besagten WhatsApp-Nachrichten nur »pro forma« ausgetauscht, um den Anschein zu erwecken, dass sie sich an diesem Abend mit niemandem getroffen habe.

Diese Begründung überzeugte jedoch weder den Vorsitzenden Richter noch die Staatsanwältin. Diese konfrontierte Sarah mit anderen Nachrichten vom Vor- und Folgetag, in welchen sie sich recht explizit mit Vincent auch über geplante abendliche Treffen und sexuelle Details ausgetauscht hatte. Vor diesem Hintergrund erschien die Geschichte von der ach so strengen Mutter, die ihr Handy kontrollierte, völlig unglaubwürdig.

Sarah beteuerte weiter ihre Version der Geschichte, bot dabei aber ein klägliches Bild – und war sichtlich schockiert, als die Staatsanwältin sie wegen ihrer Falschaussage mit einer Festnahme überraschte. Und auch Witting sollte es nicht anders ergehen. Beide Polizeibeamten wurden noch im Sitzungssaal in Polizeigewahrsam übergeben und in Handschellen aus dem Sitzungssaal geführt. Das Gericht erließ gegen beide einen Haftbefehl wegen Verdunkelungsgefahr. Nach Ansicht des Gerichts hatte sich der Vorwurf im Rahmen der bisherigen Beweisaufnahme, insbesondere nach den Aussagen von Susi, Sophie und André nach vorläufiger Einschätzung bestätigt.

Mit diesem Paukenschlag landeten nun zwei Polizisten auf einmal im Gefängnis. Doch der Fall war damit immer noch nicht abgeschlossen. Witting setzte am Ende noch eins drauf, aber dazu gleich mehr.

Nur wenige Stunden nach ihrer überraschenden Verhaftung widerrief Sarah ihre Falschaussage und gab zu, für ihren neuen Freund Vincent vor Gericht gelogen zu haben. Sie habe Witting sehr vertraut, und er habe ihr gegenüber glaubhaft beteuert, mit der ihm vorgeworfenen Tat nichts zu tun zu haben. Witting sei mit ihr alle denkbaren Fragen des Gerichts bei einer Zeugenaussage durchgegangen und habe ihre Antworten mit ihr abgesprochen. Auch die Möglichkeit, dass ihr die entsprechenden Chatverläufe vorgehalten würden, war ein Thema gewesen. Witting habe ihr gesagt, sie solle dann behaupten, dass der Chat für ihre strenge Mutter inszeniert gewesen sei.

Auch Witting selbst sollte sehr kleinlaut werden, jetzt, wo er als Polizist genau dort einsaß, wo er zuvor selbst Kriminelle hingeschafft hatte. Nach der ersten Nacht im Knast ließ er dem Gericht ein schriftliches Geständnis zukommen, in dem er freilich weiterhin den Großteil der Verantwortung auf seinen ehemaligen Freund André abwälzte:

André wusste, dass mich Susi seit unserer Trennung als »Psycho« hinstellte. Er hatte bereits Ähnliches durchgemacht. Als wir uns circa zwei Wochen vor der Tat getroffen haben und ich mich mal wieder über Susi geärgert hatte, sagte er zu mir, dass er eine Idee hätte, um sie zum Schweigen zu bringen. Hierbei hat er mir erstmals konkret den Plan mit dem Rauschgift erzählt.

Ich bin dann in der besagten Nacht mit zum Haus von Susis neuem Freund gefahren, als André das Rauschgift an ihrem Fahrzeug angebracht hat. An diesem Tag hatte mich André gegen 18 Uhr angerufen, er hätte jetzt etwas, das man bei Susi anbringen könnte, damit sie einen Denkzettel verpasst bekommt. Wir haben uns bei einer Tankstelle getroffen und sind zusammen mit Andrés damaliger Freundin, Sophie, zur Wohnung von Susis neuem Freund gefahren. Zuerst wollte ich im Fahrzeug sitzen bleiben, bin aber dann auf Andrés Wunsch ausgestiegen und habe Schmiere gestanden.

Auch wenn nach dieser Version die Initiative zur Tat angeblich von André ausgegangen war, gab Vincent Witting dennoch den eigentlichen Tatvorwurf zu. Doch Witting wäre nicht Witting, wenn er in diesem Geständnis nicht noch eins draufgesetzt hätte:

Meine Freundin Sarah als Zeugin zu benennen war allein die Idee meines Anwalts. Ich hatte damit nichts zu tun, ich wusste noch nicht mal, dass sie als Zeugin vernommen werden soll. Von den widersprüchlichen Chats habe ich erst erfahren, als sie meiner Freundin bei ihrer Aussage vorgehalten wurden. Schon lange vor der Gerichtsverhandlung habe ich meinem Anwalt telefonisch mitgeteilt, dass ich schuldig bin und es genau so gemacht habe, wie es mir vorgeworfen wurde. Mein Anwalt hat mir aber versprochen, mich aus der Sache rauszuhauen, und mich dazu gedrängt, weiterhin alles abzustreiten. Wenn es nach mir gegangen wäre, hätte ich von Anfang an alles zugegeben!

Man mag es kaum glauben: erst Susi, dann Sarah und ganz zum Schluss auch noch der eigene Anwalt! Auf einmal sollte sein Strafverteidiger an allem schuld gewesen sein ...

Nur dumm, dass wirklich jedes von Wittings Worten nachweislich gelogen war: Aus den später ausgewerteten aktuellen Chat-Nachrichten zwischen Witting und seiner (nunmehr) Ex-Freundin Sarah ergab sich eindeutig, dass er deren gerichtliche Aussage mit ihr noch am Abend vor ihrer Zeugenvernehmung minutiös abgesprochen hatte. Auch war es laut Gerichtsprotokoll Witting selbst gewesen, der auf explizite und mehrfache Nachfrage des Richters die Zeugenvernehmung seiner Freundin beantragt hatte. Sein Anwalt hatte dabei überhaupt keine Rolle gespielt.

Witting wurde wegen der falschen Verdächtigung seiner Ex-Freundin (respektive der Verfolgung Unschuldiger) in der ersten Instanz zu drei Jahren und sechs Monaten, in der Berufungsinstanz dann zu zwei Jahren und sieben Monaten Haft ohne Bewährung verurteilt. André wurde aufgrund seines Geständnisses zu einer Bewährungsstrafe und Sophie aufgrund ihrer exzeptionellen Mithilfe und ihres jugendlichen Alters zu ein paar Sozialstunden verurteilt.

Wittings Ex-Freundin Susanne Müller dagegen war damit endgültig rehabilitiert, das Verfahren gegen sie wurde wegen erwiesener Unschuld eingestellt.

Gegen Wittings Anwalt wurde aufgrund der neuerlichen falschen Verdächtigung durch Witting ebenfalls ein Strafverfahren eingeleitet – wegen »Beihilfe zur Falschaussage«. Dieses Verfahren wollte die Staatsanwaltschaft allerdings nicht so einfach einstellen. Diesmal glaubte man nämlich Vincent, trotz seiner zahlreichen erwiesenen Lügen.

Seltsam: Die Vernehmung der unglücklichen Sarah beantragt hatte Witting selbst, der Anwalt hatte damit nichts zu tun gehabt. Der Richter dagegen hatte die Vernehmung angeordnet und durchgeführt, obwohl er von einer Falschaussage Sarahs schon zu diesem Zeitpunkt überzeugt gewesen war.

Das Ermittlungsverfahren gegen den Anwalt zog sich knapp zwei Jahre in die Länge und beinhaltete umfassende Vernehmungen des »Zeugen« Vincent Witting und darauf aufbauende Nachermittlungen. Die Behauptung, er habe seinem Anwalt schon im Vorfeld der Gerichtsverhandlung reinen Wein eingeschenkt, wurde erneut als Lüge enttarnt. Denn Witting hatte seinem Anwalt noch aus dem Gefängnis einen Brief geschrieben, in welchem er sich darüber beschwerte, dass er trotz seines »falschen Geständnisses« noch immer wegen Verdunkelungsgefahr in Haft sitze. Schließlich sei er unschuldig ...

Rehabilitiert wurde der Strafverteidiger von der Staatsanwaltschaft dennoch nicht. Letztlich wurde »großzügigerweise« von einer weiteren Strafverfolgung des Anwalts abgesehen, immerhin sei ein Strafverteidiger grundsätzlich dazu verpflichtet, auch entlastende Umstände dem Gericht vorzutragen, selbst wenn er die Unrichtigkeit für wahrscheinlich halte.

Die Verfahrenseinstellung erfolgte wegen mangelnden Tatnachweises – nicht wegen erwiesener Unschuld.

DER RASENMÄHERMANN

Zunächst hörten sie nur das laute Überdrehen eines Motors. Doch beim Blick in die neblige Dunkelheit des Schulhofs war nichts zu erkennen.

Ein paar Zehntklässler der ortsansässigen Realschule hatten sich in den frühen Morgenstunden nach einer durchzechten Partynacht in den Sommerferien zu ihrer Schule begeben, um dort ein wenig abzuhängen. Bier trinken, Kippen rauchen, laut Musik hören. Kurzum, all das tun, was während der Schulzeit untersagt war.

Ohne zu ahnen, was gleich passieren würde, glaubten sie beim immer lauter werdenden Knattern des Zweitaktmotors zunächst an einen Mitschüler, der auf seinem getunten Mofa ankam und dessen Licht entweder nicht funktionierte oder absichtlich nicht eingeschaltet war. Doch das, was da mit inzwischen geradezu ohrenbetäubendem Lärm auf sie zukam, war definitiv kein Kumpel und auch kein getuntes Mofa.

Ein Rasenmähertraktor brach plötzlich durch die von dunkelgrauen Nebelschwaden durchzogene Finsternis und fuhr geradewegs auf die Gruppe Jugendlicher zu. Von dem noch kurz zuvor laut wummernden Beat der mitgebrachten 100-Watt-Box der Schüler war nichts mehr zu hören. Der am Anschlag stehende Motor des Rasenmähertraktors übertönte alles.

Jetzt, aus nur noch wenigen Metern Entfernung, konnten die Jugendlichen auch erkennen, wer das Gefährt steuerte: eine massige Gestalt in einem olivgrünen Bundeswehrparka, das Gesicht mit einer weißen Schnittschutzmaske aus Hartplastik verhüllt, wie man sie von Holzfällern beim Arbeiten mit der Kettensäge kennt. Das ganze Szenario erinnerte an eine düstere Szene aus einem Horrorfilm.

War das ein schlechter Scherz? Oder ein auf Blut sinnender Massenmörder? Als der Fahrer des Rasenmähertraktors weiter unbeirrt auf die Jugendlichen zusteuerte und trotz lauter Zurufe seinen Kurs keine Handbreit änderte, war selbst den mutigsten Halbstarken klar, dass sie nichts Gutes erwarten würde.

Schreiend sprangen nun auch die letzten Schüler auf, ließen alles stehen und liegen und liefen in alle Richtungen vor dem unheimlichen Maskierten davon.

Der Rasenmähermann beschleunigte sein Gefährt bis zum Anschlag. Nicht nur die Musik aus dem Gettoblaster, sondern auch das angstvolle Geschrei der Schüler wurde vom Motorlärm komplett übertönt. Sonderlich schnell war das Gefährt trotz maximaler Beschleunigung nicht, es war sehr einfach, vor ihm wegzulaufen. Was die Schüler jedoch im Schock über die gruselige Gestalt völlig vergessen hatten: Sie liefen geradewegs in eine Sackgasse, denn das Schulgelände war umzäunt. Das Tor lag genau in der Richtung, aus der der Rasenmähermann langsam immer näher kam. Die Schüler waren gefangen wie die Kaninchen im Stall.

Zugegeben, auch im Leben eines Strafverteidigers gibt es wohl wenige Fälle, die so beginnen wie dieser hier. Noch seltener endet ein Fall so wie dieser, doch dazu später mehr. Als Drehbuchautor würde man eine solche Story nicht verkauft bekommen. Viel zu unrealistisch würden die Filmförderstellen wohl sagen. Aber die merkwürdigsten Geschichten schreibt das Leben selbst. Vorab sei schon mal so viel verraten: Nicht nur die Schüler würden diesen Sommer nicht mehr vergessen …

Unter den fliehenden Jugendlichen machte sich Panik breit. Zwar war der Rasenmähermann noch einige Meter entfernt und, wie eingangs erwähnt, nicht besonders schnell, doch was, wenn er absteigen und die Jugendlichen zu Fuß weiterverfolgen würde? Was, wenn er eine Waffe dabeihatte, am Ende gar ein Beil oder Messer, so wie im Horrorfilm *Halloween*? Die Schüler wollten es auf keinen Fall darauf ankommen lassen, die wirklichen Absichten des Maskierten herauszufinden.

Am Zaun des Schulgeländes angekommen schien es für die jungen Leute daher nur einen einzigen Ausweg zu geben, um dem schaurigen Maskenmann und seiner Höllenmaschine zu entkommen: Sie mussten eilig über den Zaun klettern. Die Schüler krallten sich mit ihren Händen in die Maschen des Zaunes und kletterten auf Teufel komm raus. Nichts wie weg von diesem Irren, lautete die Devise, rette sich, wer kann.

Und tatsächlich schien die Angst ihnen Flügel zu verleihen: Alle Schüler, selbst die unsportlichen und betrunkenen, schafften den rettenden Aufstieg über den Zaun, ohne dabei zu Schaden zu kommen. Kaum auf der anderen Seite angelangt trennten sie sich in alle möglichen Richtungen. Erst als das ohrenbetäubende Motorengeräusch des Rasenmähertraktors nur noch aus der Ferne zu hören war, blieben die Ersten völlig außer Atem stehen, um sich wieder zu sammeln, einmal durchzuatmen und sich zu vergegenwärtigen, was genau da gerade eben eigentlich geschehen war. Doch viel Zeit blieb hierfür nicht. Denn nur Sekunden später hörten sie aus der Ferne wieder die Beats aus dem im Schulhof verbliebenen Gettoblaster hämmern. Der Motor des Traktors war verstummt, und nach einer Weile war auch die Musik nicht mehr zu hören, es war auf einmal totenstill. Der Maskenmann hatte sich offenbar an ihrer Musikbox zu schaffen gemacht. Ein Trick, um die Jugendlichen wieder aufs Schulgelände zu locken? Für wie dumm musste er die Schüler halten? Ihr Leben war ihnen schließlich mehr wert als so eine dumme Musikbox. Es war höchste Zeit, die Polizei zu rufen …

Nur kurze Zeit später wurde der Rasenmähermann von der Polizei gestellt und gefasst. Er hatte sich keinerlei Mühe gegeben, seine Präsenz zu verbergen. Der bullige Mann trug weiterhin seinen olivgrünen Bundeswehrparka, und seine Aufmachung mit der unheimlichen weißen Plastikmaske stand dem berühmt-berüchtigten Massenmörder aus dem Horrorfilm *Freitag der 13.* tatsächlich in nichts nach. Auch den beiden Polizisten im Streifenwagen gefror das Blut in den Adern bei seinem Anblick. Lautstark und mit vorgehaltener Dienstwaffe forderten sie ihn dazu auf, sofort mit erhobenen Händen abzusteigen und sich auf den Boden zu legen.

Wer jedoch jetzt einen finalen Showdown erwartet, den muss ich zumindest an dieser Stelle enttäuschen: Der Maskenmann zögerte nicht, sondern tat, wie ihm geheißen. Er stellte den Motor ab, nahm die Hände über den Kopf, stieg von seinem Rasenmähertraktor und legte sich bäuchlings auf den Boden, ehe er sich widerstandslos mit Handschellen fesseln und anschließend durchsuchen ließ. Abgesehen von seiner grotesken Erscheinung waren keine weiteren Auffälligkeiten erkennbar. Er führte keine Waffe mit sich und auch keine potenziell gefährlichen Werkzeuge, mit welchen er den Schülern etwas hätte antun können. Gleichwohl hatte das natürlich erst mal nichts zu bedeuten. Immerhin hätte der Unhold in der Zeit bis zu seiner vorläufigen Festnahme etwaige Waffen entsorgen können. Und so verstört, wie die Jugendlichen bei ihrem Notruf und auch beim anschließenden Eintreffen der Polizei gewirkt hatten, war nicht auszuschließen, dass man es hier mit einem gemeingefährlichen Mann zu tun hatte. Selbst die Polizeibeamten bekamen Angst beim Anblick der grobschlächtigen, 1,90 Meter großen Gestalt mit Maske und ramponiertem Bundeswehrparka. Dies änderte sich auch dann nicht, als sie ihm die Maske abnahmen. Zum Vorschein kam ein Mann mit grobporiger Boxernase und starker Akne, tief liegenden pechschwarzen Augen und fettigen längeren, aber zugleich lichten Haaren, dessen entstellte Erscheinung sich durch die nächtliche Dunkelheit nur noch potenzierte.

Als die beiden Streifenpolizisten den festgenommenen Verdächtigen in den frühen Morgenstunden in die Räumlichkeiten der Polizeiinspektion verbrachten, hatten sich die Gerüchte bei den Polizeikollegen bereits wie ein Lauffeuer verbreitet. Einige Kollegen aus der Nachtschicht waren extra länger geblieben, um einen Blick auf den unheimlichen »Rasenmähermann« zu erhaschen. Denn sonst passierte in ihrem Dienstbezirk so gut wie nie etwas Schlimmes: hin und wieder Trunkenheitsfahrten, Schlägereien oder mal ein Diebstahl. Der »Rasenmähermann« war daher eine kleine Sensation, es waren bereits alle möglichen Spekulationen im Umlauf, was seine Identität anging: So machte zunächst das Gerücht von einem aus der forensischen Psychiatrie ausgebrochenen »Verrückten« die Runde, ein Mordbesessener, der mit einem Rasenmäher Jugendliche habe grausam zerhäckseln wollen. Nach der widerstandslosen Festnahme des Verdächtigen war dann auf einmal von einem betrunkenen Hausmeister die Rede, der im nächtlichen Suff dem Irrglauben unterlegen war, jetzt den Rasen der Schulsportanlage mähen zu müssen. Andere wiederum spekulierten, einer der beiden seltsamen Söhne der gegenüber der Schule wohnenden Bauernfamilie habe in einem Geisterkostüm Jagd auf Menschen gemacht, um sie im Anschluss den hauseigenen Schweinen zum Fraß vorzuwerfen.

Beeindruckend, was in so kurzer Zeit alles an Geschichten entstehen kann. Aber natürlich regten die wirklich sehr ungewöhnlichen Geschehnisse die Fantasie an. Warum nur war der bullige maskierte Mann mit einem Rasenmähertraktor morgens um 4:30 Uhr auf das Schulgelände gefahren?

Alkohol war nicht im Spiel gewesen, auch wenn das noch die naheliegendste Erklärung gewesen wäre, um die skurrile Aktion des Mannes halbwegs nachvollziehbar erscheinen zu lassen. Aber das Einzige, womit die Gerüchteküche recht behalten sollte, war eine der Mutmaßungen hinsichtlich der Identität des »Rasenmähermannes«. Wie eine Überprüfung seiner Personalien ergeben sollte, handelte es sich tatsächlich um einen der beiden Söhne der zurückgezogen lebenden Familie des benachbarten Bauernhofes. Sein Name war Erwin Singer, polizeilich kein unbeschriebenes Blatt, vielfach wegen Schlägereien und Straßenverkehrsdelikten vorbestraft. Was aber noch immer nicht die Frage nach dem »Warum?« dieser seltsamen Aktion beantwortete.

Erwin Singers knappe Antwort hierauf war mehr als ernüchternd: »Ich wollte für Ruhe sorgen.«

Mit einem Schlag war aus dem Stoff für einen Horrorfilm ein belangloser Nachbarschaftsstreit geworden. Wie sich bei einem kurzen Blick in den Polizeicomputer herausstellen sollte, lag die gesamte Bauernfamilie Singer mit der angrenzenden Realschule schon seit Jahren im Dauerclinch. Unzählige Male hatten Familienmitglieder, vor allem Erwins Mutter Heike Singer, bei der Polizei Lärmbelästigungen gemeldet, meist in den Zeiträumen vor Beginn der Schule, nach der Schule oder während der Pausen. Eingeschritten war man aber behördlicherseits bisher fast nie. Immerhin gilt in Deutschland der Grundsatz, dass Lärm durch Kinder oder Kindergeschrei nicht als Ruhestörung gilt und bis zu einem bestimmten Maß toleriert werden muss.

Als die Jugendlichen an diesem frühen Morgen mit ihrem Gettoblaster »bewaffnet« und laut grölend ihre kleine Privatparty veranstaltetet hatten, und das alles noch während der für die Familie Singer sonst lärmfreien Schulferien, hatte sich Erwin Singer wohl gedacht, diesmal höchstpersönlich für Ruhe zu sorgen und den Lärm mit noch mehr Lärm zu bekämpfen. Ein paar Runden mit dem Rasenmähertraktor über das Schulgelände, und den Jugendlichen würde die Partylaune ob des ohrenbetäubenden Motorengeräuschs schon vergehen, so Erwin Singer auf polizeiliche Nachfrage. Auf die Holzfäller-Schnittschutzmaske angesprochen lautete Erwins für ihn völlig logische Erklärung: »Ich wollte den kleinen Fratzen eben noch ein bisschen Angst einjagen ...«

Damit war der Fall aus strafrechtlicher Sicht abgeschlossen. Erwin Singer war kein gemeingefährlicher »Serienkiller« – wie gesagt, bei seiner Durchsuchung war noch nicht einmal irgendein gefährlicher Gegenstand, geschweige denn ein Messer oder gar ein Beil gefunden worden. Auch von einem mutmaßlichen »Rasenmähermörder«, der mit seiner Maschine wahllos Jugendliche zerhäckseln wollte, konnte keine Rede sein, denn zu mehr als einer Menge Lärm taugte Erwins Gefährt wahrlich nicht. Mit einer Höchstgeschwindigkeit von armseligen sechs Kilometern pro Stunde fuhr der Rasenmähertraktor etwas schneller als Schrittgeschwindigkeit und war bauartbedingt noch nicht einmal dazu in der Lage, über eine Bordsteinkante zu fahren, geschweige denn über einen Menschen – ganz abgesehen davon, dass es Erwin mit seinem Traktor selbst bei Ausreizung der Höchstgeschwindigkeit nicht möglich gewesen war, die fliehenden Jugendlichen einzuholen. Entsprechend konnte auch von Nötigung keine Rede sein, denn bis Erwin am Zaunende des Schulhofs angekommen war, waren die Jugendlichen aus Angst vor Erwins bloßer Erscheinung längst über alle Berge. Und dass Erwin den Schülern tatsächlich körperlichen Schaden hatte antun wollen, war auch eher abwegig, trotz seiner einschlägigen Vorstrafen – immerhin hatte er die Schüler nach ihrer Flucht weder verfolgt noch sie in irgendeiner Weise bedroht. Ganz im Gegenteil, es ging ihm offenkundig tatsächlich nur darum, die Lärmbelästigung durch die Schülerparty zu unterbinden. Denn kaum waren die Schüler verschwunden, hatte er ihre mitgebrachte Box ausgeschaltet und sich sodann unverzüglich auf den Heimweg begeben, auf dem er dann von der Polizeistreife aufgehalten und vorläufig festgenommen worden war. Bleibt die Sache mit der unheimlichen Holzfällermaske – aber eine alberne oder unheimliche Kostümierung ist selbst im Land mit den weltweit meisten Gesetzen und Verordnungen nicht strafbar. Kurzum, nach Rücksprache mit dem zuständigen Staatsanwalt sollte Erwin unverzüglich freigelassen werden.

Lange dauerte seine neu gewonnene Freiheit allerdings nicht an. Noch auf den Stufen der Polizeiinspektion wurde Erwin erneut in Gewahrsam genommen. Ein Ermittlungsrichter erließ am selben Tag Haftbefehl.

Doch wie kam es dazu? Genau zwei Wochen vor Erwins Rasenmäheraktion hatte in der sogenannten »Meisterhalle«, circa 25 Kilometer von Erwins Familienbauernhof entfernt, die alljährliche Fastnacht stattgefunden, eine sehr beliebte Feier im ganzen Landkreis. Jung und Alt pilgerten aus der nahen und fernen Umgebung dorthin, die einen verkleidet, die anderen neu eingekleidet und wieder andere nur leicht bekleidet. Mit anderen Worten: Kölner Karneval, nur wilder, härter, schmutziger und lustiger, zumindest nach Einschätzung der örtlichen Fastnachtsbesucher. Der Alkohol jedenfalls fließt alljährlich in Strömen, und je später der Abend, desto feuchtfröhlicher die Stimmung.

Maria hatte sich freiwillig für die Nachtschicht gemeldet. Die alleinerziehende Mutter verdiente sich durch gelegentliches Taxifahren ein bisschen was dazu. Die Fahrten an Fastnacht waren zwar anstrengend, aber der Verdienst war gut.

Erwartungsgemäß liefen die Taxifahrten ab ein Uhr nachts erst richtig an, als die ersten Fastnachtsgäste mehr oder weniger standfest den Nachhauseweg antraten. Das Taxifahren glich in dieser Nacht jedes Mal einem Pingpongspiel: Von der Fastnachtsveranstaltung zu Dorf A, dann wieder zurück zur Fastnachtsveranstaltung. Von der Fastnachtsveranstaltung zu Dorf B, im Anschluss zurück zur Meisterhalle. Von der Fastnachtsveranstaltung zu Dorf C und wieder zurück. Und so weiter und so fort.

Mittlerweile war es halb vier Uhr morgens, und nur noch die hartgesottensten Feiernden waren vor Ort. In Schrittgeschwindigkeit fuhr Maria an der Meisterhalle vorbei, immer wieder stolperten Betrunkene vor ihr Taxi, meist Jugendliche, die es mit dem Alkoholkonsum etwas übertrieben hatten. Als Maria langsam an einer Gruppe lallender Teenager vorbeifuhr, fiel ihr Augenmerk auf einen etwas abseits des Fahrbahnrands stehenden Mann, der schon wegen seiner besonders großen und bulligen Erscheinung ihren Blick auf sich zog. Jetzt, da er Marias gelb beleuchtetes Taxischild erkannte, ging er mit entschlossenen Schritten auf sie zu. Kaum auf Höhe von Marias Taxi angelangt riss der Riese auch schon ruckartig an der von innen versperrten Beifahrertür. An Fastnacht hatte Maria ihr Taxi immer von innen verriegelt, sie wollte selbst entscheiden, wen sie mitnahm und wen nicht. Bis jetzt war sie entsprechend auch von alkoholbedingten »Zwischenfällen« verschont geblieben, sie hatte also noch nicht zur Tankstelle fahren müssen, um das Fahrzeuginnere von Erbrochenem oder ausgeschüttetem Bier zu säubern.

Maria überlegte kurz, ob sie den Mann mitnehmen sollte. Er hatte sich absolut geradlinig auf ihr Taxi zubewegt, so viel Alkohol konnte er also nicht intus haben. Der große Mann musste sich tief runterbeugen, um durch das Beifahrerfenster sehen zu können. Anstelle der sonst üblichen Fastnachtsverkleidung trug er lediglich einen olivgrünen Bundeswehrparka. Sie erschrak kurz, weil der bullige Mann trotz fehlender Verkleidung oder Maskierung alles andere als ansehnlich war. Er stierte sie für einen Moment stumpf an, dann erschien in seinem ausdrucksleeren Gesicht so etwas wie ein fragendes Lächeln.

Irgendwie hatte sie ein ungutes Gefühl, aber ein kurzer Blick nach vorn ließ sie die Situation dann wieder nüchtern und rational betrachten: Die Alternative waren die betrunkenen Jugendlichen, die ebenfalls auf Marias Taxi aufmerksam geworden waren und wild gestikulierend inmitten der Straße auf sie zukamen. Aus dem Augenwinkel konnte Maria erkennen, wie eine junge Frau aus der Gruppe sich gerade spontan übergeben musste, begleitet vom triumphierenden Gegröle des Rests der Clique. So gesehen war der bullige Hüne vor Marias Beifahrertür wohl die bessere »Partie«, dachte sie sich, ehe sie die Beifahrertür entriegelte, um den Mann einsteigen zu lassen – eine folgenschwere Fehleinschätzung.

Mit klarer und deutlicher Sprache nannte der feiste Mann mit dem fettigen, schütteren Haar dann auch umgehend sein Fahrziel: »Zum *DasDa.*« Marias Hoffnung, ihr Taxi auch nach diesem Fahrgast nicht reinigen zu müssen, schien durchweg begründet. Übermäßig alkoholisiert war ihr Fahrgast offensichtlich nicht. Das *DasDa*, eine Dorfdisco einige Ortschaften weiter, war gute 20 Minuten Fahrstrecke entfernt und bei vielen Fastnachtsbesuchern zum »Ausklingen« des Abends beliebt. Ein lukrativer Auftrag, der gut 35 Euro einbringen würde.

Der massige Mann verschob zunächst händisch den Beifahrersitz in die am tiefsten und am weitesten hinten liegende Position, um es sich für die anstehende Fahrt gemütlich zu machen, während Maria den Gang einlegte und die Fahrt Richtung *DasDa* startete. Mittlerweile hatten auch die Teenager begriffen, dass sie wohl den Kürzeren in Sachen Mitfahrgelegenheit gezogen hatten, und waren von der Straße wieder Richtung Gehweg getorkelt, freilich nicht, ohne ihrem Unmut mit lauten Buhrufen Luft zu machen.

»Denen müsste man mal eine ordentliche Lektion erteilen!«, schnaubte der bullige Fahrgast verächtlich in Richtung der Jugendlichen. »Für Ordnung sorgen sollte man bei dem Pack!«, legte der Mann noch einmal nach. Maria zuckte lediglich kurz mit den Schultern. Für sie war das Alltag, sie wusste nicht, was sie darauf erwidern sollte.

In den nächsten Minuten sprach der Fahrgast nicht weiter mit Maria, was ihr durchaus recht war. Eine große Smalltalkerin war sie nicht, und wie die diesjährige Fastnacht so war, hatte sie schon von den zig Fahrgästen zuvor gehört. Die Fahrt auf der nächtlichen Landstraße in Richtung Nordosten verlief dementsprechend ruhig. Die Straßen waren leer. Kein einziges Fahrzeug kam ihnen entgegen.

Ihr Fahrgast stierte stumpf vor sich hin. Er atmete unregelmäßig und schwer, ab und zu gab er ein paar unwillkürliche Laute von sich, die an ein Stöhnen oder ein Grunzen erinnerten. Sie wusste nicht, ob er eingeschlafen war oder sich einfach nur seltsam verhielt. Vielleicht war der Mann doch betrunkener, als sie zunächst gedacht hatte. Maria war jedenfalls froh, bald am Ziel und ihren seltsamen Fahrgast los zu sein. Danach würde sie höchstens noch eine Tour machen, wenn sie Glück hatte, könnte sie vielleicht einen der Discobesucher des *DasDa* mitnehmen und danach Feierabend machen.

Einige Kilometer vor dem *DasDa* wollte Maria gerade auf eine Umfahrung links abbiegen, als sich der bullige Mann unvermittelt zu Wort meldete. Sie solle nicht abbiegen, sondern stattdessen den vor ihr liegenden ungeteerten Feldweg nehmen. Das würde Zeit und Geld sparen, mindestens fünf Minuten. Maria nickte und folgte der Anweisung. Derartige Abkürzungen sind in der ländlichen Region nichts Ungewöhnliches, und die Richtung stimmte – also dachte sie sich nichts weiter dabei.

Doch nach einem knappen Kilometer Fahrt über den nur durch das Scheinwerferlicht des Taxis ausgeleuchteten Feldweg griff der Fahrgast mit einer schnellen und plötzlichen Bewegung an ihren Oberschenkel. Maria war eine zierliche Frau und auch nicht sonderlich groß, der bullige Mann auf dem Beifahrersitz konnte mit seiner Hand fast ihren gesamten Oberschenkel umfassen.

Mit einem gequälten Lächeln versuchte Maria, die Hand des Fremden wegzuschieben, doch der packte nur fester zu. »Bitte lassen Sie das!«, brachte Maria heraus, doch der Mann entgegnete: »Stell dich nicht so an!« – und berührte sie weiter. Der kräftige Druck seiner wulstigen Finger und ihre aktuelle Lage irgendwo im Nichts ließen Maria mit einem Mal sehr nervös werden. Ihr Fahrgast atmete nun schnell. Plötzlich kam er ihr ganz nah, sie konnte den Alkohol in seinem übel riechenden Atem deutlich wahrnehmen – der Mann war offenbar doch stark betrunken. Wenn er ihr jetzt auf dem Feldweg ins Lenkrad greifen würde, dann würde das sicher nicht gut ausgehen. Maria trat also auf die Bremse, um dann, wenn das Fahrzeug sicher zum Stillstand gekommen war, den unverschämten Fahrgast hochkant aus ihrem Taxi zu schmeißen. Diese Fahrt war für ihn erst mal vorbei.

Aber kaum hatte Maria ihr Taxi zum Stillstand gebracht, packte der Mann Maria mit seiner linken Hand an den Haaren, zog mit seiner rechten Hand den Schlüssel des Fahrzeugs ab und warf ihn aus dem geöffneten Seitenfenster. Es ging alles viel zu schnell, sie geriet in Panik und konnte erst einmal gar nicht reagieren. Er riss ihren Kopf brutal nach hinten, mit der anderen Hand betätigte er die beiden Gurtauslöser und schnallte sie beide ab. Während er ihren Kopf immer noch an den Haaren grob nach hinten in den Nacken zerrte, griff er mit seiner rechten Pranke derartig grob in ihre Hose, dass die obersten Knöpfe ausrissen. Kaum mit seiner Hand unter ihrer Kleidung drang er mit einem seiner Finger in Marias Scheide ein und bewegte ihn mit ruckartigen Bewegungen hin und her. Maria schrie, dass er sofort aufhören solle, den Riesen interessierte das aber nicht. Er schien wie im Wahn, beschimpfte sie als »Schlampe« und »Hure«, während er ihr mit dem Gestochere seiner ungepflegten Hände und seinen langen gelben Fingernägeln vaginal Schmerzen zufügte. Sie bäumte sich mit ihrem ganzen Körper auf und kämpfte gegen ihren Peiniger an, aber er war viel zu stark. »Hör auf, es tut weh!«, schrie sie ihn weiter an. Doch vergebens.

Irgendwann zog er plötzlich seinen Finger aus ihrer Scheide. Maria dachte für einen Augenblick, dass es das jetzt gewesen sei, und blickte suchend nach dem Türgriff, um den kurzen Moment zu nutzen und zu entkommen. Doch mit seinem kräftigen linken Arm hatte er sie schon wieder fest am Genick gepackt, sie hatte keine Chance. Mit der anderen Hand holte er sein bereits erigiertes Glied raus und raunte ihr zu: »Jetzt nimm ihn in den Mund, Schlampe!« Es dauerte einen Moment, ehe Maria überhaupt verstand, was der grobschlächtige Mann von ihr wollte. Und sie dachte nicht im Traum daran, dem Folge zu leisten. Vielmehr drückte sie sich mit ihren beiden Füßen, an Gaspedal und Bremse abstützend, fest in den Fahrersitz. Doch gegen die gewaltige Kraft des Beifahrers hatte die zierliche, gerade einmal 1,50 Meter kleine Maria keine Chance. Entgegen aller heftigen Gegenwehr schien es ihm ein Leichtes, sie gewaltsam an ihren langen Haaren zu sich auf den Beifahrersitz zu ziehen, immer näher zu seinem erigierten Penis.

Während er sie am Nacken brutal in Richtung seiner geöffneten Hose drückte, roch sie den ekelerregenden Geruch von Schweiß, Urin und Smegma, einer auch als »Eichelkäse« bezeichneten weiß gelblichen Masse, bestehend aus abgestorbenen Penishautzellen und Sekreten der Peniseichel- und Vorhautdrüsen, die sich bei unzureichender Hygiene unter der Vorhaut des Penis ablagert. Maria wurde mit einem Mal speiübel, sie kämpfte gegen den Brechreiz an. Aber sie hatte keine Wahl: Unter seinem massiven Druck und in ihrer hilflosen Lage umfasste sie den übel riechenden Penis mit ihrer rechten Hand und öffnete ihren Mund, während ihr Peiniger sie an ihren Haaren packte und ihren Kopf auf und ab bewegte. Dabei drückte er ihren Kopf mit jeder Abwärtsbewegung ein Stück fester nach unten und damit seinen ekelerregenden Penis jedes Mal etwas tiefer in ihren Mund und Hals.

Maria sah es in dem Moment schon kommen, dass es letztlich ihr eigenes Erbrochenes sein würde, das sie am Ende aus ihrem Taxi würde wegputzen müssen – welch paradoxe Ironie, dabei war der Abend doch bisher so friedlich verlaufen.

Derartige völlig irrationale Gedankensprünge während einer gerade stattfindenden Tat gelten übrigens bei der Überprüfung der Glaubhaftigkeit der Aussage als typische »Realkennzeichen« und damit als Indizien für den Erlebnisbezug des behaupteten Geschehensablaufs. Gerade bei Sexualdelikten schildern die Opfer häufig scheinbar völlig aus dem Zusammenhang gerissene Geschehensabläufe, Gedanken oder Körperempfindungen – Erfahrungen, die man kaum schildern könnte, ohne ein solches Erlebnis tatsächlich durchgemacht zu haben. Denn bei einer absoluten psychischen Ausnahmesituation gibt es eben gerade kein »Schema F«, erfahrungsgemäß reagiert jeder Mensch auf potenziell schwer traumatisierende Erlebnisse anders, oftmals eben auch völlig irrational. Die Schilderung derartiger, nach außen hin merkwürdig oder gar absurd wirkendender Details, die mit dem eigentlichen Tatgeschehen gar nichts zu tun haben, würden einem lügenden Menschen unnötige Gedächtniskapazität abverlangen, an die er oder sie sich bei jeder Falschaussage immer wieder neu erinnern müsste. Kurz gesagt: Der typische Lügner will seinen Kopf eher nicht mit unnützen Details belasten, die für den eigentlichen Sachverhalt keine Relevanz haben.

Maria wurde allerdings schnell wieder in die brutale Realität des nun folgenden Tatgeschehens zurückgeholt. Ihr Martyrium sollte noch lange nicht vorbei sein. Nach einer gefühlten Ewigkeit der oralen Befriedigung – vermutlich war es aber nur eine knappe Minute gewesen – forderte der krude Vergewaltiger jetzt Geschlechtsverkehr ein.

Er riss Maria an ihren Haaren wieder nach oben und schob

ihren Oberkörper zurück auf den Fahrersitz. Für einen ganz kurzen Moment dachte sie, es sei endlich vorbei. Doch der Mann zog weiter an ihren Haaren und beugte sich so weit zu ihr rüber, dass er den Hebel unterhalb des Fahrersitzes zum Zurückfahren des Sitzes hochziehen konnte. Dann löste er seine Hand von ihren Haaren, drückte sie mit einer ruckartigen Bewegung auf ihre Brust und schob Maria samt Sitz nach hinten. Noch im Schwung dieser Bewegung zog er Marias bereits beschädigte Hose mitsamt ihrer Unterhose bis zu ihren Knöcheln herunter und kletterte über die Mittelkonsole auf die Fahrerseite. Mit seinem massigen Gewicht stütze er sich, mit der linken Hand noch immer auf Marias Brustkorb drückend, an ihr ab, sodass sie nur noch schwer Luft bekam. Noch ein bisschen mehr Druck, und sie hätte vermutlich tot sein können, schoss es ihr durch den Kopf. Maria wurde in diesem Moment klar, dass sie diese Nacht vermutlich nicht überleben würde.

Mit der rechten Hand drehte der Mann die Sitzlehne nach unten, um dann direkt im Anschluss auf ihr liegend mit seinem immer noch erigierten Penis gewaltsam in ihre Vagina einzudringen.

Maria wehrte sich nicht mehr. Sie hatte sich innerlich völlig ausgeklinkt, starrte einfach nur an den Fahrzeughimmel. Wie lange er sie vergewaltigte, wusste sie nicht. Aus irgendeinem Grund hatte sie plötzlich Angst vor Flecken auf dem Fahrersitz – wie sollte sie das ihrem Chef erklären?

Irgendwann kam der Triebtäter schließlich zum Samenerguss und ließ abrupt von ihr ab. Er packte sein Glied ein, öffnete die Fahrertür und verschwand ohne ein weiteres Wort in der Dunkelheit.

Es dauerte eine ganze Weile, bis Maria sich wieder so weit gesammelt hatte, dass sie ihre kaputte Hose hochziehen, den Sitz zurück in die richtige Fahrstellung bringen und wieder einigermaßen klar denken konnte. Ihr Handy hatte an dem gottverlassenen Feldweg keinen Empfang, sie konnte also keine Hilfe holen und musste wohl oder übel in ihrem Zustand noch im Dunkeln nach dem Autoschlüssel suchen. Es sollte eine endlos wirkende Viertelstunde dauern, bis sie schließlich unter Zuhilfenahme der Handy-Taschenlampe das Gebiet rund um die Beifahrertür nach dem zuvor von ihrem Vergewaltiger aus dem Fenster geworfenen Schlüssel abgesucht hatte.

Als sie ihn endlich gefunden hatte, dauerte es eine weitere gefühlte Ewigkeit, ehe Maria die Kraft aufbrachte, den Schlüssel im Zündschloss umzudrehen und den Motor zu starten. Sie zitterte am ganzen Körper, ihr war speiübel. Nur sehr langsam, nahezu in Schrittgeschwindigkeit, fuhr sie den verhängnisvollen Feldweg entlang, ehe sie nach einigen Hundert Metern auf eine asphaltierte Straße gelangte und sich wieder orientieren konnte. Dann fuhr sie zu der besagten Tankstelle, welche sie normalerweise nur aufgesucht hätte, wenn ihr tatsächlich jemand ins Auto gespien hätte. Dort angekommen blieb Maria einfach nur im Auto sitzen und starrte ins Leere der dunklen Nacht.

Irgendwann durchbrach der klamaukige Klingelton ihres Diensttelefons Marias noch immer anhaltende apathische Starre. »Schnappi das Krokodil«, unpassender hätte das redundante Läuten nicht sein können. Und auch nicht viel penetranter. Karl von der Taxizentrale kannte kein Erbarmen. Er ließ es durchklingeln. Nach dem dritten Anrufversuch ging Maria ran. Es war eine weitere Fahrtanfrage, natürlich vom Fastnachtssaal. Maria lehnte mit kraftloser Stimme ab: Es sei »etwas mit einem Fahrgast passiert« und sie könne deshalb »jetzt nicht mehr fahren«. Dann legte sie auf.

Maria starrte einfach nur weiter geradeaus. Sie war kaum ansprechbar, als sie in der Morgendämmerung von einem aufmerksamen Tankwart aufgefunden wurde. Der junge Mann alarmierte schließlich die Polizei.

Der Schock über das von Maria Erlebte saß tief, es dauerte eine ganze Weile, ehe sie überhaupt in der Lage war, eine zusammenhängende Aussage zu machen und den Täter zu beschreiben. Immerhin konnte die Spurensicherung einen großen weißen Fleck auf dem Fahrersitz des Taxis sichern, offenbar Samenflüssigkeit des Täters, aus welcher sich zum Vergleich geeignete DNA gewinnen ließ.

Erwin, der Rasenmähermann, war eben aus dem polizeilichen Gewahrsam entlassen worden. Erst auf dem Weg zum Ausgang trafen sich Erwins Blick und der der gerade zum Dienst erscheinenden jungen Kriminalbeamtin, die zwei Wochen zuvor Marias Aussage aufgenommen hatte.

Die Sache mit Maria hatte nicht nur die Kriminalbeamtin schwer erschüttert: Der gesamten Dienststelle fiel es schwer, ein solch abscheuliches Verbrechen überhaupt für möglich zu halten. Nicht in dieser Region, nicht unter diesen Bürgern. So etwas hatte es hier noch nie gegeben.

»Halt!«, schrie die Polizistin geistesgegenwärtig, ehe Erwin die letzten Stufen hinunter zum Ausgang der Polizeiinspektion gehen konnte. Gott sei Dank musste die Eingangstür immer von einem Kollegen per Knopfdruck entriegelt werden, ehe man sie öffnen konnte.

Die junge Polizistin würde später vor Gericht schildern, dass sie bei Erwins Anblick selbst fast in eine Art Schockzustand verfallen war. Denn Erwin passte eins zu eins auf die Täterbeschreibung, die Maria zwei Wochen zuvor bei der Polizei zu Protokoll gegeben hatte: Gut 1,90 groß, breite Schultern, langes, aber lichtes und fettiges Haar, tief liegende schwarze Augen, grobporige Boxernase, ein aufgrund von Akne vernarbtes Gesicht und nicht zuletzt auch der verschlissene olivgründe Bundeswehrparka.

»Kommen Sie mal mit«, hatte sie Erwin in harschem Ton befohlen und ihn direkt wieder mit in die hinteren Räumlichkeiten der Kriminalpolizeiinspektion genommen, um ihn sofort der für Marias Fall zuständigen Ermittlungschefin vorzustellen. Auch diese schreckte bei Erwins Anblick auf, die Polizeikollegin, die Erwin als den mutmaßlichen Vergewaltiger erkannt hatte, musste gar nichts weiter erklären.

Erwin hingegen umso mehr: Auf die Frage, wo er denn in der Nacht vor exakt zwei Wochen gewesen sei, antwortete er prompt, dass er diese mit seinem Bruder in der »Meisterhalle« verbracht habe.

»Volltreffer«, dachte sich die leitende Ermittlerin und setzte noch eine Frage drauf: »Und wann sind Sie dann nach Hause gegangen?«

»So gegen drei Uhr morgens«, entgegnete Erwin.

»Und wie sind Sie heimgekommen?«

»Mit dem Taxi ...«

Erwin reagierte recht emotionslos, als wenige Minuten später die Handschellen klickten. Zuvor hatte er noch angegeben, dass er mit seinem Bruder auf der Fastnachtsparty gefeiert habe. Sie seien dann aber in Streit geraten, weshalb beide schlussendlich getrennt voneinander, jeder für sich, mit dem Taxi alleine nach Hause gefahren seien. Dort hätten sie sich dann wieder getroffen und auch wieder vertragen. Was für die Polizeibeamten auffällig war: Erwin fragte bei seiner Festnahme noch nicht einmal, was ihm vorgeworfen wurde. Auch auf den ihm eröffneten Tatvorwurf der Vergewaltigung reagierte er völlig emotionslos.

Für die Polizei schien der Fall klar: die Zeit, die Örtlichkeit, die Personenbeschreibung – alles passte perfekt. Und da Erwin vorgegeben hatte, allein ins Taxi eingestiegen zu sein, hatte er für die Tatzeit auch kein Alibi.

Direkt nach Erwins Festnahme rief die junge Kommissarin Maria an: »Ich glaube, wir haben ihn.« Nur wenige Stunden später dann die Gegenüberstellung im Keller der Kriminalpolizeiinspektion. Spätestens anhand von Marias Reaktion war für alle klar: Erwin war der gesuchte Vergewaltiger. Kaum hatte

Maria den Raum betreten, in welchem Erwin sich, bewacht von zwei bulligen Polizisten, an die Wand hatte stellen müssen, sank sie weinend in sich zusammen. Sie nickte kurz und musste dann, von der Kommissarin gestützt, wieder nach draußen gebracht werden. Man konnte nur erahnen, welch schweres Trauma das Wiedersehen mit ihrem Peiniger in ihr ausgelöst haben musste: Denn ab diesem Zeitpunkt sollte Maria kein einziges Wort mehr über die Tat herausbringen, sie war in der Folgezeit nicht mehr vernehmungsfähig.

Erwins Täterschaft wurde in der Folge durch die kriminaltechnische DNA-Untersuchung endgültig bestätigt. Ein Abgleich der gesicherten Spermaspuren auf dem Fahrersitz von Marias Taxi mit Erwins DNA ergab den nächsten Volltreffer. Mit einer Wahrscheinlichkeit von eins zu 1,3 Trillionen (das ist eine Zahl mit achtzehn Nullen!) war die im Taxi aufgefundene DNA identisch mit Erwins DNA.

Zwar ist ein DNA-Fund, anders als gemeinhin angenommen, juristisch betrachtet kein echter Beweis, sondern »nur« ein Indiz – schließlich beweist der DNA-Fund nicht die Begehung der Straftat, sondern nur eine räumliche Verbindung mit dem Tatort.

Im Fall der Vergewaltigung von Maria handelte es sich aber um ein sehr starkes Indiz für Erwins Täterschaft, insbesondere aufgrund der Art der aufgefundenen DNA, nämlich Spermaspuren. Hätte man nur Hautschüppchen von Erwin auf dem Beifahrersitz von Marias Taxi gefunden, hätte das erst einmal nur belegt, dass Erwin irgendwann einmal mit Marias Taxi mitgefahren ist. Denn das Alter von DNA, also die Frage, wie lange Hautschüppchen schon auf dem Sitz gelegen haben, eine Stunde, einen Tag, eine Woche, einen Monat usw., lässt sich bislang wissenschaftlich nicht bestimmen. Allerdings ist DNA nicht grenzenlos haltbar. Je nach Art und den klimatischen Umgebungsverhältnissen kann DNA auch sehr rasch degradieren. Das kann, wenn es feucht und warm ist, sogar binnen weniger Stunden passieren.

Nur wie – außer durch einen sexuellen Kontakt – hätte Erwin die von ihm aufgefundenen Spermaspuren – noch dazu ausgerechnet auf dem Fahrersitz von Marias Taxi – erklären sollen?

Was für eine Wendung der Fall um den »Rasenmähermann« genommen hatte! Von der anfänglichen vermeintlichen Schreckensgestalt über einen fast langweiligen Nachbarschaftsstreit hin zur Überführung als brutaler Sexualverbrecher. Doch das spektakulärste Ereignis rund um Erwin, den Rasenmäher und die schreckliche Vergewaltigung sollte erst einige Monate später vor Gericht geschehen: Erwin wurde freigesprochen und ist bis heute ein freier Mann.

Trotz der aufgefundenen Spermaspuren.

Trotz Marias Identifizierung.

Trotz ihrer Verletzungen am ganzen Körper.

Trotz Erwins fehlendem Alibi.

Trotz Erwins Aussage, zur fraglichen Zeit in einem Taxi gesessen zu haben.

Wie konnte das passieren?

Zu Beginn des Prozesses zweifelte wirklich keiner an Erwins Schuld, noch nicht einmal sein eigener Anwalt. Nach der Indizienlage und Erwins Aussage bei der Polizei wäre aus Verteidigersicht nicht mehr viel zu retten gewesen. Das wenige, was noch »zu retten« war, hatte Erwins Strafverteidiger getan: sämtliche Angaben, die Erwin bei der »informatorischen Befragung« der Polizei gemacht hatte, nachdem er als der mögliche Vergewaltiger erkannt worden war, zu widerrufen, insbesondere die Aussage, dass Erwin aufgrund seines Streits mit seinem Bruder allein ins Taxi gestiegen war und damit kein Alibi hatte. Im Prozess verteidigte sich Erwin schweigend.

Marias Aussage vor Gericht erwies sich als nahezu unbrauchbar. Aufgrund ihrer schweren Traumatisierung konnte sie kaum ein Wort herausbringen, sie hatte schon große Schwierigkeiten, dem Gericht ihren Namen zu nennen. Obwohl sie durch den Vorsitzenden Richter getrennt von Erwin, der in einem gesonderten Raum Platz nehmen musste, vernommen wurde. Auf die meisten Fragen schwieg sie einfach, starrte zu Boden und umklammerte einen kleinen Stoffball, den ihr ihre Traumatherapeutin für den Prozess mitgegeben hatte.

Allerdings konnten sich die beiden zuständigen Kriminalbeamtinnen noch sehr gut an Marias erste Zeugenvernehmung erinnern und damit dem Gericht sehr eindrücklich vermitteln, was Maria damals ausgesagt hatte. Insbesondere hatten sie Marias Täterbeschreibung sowie den Tatablauf und alles, was im weiteren Ermittlungsverlauf passiert war, genauestens protokolliert. Das rechtsmedizinische Gutachten und die aufgefundenen DNA-Spuren im Taxi ließen denn auch trotz einer kaum brauchbaren gerichtlichen Aussage des Opfers keine vernünftigen Zweifel an Erwins Täterschaft zu. Selbst der von Maria bei der Tat geschilderte üble Geruch passte nur allzu gut ins Bild: Die Kommissarin schilderte recht bildlich, wie sie beim ersten Zusammentreffen mit Erwin ein regelrechter Brechreiz ob des ihn umgebenden Geruchs von beißendem Urin und käsigem Schweiß überkam.

Alle Verfahrensbeteiligten erwarteten also, dass Erwins Verurteilung zu einer langjährigen Haftstrafe nur noch reine Formsache sein würde.

Doch ehe das Gericht die Beweisaufnahme schloss, wurde Erwins Bruder als letzter Zeuge vorgeladen. Schließlich war Erwins fehlendes Alibi ein weiteres Indiz für seine Täterschaft, und Erwins Bruder könnte die von Erwin bei der Polizei gemachten Angaben, die er ja jetzt widerrufen hatte, bestätigen: dass nämlich die beiden Brüder bei der Feier in der Meisterhalle in Streit geraten waren, sich dann getrennt hatten und separat mit dem Taxi nach Hause gefahren waren. Dem Gericht war zwar durchaus bewusst, dass Erwins Bruder als Verwandter ersten Grades die Aussage vor Gericht verweigern durfte, das wäre sein gutes Recht. Aber ein Zeugnisverweigerungsrecht ist eben genau das: ein Recht, keine Pflicht. Das Gericht muss sich daher im Regelfall selbst davon überzeugen, ob ein zeugnisverweigerungsberechtigter Zeuge aussagen will oder nicht. Oft genug kommt es vor, dass nahe Verwandte oder Ehepartner dennoch aussagen wollen, sei es aus falsch verstandener Verbundenheit oder umgekehrt aus blankem Hass.

Erwins Bruder sagte vor Gericht nicht aus. Er berief sich auf sein Zeugnisverweigerungsrecht. Im Anschluss wurde Erwin zügig freigesprochen. Denn des Bruders bloßes Erscheinen vor Gericht hatte ausgereicht, um alles zu ändern. Ein 1,90 Meter großer Mann mit breiten Schultern, langem, aber lichtem und fettigem Haar, grobporiger Boxernase, tief liegenden schwarzen Augen und einem von Akne vernarbten Gesicht. Selbst die Kleidung war nahezu identisch, er trug sogar einen olivgrünen Bundeswehrparka.

Sein Bruder schien Erwin buchstäblich aus dem Gesicht geschnitten. Er war sein eineiiger Zwillingsbruder. Und da der ebenso kein Alibi für die Tatnacht hatte und die Gelegenheit zur Tatbegehung gehabt hätte, brach die ganze Anklage augenblicklich in sich zusammen. Denn auch wenn ein DNA-Treffer mit 99,9999-prozentiger Wahrscheinlichkeit den Verursacher einer Spur identifizieren kann, gilt dies logischerweise nicht, wenn zwei Personen die identische DNA aufweisen. Denn dann liegt die Trefferwahrscheinlichkeit nur noch bei 49,99995 Prozent. Und welche Personen haben identische DNA? Eineiige Zwillinge ...

Für das Gericht war es angesichts dieser Erkenntnis schlicht unmöglich, auszuschließen, dass Marias brutaler Vergewaltiger nicht Erwin, sondern dessen optisch und genetisch identischer Zwillingsbruder war, der in der Tatnacht nachweislich an derselben Örtlichkeit war wie Erwin, ebenfalls ein Taxi benutzt hatte und gleichfalls allein und ohne Alibi unterwegs gewesen war. Und auch seine DNA würde sich als identisch mit der in dem aufgefundenen Spermafleck in Marias Taxi erweisen. Das Gericht konnte gar nicht anders, als den Angeklagten freizusprechen.

Erwin wurde umgehend aus der Untersuchungshaft entlassen und erhielt für die erlittene Haftzeit als »Unschuldiger« eine Entschädigung von 17 250 Euro.

DIE VOLLZUGSBEAMTIN

Kaum 22 Jahre alt war Simone am Tag ihrer Ernennung. Mit Blumen, Sekt und einem strahlenden Lächeln stand sie neben ihrem Vater vor dem Haus ihrer Eltern, ihre Mutter machte ein paar Fotos. Die Uniform stand der zierlichen Frau mit den schulterlangen blonden Haaren, die sie zu einem Dutt zusammengebunden hatte, ausgezeichnet – dazu trug sicher auch bei, dass Simone ihre Uniform mit so großem Stolz trug. Zwei Jahre lang hatte sie diesem Tag entgegengefiebert. Endlich war sie offiziell Justizvollzugsbeamtin – oder, wie es im Beamtendeutsch ein wenig holpriger heißt: Obersekretärin im Justizvollzugsdienst.

Simone war eine von Grund auf liebevolle Person, sie sah immer das Gute in anderen Menschen. Schon während der Schulzeit war sie in der evangelischen Kirche aktiv und unterstützte jahrelang den Konfirmandenunterricht. Sie engagierte sich beim Roten Kreuz und hatte sogar eine Sanitätsausbildung gemacht, um bei Volksfesten, Weihnachtsmärkten und Theaterveranstaltungen zu helfen, wo Freiwillige dringend gebraucht wurden.

Als überzeugte Christin wollte Simone nicht nur ehrenamtlich der Gesellschaft etwas zurückgeben, sie verspürte diesen stetigen inneren Drang, anderen zu helfen. Denn Simone liebte

Menschen, sie war fasziniert von ihnen – gerade auch von denen, die die Gesellschaft schon aufgegeben hatte, weil sie finanziell, sozial oder strafrechtlich abgedriftet waren. Daher war sie als bislang jüngste Ehrenamtliche auch schon früh in der Bewährungs- und Gefangenenhilfe tätig gewesen. Schon immer hatte sie der Gefängnisalltag interessiert – die Menschen, die dort inhaftiert waren, ihre Persönlichkeit, aber auch die Frage, wie es so weit gekommen war und wie man ihnen helfen konnte, in Zukunft ein besseres Leben zu führen.

Aus all diesen Gründen hatte die junge Frau sich für eine Karriere im Justizvollzug entschieden. Denn Simone sah im Gefängnis keine Haft- und Bußanstalt, sondern eine Chance für die Inhaftierten: sich mit ihrer Tat auseinanderzusetzen, an sich zu arbeiten, Therapien zu besuchen, eine Ausbildung zu machen, ihren sozialen Horizont zu erweitern – kurzum, sich erfolgreich zu resozialisieren.

Während viele Politiker, Richter, Staatsanwälte und Justizbeamte die Resozialisierung als oberstes Vollzugsziel eher als hohle Phrase sehen, meinte Simone es ernst. Sie wollte den Menschen im »Knast« aufrichtig helfen, sich wieder in das soziale Gefüge der Gesellschaft einzugliedern.

Als idealistische und hochengagierte Berufsanfängerin war Simone auf eigenen Wunsch in einer Jugendstrafanstalt eingesetzt worden, hier saßen als Jugendliche und Heranwachsende verurteilte Straftäter bis zu ihrem 24. Lebensjahr ein. Genau das Richtige für Simone, denn bei der Verbüßung einer Jugendstrafe wird noch größerer Wert auf die Resozialisierung, Ausbildung und Lebensperspektive der Gefangenen gelegt als im Erwachsenenvollzug. Im Jugendstrafrecht soll nach dem Willen des Gesetzgebers der Erziehungsgedanke absoluten Vorrang haben, noch vor der Strafe und anderen general- und spezialpräventiven Gründen, da Jugendliche im Normalfall durch erzieherische Maßnahmen noch deutlich besser erfolgreich beeinflusst werden können als Erwachsene.

Hier konnte Simone also ihr ganzes soziales Engagement zum Einsatz bringen. Klar, als Justizvollzugsbeamtin war sie in erster Linie zur Bewachung und Sicherung der Gefangenen eingeteilt, sprich dafür zuständig, die Zellen morgens aufzusperren, sie regelmäßig nach verbotenen Gegenständen oder Substanzen zu durchsuchen, die Insassen während ihrer Freizeit zu beaufsichtigen und insbesondere sicherzustellen, dass es zu keinen Gewalttätigkeiten zwischen den Jugendlichen untereinander kam – denn statistisch gesehen erleben etwa die Hälfte aller Insassen innerhalb eines Monats körperliche Gewalt durch Mithäftlinge. Zu Simones Aufgaben als Justizvollzugsbeamtin gehörte es aber auch, die Gefangenen zur Arbeit oder zu Arztbesuchen innerhalb der JVA zu begleiten und Freizeitmaßnahmen, wie zum Beispiel Fußball oder andere Sportarten, zu initiieren und sie anzuleiten. Auch wenn Simone den gemeinsamen Sport und die Arbeit für unerlässlich hielt, um Struktur in das Leben der meist planlosen jungen Insassen zu bringen – am meisten gebraucht fühlte sie sich bei den Einzelgesprächen. In regelmäßigen Betreuungsgesprächen mit den Gefangenen sollte sie ihnen Maßnahmen und Möglichkeiten aufzeigen, die für die Wiedereingliederung in die Gesellschaft nötig sind, und im Zuge dessen einen Vollzugs- und Eingliederungsplan erstellen. Die Betreuungsgespräche waren Simones liebste Aufgabe.

Klar, auch ihre anderen Pflichten machten ihr Spaß, gleichwohl der Gefängnisalltag zumindest unter der Woche minutiös durchgetaktet war und wenig Spielraum für zwischenmenschliche und emotionale Zuwendung zuließ: 6:45 Uhr Wecken, 7:30 Uhr Arbeitsbeginn, 11:30 Uhr Mittagessen, 15:15 Uhr Arbeitsende mit anschließender Freistunde, 17:00 Uhr Abendessen und danach Zelleneinschluss.

Samstags und sonntags gab es keine Arbeit, keine Schule, keine Ausbildung. Hier hatten die jungen Häftlinge dann die Wahl zwischen Gruppenveranstaltungen wie Sport, Therapiestunden, Hofgang und Beratungsgesprächen. All diese Angebote wurden gern angenommen, denn die Alternative, das ganze Wochenende in der Zelle zu verbringen, war selbst den hartgesottensten Stubenhockern und Fernsehjunkies zu eintönig.

Simone meldete sich stets freiwillig zu den Wochenenddiensten, und schon sehr bald hatte die Anstaltsleiterin erkannt, dass Simones Engagement bei den Gefangenen hervorragend ankam. Die Gesprächsstunden mit Simone waren die mit Abstand am besten besuchten unter den JVA-Bediensteten und auch die, die am längsten dauerten. Denn sie nahm sich für jeden ihrer Schützlinge viel Zeit. Nicht selten überzog sie die Gesprächsrunden oder knöpfte sich den ein oder anderen noch mal einzeln vor, wenn sie den Eindruck hatte, dass noch Gesprächsbedarf bestand. Für die Gefangenen eine Win-win-Situation: Denn zum einen hatte man bei Simone meist deutlich länger zellenfreie Zeit, zum anderen nahm sie sich wirklich der Sorgen und Nöte eines jeden an. Anders als bei den meisten männlichen Kollegen war Simones Taktik, Zugang zu »ihren« Häftlingen zu finden, nicht Strenge und Subordination, sondern ein offenes Zugehen auf die »Kids«, wie sie ihre Schützlinge immer liebevoll nannte, und ein lockerer Umgang, aber mit festen Regeln.

Selbst zu den härtesten und aussichtslosesten Kandidaten fand Simone mit ihrer ganz anderen Art Zugang und sah gerade die als »schwierig« geltenden Kandidaten stets als Herausforderung, nie als Pflicht oder gar als aussichtslos. Ihre »Tricks« waren steter Respekt und eine unaufdringliche Hartnäckigkeit. So skeptisch viele ihrer Kollegen und auch die Anstaltsleitung zunächst ob ihrer ungewöhnlichen Herangehensweise gewesen waren, der Erfolg gab Simone recht. Die von ihr betreuten Gefangenen waren motivierter in der Arbeit und Ausbildung, kaum noch gewalttätig und deutlich reflektierter in der Bewertung ihrer Taten und Zukunftsperspektiven.

Nach Einschätzung der Anstaltsleiterin war Simone ihre beste Mitarbeiterin, ein echtes Ausnahmetalent. Und so dauerte es auch nicht lange, bis sie zuerst zur »Hauptsekretärin« und später dann zur »Inspektorin« im Justizvollzugsdienst befördert wurde. Mit ihren mittlerweile 27 Jahren war sie die jüngste Beamtin im Range einer Amtsinspektorin, was Simone sehr stolz machte. Sie ging jeden Tag gern zur Arbeit. Nie kam ihr der Gedanke, dass sie keine Lust mehr auf den Knast hätte, ganz im Gegenteil. Bis jetzt war sie noch mit jedem ihrer »Kids« klargekommen. Doch das sollte sich schlagartig mit Sebastian ändern.

Sebastian war wegen eines heftigen Zwischenfalls mit einem seiner Mitinsassen in Simones JVA verlegt worden. Während des Küchendienstes hatte er den anderen im Streit gepackt und dessen Kopf mit brachialer Gewalt auf die angeschaltete Herdplatte gedrückt, während er ihm gleichzeitig ein Geschirrtuch in den Mund stopfte, damit er nicht schreien konnte. Es dauerte viel zu lange, bis der im hinteren Bereich der Großküche aufsichthabende Wachtmeister einen im Vergleich zu »normalem« Grillfleisch leicht süßlichen Geruch wahrnahm – den Geruch von verbranntem Menschenfleisch. Als der Wachhabende nach dem Rechten sah und den Alarm auslöste, war es für Sebastians Opfer schon zu spät: Die glühende Hitze der voll aufgedrehten Herdplatte hatte seine gesamte linke Gesichtshälfte bis auf den Knochen durchgeschmort. Mit Verbrennungen dritten Grades wurde er in ein Spezialkrankenhaus geflogen, die Ärzte versuchten in mehreren Operationen, sein Gesicht zu retten, ohne Erfolg. Sebastians Mitinsasse ist seitdem für immer schrecklich entstellt, und das im Alter von gerade einmal neunzehn Jahren.

Es war nicht die erste schwere Gewalttat gewesen, die Sebastian begangen hatte. Von diversen Schlägereien unter Zuhilfenahme von Schlagstöcken, Schlagringen, Totschlägern und anderen gefährlichen Waffen über Raubüberfälle auf Kioske,

Tankstellen oder Supermärkte bis hin zum Angriff auf zwei Polizisten, die gerade einen Bekannten von Sebastian festnehmen wollten, war alles dabei. Seit Vollendung seines 14. Lebensjahrs und dem damit verbundenen Eintritt in die Strafmündigkeit hatte Sebastian quasi durchweg im Knast gesessen. Kurzum, Sebastian war ein brutaler Intensivtäter ohne realistische Chance auf Resozialisierung. In seiner letzten JVA galt er als untherapierbar und als ganz besonders gefährlich.

Simones Anstaltsleiterin teilte diese Einschätzung und beschloss, nicht zuletzt wegen der erst kurz zurückliegenden unfassbaren Tat in der Gefängnisküche, Sebastian von seinen Mithäftlingen komplett fernzuhalten. Sie hielt sämtliche Gemeinschaftsaktivitäten mit anderen Insassen und auch die Teilnahme an der Gefängnisarbeit für zu gefährlich. Nach der Einschätzung der erfahrenen Gefängnisdirektorin sollte Sebastian fürs Erste komplett isoliert werden und den Großteil seiner Zeit in seiner Einzelzelle verbringen. Duschen, Hofgang und alles, was sonst nicht in der Zelle möglich war, sollte unter strengster Aufsicht von mindestens zwei Justizwachtmeistern erfolgen, ohne jeglichen Kontakt zu anderen Mithäftlingen.

Man kann bereits erahnen, dass Simones Interesse an Sebastian in dem Augenblick geweckt war, als sie von seinem Fall hörte. Auch jemandem wie Sebastian war ihrer Meinung nach zu helfen, ein lebenslanges Wegsperren war sicher keine gute Alternative. Schlimm genug, dass Sebastian mittlerweile sieben Jahre und damit ein Drittel seines bisherigen Lebens im Knast verbracht hatte.

Bei ihrem ersten Zusammentreffen mit dem erst 21-jährigen Intensivtäter konnte Simone kaum glauben, dass er derart heftige Taten begangen hatte. Sebastian sah so gar nicht aus, wie sie ihn sich vorgestellt hatte: Er war ein gut aussehender, durchtrainierter junger Mann mit gestylten dunklen Haaren und blauen Augen. Er wirkte überhaupt nicht brutal, sondern im

Gegenteil freundlich, charmant und beinahe schüchtern, als Simone sich ihm vorstellte. Sie begrüßte ihn offen und freundlich, worauf er kurz zögerte und innehielt, sie dann aber umso herzlicher anlächelte. Es mag verrückt klingen, aber Sebastian war ihr auf den ersten Blick sympathisch.

Dabei war auch Simone klar, dass Sebastian ein gefährlicher Straftäter war. Sie wollte immer das Gute in den Menschen sehen, aber völlig naiv war sie nicht – sonst hätte sie niemals solche Resozialisierungserfolge bei ihren bisherigen Häftlingen erreichen können. Sie wusste genau: Den wenigsten Tätern sieht man ihre Taten an.

Ihre Kollegen hatten mit dem neuen Gefangenen ganz andere Erfahrungen gemacht. In den Wochen seit seiner Verlegung hätte sich Sebastian ununterbrochen danebenbenommen und sich wegen jeder Kleinigkeit mit den Wachtmeistern angelegt. Doch kaum würde Simone den Raum betreten, wäre er auf einmal lammfromm, er hätte sogar das erste Mal seit seiner Ankunft in der neuen JVA gelächelt, sagten sie.

Also wurde Simone immer wieder von ihren Kollegen gebeten, Sebastian bei seinen täglichen Verrichtungen zu begleiten. Sie war die einzige der JVA-Bediensteten, der gegenüber sich Sebastian respektvoll verhielt, ja mit der er überhaupt sprach. Vielleicht, so dachte sich Simone, spürte Sebastian tief in seinem Inneren, dass sie ihn nicht wie alle anderen bereits abgestempelt und aufgegeben hatte, sondern auch ihm eine ehrliche Chance geben wollte.

Mit diesen Überlegungen konfrontierte sie die Kollegen vom sozialpsychologischen Dienst im nächsten Teamgespräch. Aus Simones Sicht sollte Sebastian eine Einzeltherapie beginnen, um sich mit seinem Aggressionsproblem auseinanderzusetzen und Wege aus seiner derzeitigen sozialen Isolation aufgezeigt zu bekommen.

Doch die Fachleute wollten von Therapiegesprächen mit Sebastian nichts wissen. Aus ihrer Sicht war Sebastian ein nicht therapierbarer Psychopath. Die ohnehin knapp bemessenen Therapiestunden sollten besser motivierten »Erstverbüßern« mit einer realistischen Chance auf echte Resozialisation zugutekommen.

Unter solchen Umständen war Sebastians Resozialisierung aus Simones Sicht von Anfang an zum Scheitern verurteilt. Also versuchte sie, die wenigen Gelegenheiten, in denen Sebastian nicht allein in seiner Zelle sitzen musste, zu nutzen und etwa beim Hofgang, auf dem Weg zum Einzeltraining im Fitnessstudio oder bei der Essensausgabe mit ihm zu sprechen und eine vertrauensvolle Bindung aufzubauen. Tatsächlich schien Simones Herangehensweise aufzugehen – Sebastian fasste langsam Vertrauen zu ihr und fing nicht nur in ihrer Gegenwart, sondern auch in ihrer Abwesenheit immer weniger Streit mit den anderen Wachtmeistern an. Die meisten anderen Beamten wechselten allerdings ohnehin kaum ein Wort mit Sebastian, schließlich wussten sie, was er schon alles ausgefressen hatte und dass er mit größter Vorsicht zu genießen war.

Letzteres war auch der Grund, warum die Anstaltsleiterin schließlich zwar Betreuungsgespräche zwischen Sebastian und der ihm aufgrund ihrer zierlichen Figur körperlich weit unterlegenen Simone genehmigte, jedoch nur unter der Prämisse, dass ein weiterer Wachtmeister mitanwesend sein müsse. Ein »No-Go« für Sebastian. Er weigerte sich, in Anwesenheit dieser »Arschgeigen« persönliche Dinge zu besprechen.

Simone war klar gewesen, dass die Auflage der Gefängnisleitung bei Sebastian nicht gut ankommen würde. Schon mehrfach hatte er sich gegenüber Simone sehr abfällig über ihre überwiegend männlichen Kollegen geäußert. Doch es half nichts. Auch als Simone versicherte, das Gespräch stets in sicherem Abstand zu führen und ihr Personen-Notsignal-Gerät (PNG) in der Hand zu behalten, wiegelte ihre Chefin ab: Sebastian war nach ihrer Einschätzung schlicht und ergreifend viel zu gefährlich.

Nach drei Monaten wagte Simone einen neuen Vorstoß bei der Anstaltsleiterin, mit der sie mittlerweile sogar privat befreundet war. Immerhin hatte sich Sebastian seither nichts mehr zuschulden kommen lassen und sich damit auch einen gewissen Vertrauensvorschuss der JVA verdient. Simone hob bei ihrer Fürsprache nochmals explizit den Resozialisierungsgedanken hervor und dass dabei ein persönlicher Zugang zum Gefangenen im Fokus stünde, um überhaupt feststellen zu können, wo der Staat mit gezielter Hilfe ansetzen könne.

Simones Überzeugungsarbeit sollte diesmal Früchte tragen. Die Anstaltsleiterin willigte in ein erstes Betreuungsgespräch ohne zusätzliche Überwachung ein, allerdings unter folgender Bedingung: Die Tür zum Gesprächszimmer musste ununterbrochen offen bleiben, Simone musste Sebastian im Abstand von mindestens zwei Metern und in der Nähe der Tür gegenübersitzen, und über den gesamten Gesprächsverlauf hinweg ihren PNG (Notrufknopf) stets griffbereit haben.

Simone versprach hoch und heilig, diese Sicherheitsmaßnahmen strikt einzuhalten. Sie freute sich schon auf das Gespräch mit Sebastian und war sich sicher, dass er sich auch freuen würde und ihren Einsatz zu schätzen wüsste. Doch es sollte anders kommen.

Die ersten Betreuungsgespräche zwischen Sebastian und Simone verliefen eher unspektakulär. Simone hatte, wie von der Anstaltsleiterin gefordert, einen Bürostuhl in gut zwei Metern Entfernung vor die im Gesprächszimmer stehende Sitzecke geschoben, ihr PNG von ihrem Gürtelclip gelöst und griffbereit auf ein direkt neben ihrem Stuhl stehendes Tischchen gelegt. Sebastian sollte in der Sitzecke Platz nehmen, während Simone ihm in sicherem Abstand von ihrem Bürostuhl aus Fragen stellte.

Die Gespräche waren durchwachsen, doch Simone verzeichnete durchaus Fortschritte. Ihr war es wichtig, sich ein möglichst umfassendes Bild von Sebastian zu machen. Dabei konnte aus ihrer Sicht alles von Bedeutung sein: sein familiärer Background, sein Freundeskreis, sein Verhältnis zu den Mithäftlingen vor der angeordneten Isolation. Vielleicht konnte sie auf diese Weise herausarbeiten, was der Auslöser für Sebastians Gewalttaten war, insbesondere für die letzte gegenüber seinem nun dauerhaft entstellten Mithäftling.

Zunächst begegnete Sebastian Simone mit seinem ganzen Charme, lächelte sie an und gab ihr vernünftige Antworten. Doch seine Stimmung konnte sich innerhalb von Sekunden komplett ändern: Sebastian regte sich sehr schnell auf, wenn ihm eine Frage nicht passte. Das erste Mal verbal ausfällig wurde er bei einer vorsichtigen Frage zum Verhältnis zu seinen Eltern: Er blaffte Simone an, dass er ihre Mutter ficken würde. »Und deine Tochter ficke ich auch, wenn du eine hast! Aber dich ficke ich nicht, weil du hässlich bist!« Aus dem fast schelmisch wirkenden Charisma war schlagartig ein hasserfülltes Wutgesicht geworden. Simone konnte sehen, wie Sebastian seine linke Hand zu einer Faust ballte. Er schien sich kaum mehr unter Kontrolle zu haben. Sie bewegte augenblicklich ihre Hand ganz langsam in Richtung ihres PNGs, was Sebastian natürlich bemerkte: »Ja hol nur deine verfickten Wachtmeisterlappen. Die können dir eh nicht helfen. Bis die Fettsäcke da sind, bin ich längst fertig mit dir, du Schlampe!«

Simone lächelte ihn weiter ruhig an, was ihn zu verunsichern schien: Nur Augenblicke später schien alles vergessen. Sebastian wechselte das Thema und plauderte locker und ohne Anspannung in der Sitzecke fläzend über sein Lieblingsmahl: Hamburger von McDonald's, aber ohne Gurke, die würde er immer runtermachen und an die Decke des »Mäckes« schleudern, daher habe er auch in zahlreichen Filialen Hausverbot.

Auch bei den Folgeterminen war es ein ständiges Auf und Ab. Mal wirkte Sebastian offen und freundlich, mal wütend und aggressiv, dann wiederum verhielt er sich geradezu manipulativ, indem er ihr erzählte, was die männlichen Wachtmeisterkollegen hinter Simones Rücken angeblich über sie sagen würden: Wichtigtuerin, Streberin, Hausfrauenwärterin, sogar als »Anstaltsnutte« würde sie immer wieder bezeichnet – angeblich unterstellten ihr die Kollegen hinter vorgehaltener Hand eine Liebesbeziehung zur Anstaltsleiterin, mit der Simone so gut befreundet war.

Simone bemühte sich, Sebastians Gemeinheiten zu ignorieren und das Thema immer wieder in vernünftige Bahnen zu lenken. Sie schenkte seinen Lügengeschichten auch keinen Glauben. Klar wusste sie, dass sie nicht nur Freunde unter ihren Kollegen hatte, aber sie konnte sich nicht vorstellen, dass derartig schlecht über sie gesprochen wurde – schon gar nicht in Anwesenheit eines Problemhäftlings wie Sebastian. Es war ganz klar die intrigante und bösartige Seite Sebastians, die hier zum Vorschein kam. Er schien einem nahezu bipolaren Wechsel von verschmitztem Charisma zu launischer Aggressivität zu unterliegen. Sebastian sah die Gesprächstermine wohl als eine Art Machtspiel.

Immer wieder blitzten auch unterschwellige Drohungen in ihren Gesprächen auf, wenn Sebastian beispielsweise mit Blick auf Simones PNG frotzelte, dass sie sich nur deshalb mit ihm sicher fühle, er sie aber trotzdem »fertigmachen« könne, noch ehe die Kollegen das »Laufen« beginnen würden. »Laufen« bezeichnet hierbei den Alarmzustand im »Bau«.

Trotz all dieser kleinen Rückschläge bekam Simone mit der Zeit ein gutes Gespür dafür, wie sie mit Sebastian umgehen musste. Drei Viertel angenehme versus ein Viertel unangenehme Fragen schien die ausgewogene Mischung dafür zu sein. Allerdings blieb Sebastian fast keine andere Wahl, wollte er seine Zelle auch abseits des täglichen einstündigen Hofgangs und der spärlichen »Einzelfreizeit« einmal verlassen. Während eines zweiwöchigen Urlaubs, in dem Simone von ihrem unmittelbaren Vorgesetzten vertreten worden war, hatte dieser das Gespräch mit Sebastian bereits nach wenigen Minuten abgebrochen und in einer Notiz vermerkt, dass Sebastian »intrigierend, aufsässig, fordernd und uneinsichtig« sei.

Nach ihrem Urlaub schien Sebastian ehrlich erfreut darüber, dass Simone wieder im Dienst war. Zum ersten Mal verhielt er sich das gesamte Beratungsgespräch über zugewandt und freundlich – Simone erkannte ihn kaum wieder. Zum Abschied sagte er ihr noch, er sei wirklich froh, dass sie sich um ihn kümmere. Leider hielt diese scheinbare Wesensveränderung nicht lange an. Bereits beim darauffolgenden Termin rastete er wieder aus und machte Simone den Vorwurf, dass sie mit den anderen Wärtern unter einer Decke stecke. Aber Simone kannte Sebastian mittlerweile, sie maß dem also keine allzu große Bedeutung bei. Für sie war dieses Verhalten ein Ausdruck seiner tief liegenden Verlustängste: Er hatte begonnen, ihr zu vertrauen, und genau das schien ihn emotional zu überfordern. Aus ihrer Sicht war Sebastian auf einem guten Weg. Es war allerdings eine trügerische Sicherheit, in der sich Simone wog, wie sich nur allzu bald herausstellen sollte. Denn das nächste Beratungsgespräch mit Sebastian sollte Simones Leben für immer verändern.

Es war das letzte Gespräch mit Sebastian im Kalenderjahr, kurz vor den Weihnachtsfeiertagen – Simone hatte sich bis Anfang Januar Weihnachtsurlaub genommen, um Zeit mit ihren Eltern zu verbringen.

Sebastian hatte beim letzten Termin schon ganz traurig gewirkt und erzählt, dass er Weihnachten hasse, weil niemand an ihn denken würde. Simone wollte ihn daher ein bisschen aufheitern und hatte ihm einen kleinen Schokonikolaus gekauft, obwohl das eigentlich verboten war. Das wusste auch Sebastian – umso größer war seine Freude, dass Simone für ihn die

Regeln gebrochen hatte. Er freute sich so sehr, dass er völlig überraschend Simones Hand packte, sie in einer schwungvollen Bewegung von ihrem Stuhl zu sich auf die Couch zog und fest umarmte. Simone realisierte in diesem Moment erstmals, wie kräftig Sebastian tatsächlich war und dass sie ihm mit ihrem zierlichen Körper nichts entgegenzusetzen hatte. Denn obwohl sie sich mit all ihrer Kraft gegen Sebastians enthusiastischen »Move« verwahrte, schien sie wie Knetmasse in seinen durchtrainierten Armen.

In ruhigen Worten versuchte Simone ihm zu vermitteln, dass das, was er da mache, nicht gehe und sie jederzeit den Notrufknopf ihres PNG drücken könne. Sofort sprang Sebastian auf, stieß Simone von sich weg und fing an herumzuschreien. Er schrie sich in Rage, was für eine dumme Schlampe Simone doch sei. Sie solle lieber mal froh sein, dass sie als kleinwüchsiges, hässliches Scheidungskind, das zu wenig Liebe bekommen habe, überhaupt mal von einem Mann angefasst werde. Wutentbrannt kickte er die wie immer offen stehende Tür zum Besprechungszimmer zu, die mit einem donnernden Knall ins Schloss fiel.

Simone versuchte dennoch, ruhig zu bleiben. Das war bisher immer die richtige Taktik bei Sebastian gewesen. Sie setzte sich wieder auf ihren Schreibtischstuhl, ihr PNG griffbereit, und ließ ihn reden. Immer wenn Sebastian zwischen seinen Schimpftiraden kurz Luft holte, nutzte Simone die Gelegenheit, um wieder beruhigend auf ihn einzureden. Das hatte bislang immer geholfen, und auch dieses Mal ließ Sebastian sich irgendwann mit hochrotem Kopf wieder in seine Sitzecke fallen. Doch anders als sonst sah er sie diesmal nicht mit vor Wut brennenden Augen an, vielmehr lächelte er plötzlich und bat sie ganz charmant, sich doch zu ihm auf die Couch zu setzen.

Simone fühlte sich beinahe ein bisschen geschmeichelt, so schnell hatte Sebastian noch nie eingelenkt. Vielleicht hatte er ja selbst gemerkt, dass seine Reaktion völlig überzogen war. Auf die Couch zu ihm setzen würde sie sich aber trotzdem nicht, das war gegen die Vorschrift, wie sie ihm ruhig, aber bestimmt erklärte. Sofort sprang Sebastian wieder auf und fing an, Simone anzuschreien. Nie wieder würde er mit ihr sprechen, wenn sie sich nicht sofort zu ihm auf die Couch setzen würde. Sie habe doch mit dem »schwulen Nikolaus« ohnehin schon die Regeln gebrochen, was sei also ihr »verficktes Problem«?

So langsam dämmerte Simone, wo die Sache hinführte, zumindest glaubte sie, es zu wissen. Vermutlich hatte Sebastian in seinem bisherigen Leben nie wirkliche Liebe, Zuwendung und Zuneigung erfahren. Vielleicht brauchte er einfach nur jemanden, der ihm mal die Hand hielt, ihn umarmte oder sich einfach neben ihn setzte und ein paar liebevolle Worte mit ihm wechselte, frei von Vorurteilen und Abwertung. Vielleicht würden ein paar Minuten menschlicher Nähe wahre Wunder bewirken.

Kurz entschlossen erhob sich Simone aus ihrem Sessel, setzte sich neben Sebastian auf die Couch und ergriff behutsam seine Hand. Wieder wechselten Sebastians Gesichtszüge schlagartig, und er begann mit seiner Daumenkuppe ganz vorsichtig und nahezu zärtlich über Simones feine blonde Härchen an ihrer Hand zu streicheln. Natürlich verstieß Simone mit ihrem Verhalten gegen alle Vorschriften; ein derartig enger physischer Kontakt zwischen Gefangenen und Justizbeamten war streng untersagt, schon aus Sicherheitsgründen – Simone sollte nur wenige Sekunden später am eigenen Leib erfahren, warum.

Denn als sie die merkwürdige Situation mit Sebastian wieder auflösen wollte, wurde aus dem zärtlichen Händegriff ein festes Zudrücken. Er presste Simones Fingerknochen so fest zusammen, dass ein stechender Schmerz ihren Arm durchfuhr. Jetzt dämmerte es auch Simone, dass sie bei all ihren gut gemeinten Überlegungen einen fatalen Fehler gemacht hatte. Nicht nur gab es für sie keinerlei Möglichkeit mehr, Sebastian zu entkommen, auch ihr auf dem Tisch liegendes PNG war nun unüberwindbare zwei Meter weit entfernt. Und bei aller Hektik und

Dramatik der vorausgegangenen Szene hatte Simone ganz vergessen, die zugetretene Tür zum Besprechungsraum wieder zu öffnen. Jetzt hatte sie keine Möglichkeit mehr, Hilfe zu holen – selbst ihr Schreien würde durch die massiven Wände und Türen niemand hören. Und da ihre Besprechungen öfter länger dauerten, würde so bald niemand nach ihr suchen.

Sebastian hielt Simones Hand immer noch fest umschlossen. »Lass mich bitte los, ich werde auch nichts sagen!«, keuchte Simone unter Schmerzen, doch er reagierte nicht darauf. Stattdessen zog er sie so dicht an sich heran, dass sie seinen Atem spüren konnte. Obwohl sie sich mit aller Kraft dagegenstemmte, konnte er sie mühelos mit nur einer Hand überwältigen, während er ihr mit der anderen Hand durchs Haar fuhr und ihren Haargummi abstreifte. »Wusste ich's doch, dass du mit offenen Haaren tausendmal besser aussiehst«, sagte Sebastian mit einem bösartigen Grinsen und starrte sie mit seinen eiskalten blauen Augen an, ehe er ihr unvermittelt mit seiner Zunge einmal vom Kinn bis zur Stirn übers Gesicht leckte.

»Bitte, lass mich los …«, brachte Simone noch heraus, dann ging alles ganz schnell. Sebastian ließ ihre Hand überraschenderweise tatsächlich los und sprang von der Couch auf. Ehe Simone reagieren konnte, packte er sie grob unter den Achseln, hob sie völlig mühelos hoch und schleuderte sie wie ein Spielzeug in die Sitzecke. Simone hob instinktiv ihre Arme vor den Körper und hatte ihre Augen fest zusammengepresst in Erwartung eines Faustschlags. »Bitte nicht …«, wimmerte sie noch, doch eigentlich hatte sie keine Hoffnung. Sie war sich sicher, dass Sebastian mit ihr jetzt genau das tun würde, wofür er schon mehrfach vorbestraft war: sie heftig verprügeln.

Doch was jetzt passieren würde, hatte Simone nicht kommen sehen. Sebastian packte ihre beiden Arme und hielt sie mit einer Hand über Kreuz fest über ihren Körper im Griff, während er mit der anderen Hand mit einiger Geschicklichkeit in einer schnellen Bewegung den Gürtel ihrer Diensthose öffnete und diese zusammen mit ihrem Slip herunterriss. Noch ehe sie begriff, dass er sie gleich vergewaltigen würde, schob er schon ihr Hemd nach oben, zog sich seine blaue Gefängnishose runter und drang grob und für Simone sehr schmerzhaft in sie ein. Sie schrie auf, doch er starrte sie mit seinen eisblauen Augen direkt an und schüttelte nur leicht den Kopf, während er mit seiner freien Hand einen Schnitt über seine Kehle andeutete. Simone verstand, sie wehrte sich nicht mehr. Immer noch ging alles wahnsinnig schnell, vermutlich dauerte die ganze Situation keine volle Minute. Als Sebastian zum Samenerguss gekommen war, ließ er von der wimmernden Simone ab, zog seine Hose wieder hoch und fragte mit einem aufgesetzten schelmischen Grinsen, ob sie denn auch so gut »gekommen« sei. »Wohl kaum«, entfuhr es Simone, als ob Sebastian wirklich eine Antwort darauf erwartet hätte. Vorgeblich enttäuscht witzelte er irgendetwas und verließ mit den Worten »Na, dann bring ich mich heute mal besser selbst zurück auf meine Zelle« den Raum.

Wie immer, wenn Simone unter Stress war, funktionierte sie einfach nur, erst später würde sie realisieren, was gerade passiert war. Sie zog ihre Hose hoch, stopfte ihr Diensthemd wieder ordentlich unter den Hosenbund und verschloss ihren Gürtel. So wie Sebastian sie zurückgelassen hatte, wollte sie keinem begegnen und erst recht nicht von ihren männlichen Kollegen gesehen werden.

Sie nahm ihr PNG in die Hand, um den Notruf zu betätigen, doch dann hielt sie inne und starrte den großen roten Knopf einfach nur an. Was würde ihre Chefin sagen? Die Anstaltsleiterin hatte ihr doch strikte Vorgaben gemacht, wie sie sich bei den Beratungsgesprächen mit Sebastian zu verhalten hatte: Mindestens zwei Meter Abstand, offene Tür, das PNG stets griffbereit – Simone hatte jede Vorsicht über Bord geworfen und alle Regeln auf einmal missachtet. Wenn sie jetzt den Alarmknopf drückte, würde wirklich jeder wissen, dass irgendwas Schlimmes passiert sein musste, schlimmer noch: dass sie versagt hatte. Binnen weniger Minuten wüsste das ganze Gefängnis, dass sie das Opfer einer Vergewaltigung geworden war, weil sie so dumm und naiv gewesen war, einen brutalen Wiederholungstäter resozialisieren zu wollen. Ihre männlichen Kollegen würden sich bestätigt fühlen, dass Frauen im Gefängnis nichts zu suchen haben. Die Anstaltsleiterin würde mit Sicherheit neue, viel strengere Sicherheitsvorkehrungen treffen, worunter auch die anderen Häftlinge leiden würden. Keiner würde sie mehr respektieren, ihren Job könnte sie dann auch gleich an den Nagel hängen. Sie schämte sich und gab sich selbst die Schuld: Was, wenn sie Sebastian durch ihr unvorsichtiges Verhalten herausgefordert hatte? Alle hatten sie vor ihm gewarnt, aber sie hatte nicht darauf hören wollen.

Simone drückte den Notrufknopf nicht. Schnellen Schrittes ging sie zu ihrem Spind, holte ihre Handtasche und lief zum Ausgang. An der Schleuse teilte sie ihrem Kollegen mit, dass es ihr nicht gut gehe und sie nach Hause müsse.

Ihren Weihnachtsurlaub verbrachte sie bei ihren Eltern, sie tat einfach so, als ob nichts geschehen wäre. Das funktionierte erstaunlich gut, bis sie nach gut drei Wochen Anfang Januar wieder zum Dienst antreten musste.

Der Schock und das Trauma – plötzlich war alles wieder da. Sie hatte das Gefühl, eine Schlinge würde sich um ihren Hals zusammenziehen. Es war das erste Mal in ihrer gesamten Dienstzeit, dass sie sich nicht darauf freute, zu ihren Schützlingen in den Knast zu kommen.

Simone versuchte, sich dennoch nichts anmerken zu lassen. Und das gelang ihr auch erstaunlich gut. Zuerst dachte sie noch, ihre Kollegen müssten ihren Makel doch sehen, aber sie bemerkten nichts. Dass Simone schweigsam und in sich gekehrt war, schien keinem aufzufallen.

In den nächsten Wochen vermied sie jedweden Kontakt mit Sebastian. Unter dem Vorwand, dass er bei ihrem letzten Gespräch mal wieder besonders heftig »ausgerastet« sei und nun auch mal ihrerseits »Konsequenzen« spüren müsse, ließ sie sich vorübergehend auf dem Stockwerk einer anderen Abteilung einteilen und führte in dieser Zeit keine Beratungsgespräche.

Das ging für eine Weile gut, doch Simone war klar, dass sie Sebastian nicht ewig aus dem Weg gehen konnte. Schließlich hatte er noch einiges an Knastzeit abzusitzen, und in der verhältnismäßig kleinen Jugendstrafanstalt war es für JVA-Bedienstete schlicht unmöglich, einem Insassen dauerhaft aus dem Weg zu gehen. Simone kam zu dem Entschluss, sich ihrem Konflikt mit Sebastian zu stellen: Sie beschloss, ihn erneut zum Beratungsgespräch einzubestellen, ihn in klaren Worten mit seinem grenzüberschreitenden Fehlverhalten zu konfrontieren und ihn bestimmt, energisch und endgültig in seine Schranken zu weisen. Nur so könnte sie die Sache auf sich beruhen lassen und den Vorfall irgendwohin ganz weit weg, in die Tiefen ihres Gedächtnisses verbannen.

Diesmal würde alles anders laufen. Simone stellte zwei Stühle im Beratungsraum einander gegenüber, mit dem Reinfläzen in die Sitzecke war es jetzt vorbei. Und auch ihr PNG würde sie demonstrativ das ganze Gespräch über in der Hand behalten.

Als sie Sebastian in seiner Zelle abholte, setzte er sofort sein schelmisches Grinsen auf. »Ich hab dich schon vermisst«, raunte er ihr zu, ohne dass Simone hierauf reagierte. Sie ließ ihn wie immer vorgehen und führte ihn in den zwischen der Abteilung für schwere Gewalttäter und der Abteilung für Sexualdelikte liegenden Gang, an dessen Ende einer der für die Beratungsgespräche genutzten Räume lag. Simone bedeutete Sebastian, auf dem für ihn vorgesehenen Stuhl Platz zu nehmen, und ließ die Tür zum Besprechungsraum offen.

Sebastian nahm zunächst brav Platz und lächelte Simone fast schon unsicher an. Sie setzte sich ihm gegenüber und sagte ihm, was sie sich vorgenommen hatte. Sie hatte sich jedes Wort gut überlegt, auch den Gesprächsraum in der Nähe der Abteilung für Sexualdelikte hatte sie nicht zufällig ausgewählt. Sie wollte ihm deutlich vor Augen führen, dass er es allein ihrer Großzügigkeit zu verdanken hatte, nun nicht für viele Jahre in der geschlossenen Abteilung für gewalttätige Sexualstraftäter sitzen zu müssen. Sie habe ihm nicht seine letzte Chance auf ein Leben in Freiheit verbauen wollen, daher werde sie ihm schweren Herzens verzeihen und noch eine allerletzte Chance geben. Zu seiner Tat wäre es nie gekommen, wenn sie nicht gegen die Regeln verstoßen hätte, doch damit sei jetzt endgültig Schluss. Er solle seine letzte Chance besser gut nutzen.

Sebastian hörte ihr zunächst sehr aufmerksam zu, doch je weiter sie in ihrer einstudierten Rede kam, umso mehr setzte er sein offen höhnisches und respektloses Grinsen auf und lümmelte betont lässig auf dem ihm zugewiesenen Stuhl.

Als sie mit ihrem Vortrag fertig war, sagte er selbstgefällig: »Ich hatte ja eigentlich erwartet, dass du dich nach unserem letzten Treffen bei deiner lesbischen Fickfreundin ausheulst« – er spielte auf das Gerücht an, dass sie ein intimes Verhältnis mit der Anstaltsleiterin hatte –, »aber wie du ja richtig gesagt hast, hast DU gegen eine ganze Menge Regeln verstoßen, nicht ich. Wenn du es hättest melden wollen, hättest du es längst getan. Das hättest du auch besser tun sollen, denn jetzt wird dir keiner mehr glauben. Und weißt du, warum du es nicht gemeldet hast? Weil du geil auf meinen dicken Schwanz bist. Was anderes wird man dir nicht glauben, sonst hättest du mich ja gleich angezeigt. Jetzt hab ich dich in der Hand.«

Simone starrte Sebastian fassungslos an. Sie begriff, dass er recht hatte. Er wusste ganz genau, dass sexuelle Verhältnisse zwischen einem Gefangenen und einer Justizbediensteten schwerwiegende dienstliche und auch strafrechtliche Konsequenzen nach sich zogen – und zwar für sie. Während Simone gerade realisierte, in welchen Teufelskreis sie sich manövriert hatte, wichen Sebastians schelmische Gesichtszüge einer aggressiv fordernden Miene. »Steh auf und mach die Tür zu!«, befahl er ihr, während er seine blaue Anstaltshose herunterzog und anfing, an seinem Penis herumzuspielen. Simone war wie gelähmt. Zwar hörte sie Sebastians Worte, aber sie war viel zu sehr damit beschäftigt, die schreckliche Lage zu begreifen, in die sie sich gebracht hatte. »Gut, dann machen wir's halt wie beim letzten Mal«, hörte sie Sebastian noch sagen, ehe er sie packte, an die Wand neben der Tür drückte und diese mit einem kurzen Kick ins Schloss warf. Er öffnete Simones Gürtel, zog ihr Hose und Slip herunter, drehte sie um und vergewaltigte sie von hinten, bis er zum Samenerguss kam. Danach zog er sich die Hose wieder hoch und verabschiedete sich von ihr: »Nächste Woche, selbe Zeit, sonst erzähl ich allen, was für eine kleine geile Schlampe du bist.« Dann verließ Sebastian den Raum.

Was soll ich sagen? Simone traf sich noch ganze vier weitere Male mit Sebastian, ehe sie endlich den Mut fasste, ihrem Martyrium ein Ende zu setzen.

Den dritten Übergriff hatte Simone noch abzuwenden versucht, indem sie Sebastian anbettelte, sie in Ruhe zu lassen. Als er sich davon aber nicht abbringen ließ, hatte sie ihm vorgeschlagen, ins Bediensteten-Badezimmer zu gehen. Sie hatte gehofft, auf dem Flur auf einen anderen Beamten zu treffen und sich damit aus der Situation zu retten. Leider war aber zu diesem Zeitpunkt niemand in den Gängen unterwegs.

Immerhin hatte es Simone bei den beiden nächsten Übergriffen geschafft, Sebastian davon zu überzeugen, »nur« Oralverkehr an ihm durchzuführen, weil sie vom letzten Mal mit ihm angeblich noch vaginale Blutungen hatte. In Wirklichkeit wollte sie einfach nur, dass es schneller »vorbei« war.

Wer weiß, wie lange Simone die Vergewaltigungen noch ertragen hätte, doch bei ihrem letzten »Treffen« ging Sebastian noch einen Schritt weiter: Statt gleich »zur Sache zu kommen«, verlangte er diesmal in barschem Ton von ihr, eine »kleine Spezialaufgabe« für ihn zu erledigen: Sie sollte in ihrem Namen einen Handyvertrag für ihn abschließen und ihm ein brandneues iPhone samt SIM-Karte in den Knast schmuggeln. Dabei baute er sich bedrohlich vor ihr auf, seine Miene ließ keinen Zweifel daran aufkommen, dass er keinen Widerspruch duldete.

Simone hatte Angst. Doch so merkwürdig das klingen mag: Die Vergewaltigungen hatte sie irgendwie ertragen, aber noch einen weiteren Regelbruch zu begehen kam für sie unter keinen Umständen infrage. Eigentlich war es ihr ohnehin schon lange klar gewesen, aber die unverschämte Forderung nach dem Handy ließ es für Simone zur Gewissheit werden: Sie musste Sebastian endlich stoppen. Sonst würde es nicht nur mit den Vergewaltigungen weitergehen, er würde immer mehr fordern, und irgendwann würde die ganze Sache dann ohnehin auffliegen. Bis jetzt hatte es ja »nur« sie betroffen. Würde sie aber jetzt auch noch anderen Forderungen durch Sebastian nachkommen, hätte das eine ganz andere »Qualität«, zumindest aus Simones Sicht. Dass Sebastian sie seit Wochen brutal vergewaltigte, schien sie dabei irgendwie zu verdrängen.

Simone fasste zum ersten Mal seit Sebastians niederträchtiger Erpressung neuen Mut. Sie verweigerte sich: »Nein, das mache ich nicht. Ich mache das alles nicht mehr.« Sie sah ihm dabei direkt in die Augen, und für einen kurzen Moment schien er durch ihre plötzliche Entschlossenheit verunsichert. Sie glaubte sogar, so etwas wie Angst in seinem Blick zu erkennen.

Simone wandte sich zum Gehen, doch das ließ Sebastian nicht zu. Er packte sie am Arm, zog sie zu sich, warf sie erneut in die Sitzecke und zerrte an ihrer Hose. Diesmal wehrte sich Simone mit all ihrer Kraft, doch das schien ihn nur noch mehr anzuturnen. Nach einem kurzen Gerangel würgte er sie am Hals, bis sie fast das Bewusstsein verlor – währenddessen vergewaltigte er sie erneut.

Nachdem er zum Samenerguss gekommen war, ließ er abrupt von ihr ab und zog sich wieder an. Während Simone noch nach Luft schnappte, setzte er wieder sein verschmitzt schelmisches Lächeln auf und sagte zu ihr in bedrohlichem Ton: »Wenn du nicht willst, dass es schlimmer wird, dann musst du liefern. Das neueste iPhone, mit Highspeedinternet und EarPods!« Dann verließ er den Besprechungsraum, energiegeladen und voller guter Laune wie nach jeder seiner Taten.

Simone fuhr noch am selben Abend zu ihrer Anstaltsleiterin nach Hause. Völlig aufgelöst stand sie weinend vor der Haustür ihrer Vorgesetzten und Freundin. Endlich erzählte sie ihr die ganze Geschichte, angefangen mit dem eingeschmuggelten Schokonikolaus.

Die Gefängnisdirektorin glaubte ihr, doch als Vorgesetzte hatte sie keine andere Wahl: Sie musste Simone vom Dienst suspendieren. Schließlich hatte diese ihr gegenüber offen zugegeben, gegen die Regeln im Gefängnis verstoßen zu haben. Gleichzeitig geschah dies auch zu Simones Schutz. Denn die Anstaltsleiterin war dienstlich dazu verpflichtet, bei der Staatsanwaltschaft Anzeige gegen Sebastian zu erstatten – ob Simone wollte oder nicht. Vergewaltigung ist in Deutschland ein sogenanntes »Offizialdelikt«: Jede den Behörden irgendwie zur Kenntnis gelangte Tat muss von der Staatsanwaltschaft verfolgt werden, sogar ohne Anzeige der Geschädigten und selbst gegen deren ausdrücklichen Willen. Dann aber würde die Kriminalpolizei im Gefängnis ermitteln, mögliche Zeugen befragen und Sebastian mit dem Tatvorwurf konfrontieren. In dieser Situation war es nur zu Simones Bestem, dass sie vorläufig nicht mehr zum Dienst erscheinen musste.

Gleich am nächsten Tag wurde Simone zur Vernehmung bei der Kriminalpolizei vorgeladen. Zum ersten Mal musste sie ganz genau und bis ins letzte Detail schildern, was Sebastian ihr alles angetan hatte. Simone hatte damit große Schwierigkeiten. Solange sie alles in ihrem Kopf verschlossen gehalten hatte, war sie mit der Situation irgendwie klargekommen – sie hatte einfach weiter »funktioniert« und die Taten verdrängt. Diese Strategie ging jetzt natürlich nicht mehr auf, denn um der Polizei die Taten in allen Einzelheiten beschreiben zu können, musste sie sich zwangsläufig auch mit ihrer Erinnerung auseinandersetzen. Dies kann sich für Opfer von Vergewaltigungen oder anderen schweren Straftaten als ein echtes Problem erweisen, man spricht hier nicht umsonst von drohender »Retraumatisierung« oder »Sekundärviktimisierung«. Mehrfach wollte sie die Vernehmung abbrechen, doch die Vernehmungsbeamtin erklärte ihr ruhig, aber bestimmt, dass Simone als Opfer verpflichtet sei, eine vollständige Aussage zu machen.

Simone war heilfroh, als die Vernehmung endlich vorbei war. Sie fühlte in diesem Moment sogar so etwas wie Erleichterung – Sebastian hatte keine Macht mehr über sie. Schlimmer konnte es jetzt nicht mehr kommen.

Doch weit gefehlt, Simone hatte die Rechnung ohne Sebastian gemacht. Denn von der Kriminalpolizei mit Simones Vorwürfen konfrontiert, machte der genau das, was er Simone schon zu Beginn seiner Gewalttaten angedroht hatte: Er stritt alles ab und behauptete seinerseits, von Simone verführt worden zu sein. Warum sonst habe sie bei keinem einzigen der angeblichen Übergriffe Alarm geschlagen? Er habe, so Sebastian, schon recht schnell gemerkt, dass Simone in ihn verliebt war. Sie habe zunächst mit Händchenhalten begonnen, ihre Zuneigung zu signalisieren, daraus habe sich dann irgendwann ein sexuelles Verhältnis entwickelt. Die ganze Initiative sei allein von der älteren und viel erfahreneren Simone ausgegangen. Er habe ihr von Anfang an gesagt, dass er ihre Liebe nicht erwidern könne, sich aber auf den Sex eingelassen. Sie habe ihm gedroht, dass er niemandem etwas erzählen dürfe, sonst würde sie ihn wegen Vergewaltigung anzeigen. Keiner würde ihm, einem vorbestraften Gewaltverbrecher, glauben. Bei ihrem letzten Treffen sei die Situation dann eskaliert: Simone habe Pläne für die Zeit nach seiner Entlassung geschmiedet und ihm einen Heiratsantrag gemacht. Er habe abgelehnt und sie ausgelacht. Daraufhin habe sie weinend den Raum verlassen und ihm gesagt, dass er es noch bereuen werde. Ihre Meldung über die angeblichen Vergewaltigungen seien nun wohl die Retourkutsche für seine verschmähte Liebe.

Sebastian spielte seine Rolle anscheinend recht überzeugend. Die ermittelnde Kommissarin jedenfalls vermerkte in ihrem Abschlussbericht sinngemäß, dass sie auch nicht mehr wisse, wem sie jetzt glauben solle.

Einige Wochen später bekam Simone Post von der Staatsanwaltschaft: Man hatte ein Strafverfahren wegen falscher Verdächtigung und sexuellen Missbrauchs von Gefangenen gegen sie eingeleitet. Die zuständige Staatsanwältin glaubte Sebastian.

Bereits nach der allgemeinen Lebenserfahrung sei davon auszugehen, dass die von Simone erhobenen Vergewaltigungsvorwürfe falsch seien. Schon Simones Aussagen seien in sich widersprüchlich. Völlig lebensfremd erschien der Staatsanwältin Simones Schilderung, Sebastian habe sie nach der angeblichen Vergewaltigung gefragt, ob sie denn »gut gekommen« sei. Dass Simone seine Frage in dieser Situation auch noch ernsthaft verneint habe, erschien der Staatsanwältin alles andere als glaubhaft. Insbesondere war für sie aber nicht nachvollziehbar, weshalb Simone die erste Vergewaltigung nicht gemeldet, sondern im Gegenteil ohne Not weitere Gesprächstermine mit Sebastian vereinbart hatte.

Und freilich sollte auch der einfach nur als weihnachtliche Geste eingeschmuggelte Schokonikolaus noch einmal eine

Rolle spielen. Allein das zeuge doch schon davon, dass sie jede Distanz zu Sebastian verloren und ganz offensichtlich romantische Gefühle für ihn entwickelt hatte. Insgesamt spreche daher alles dafür, dass es sich wohl doch eher so zugetragen hatte, wie es Sebastian schilderte. Die sexuellen Handlungen zwischen Simone und Sebastian würden einen Missbrauch ihrer Stellung als Justizvollzugsbeamtin darstellen, schließlich hatte Simone eine Vielzahl an Befugnissen und Weisungsrechten. Sie habe Sebastian gezielt zur eigenen sexuellen Befriedigung ausgenutzt, strafbar als sexueller Missbrauch von Gefangenen. Besonders schlimm sei aber, dass sie den Häftling auch noch als Vergewaltiger hingestellt hatte – bereits hierfür habe sie eine mehrjährige Haftstrafe wegen falscher Verdächtigung verdient.

Es war ein Fall, der auch für einen erfahrenen Strafverteidiger Seltenheitswert hat. Rund 98 Prozent der Sexualdelikte werden laut Kriminalstatistik von Männern begangen.

Gleichwohl hatte die Staatsanwältin sich eine unumstößliche Meinung vom »wahren« Tatablauf gebildet und war davon auch nicht mehr abzubringen – ungeachtet Simones mittlerweile psychiatrisch attestierter schwerer Traumatisierung und der durchweg nachvollziehbaren Begründung, dass sie sich – übrigens bis zum heutigen Tage – für das Geschehene schämte und Angst gehabt hatte, sich zu offenbaren.

In ihrer Anklageschrift zur großen Strafkammer des Landgerichts wies die Staatsanwältin stattdessen noch auf die vermeintliche Gefahr hin, dass Simone bei der weiteren Ausübung ihres Berufes Taten gleicher Art begehen könnte, sodass gegen sie auch ein Berufsverbot auszusprechen sei. Diese Ausführungen empfand Simone als besonders demütigend, wurde damit doch ihr gesamtes berufliches Engagement infrage gestellt.

Durch die Anklage zum Landgericht drohte Simone eine mehrjährige Haftstrafe. Doch das war noch nicht das Schlimmste. Sebastian hatte an seiner Rolle als »Opfer« offenbar Gefallen gefunden und sich dem Verfahren gegen Simone auch noch als Nebenkläger angeschlossen. Über seinen Anwalt ließ er vortragen, seine sexuelle Selbstbestimmung sei durch Simones »Machtmissbrauch« schwer verletzt worden, die Justiz habe ihn nicht effektiv geschützt. Sein »Opferanwalt« forderte eine vorzeitige Entlassung aus der Haft wegen des dort erlittenen Leids.

Das Landgericht war darum bemüht, den öffentlichen Schaden für die Justiz möglichst gering zu halten. Insbesondere wollte man Sebastian auf keinen Fall einen großen Auftritt als »Justizopfer« ermöglichen. Der Vorsitzende Richter der großen Strafkammer am Landgericht machte Simone daher noch vor Beginn der Gerichtsverhandlung ein Angebot: Für den Fall eines vollumfänglichen Geständnisses sei aus Sicht des Gerichts eine bewährungsfähige Strafe gerade noch möglich. Ein Berufsverbot wäre allerdings unumgänglich.

Simone war verzweifelt: Auch das Gericht schien Sebastians Lügen zu glauben. Sie lehnte das für sie völlig inakzeptable »Angebot« ab. Der Ausgang des Verfahrens gegen Simone war somit völlig offen. Es stand Aussage gegen Aussage.

Paradoxerweise sollte Simone noch vor ihrem eigenen Verfahren als Angeklagte eine gerichtliche Ladung des örtlich für die Justizvollzugsanstalt zuständigen Amtsgerichts erhalten: Als Zeugin in einem Strafverfahren gegen Sebastian. Denn merkwürdigerweise hatte die Staatsanwaltschaft auch Sebastian den Prozess gemacht, wegen versuchter Nötigung in Hinblick auf das von Simone zu beschaffende Handy. Diesen Teil von Simones Aussage glaubte die Staatsanwaltschaft nämlich – auch wenn Sebastian erwartungsgemäß alles leugnete.

Warum man Simone nun ausgerechnet die Sache mit dem Handy glaubte, die Vergewaltigungen aber nicht, war nicht wirklich nachvollziehbar und auch kaum zu begründen. Nicht nur ging es hier um die Frage der grundsätzlichen Glaubwürdigkeit von Simone und Sebastian, die beiden Fälle waren auch untrennbar miteinander verbunden: Denn die von Simone geschilderte letzte Vergewaltigung geschah ja im unmittelbaren örtlichen und zeitlichen Zusammenhang mit Sebastians Versuch, Simone ein Handy abzunötigen.

Strafjuristen bezeichnen diese Konstellation als eine einheitliche »prozessuale Tat«: Als Folge dessen darf eine solche aber auch nur einheitlich entschieden werden – würde Sebastian also »nur« wegen der versuchten Nötigung verurteilt, so könnte er später nicht mehr wegen der zugleich begangenen Vergewaltigung verfolgt werden – selbst wenn das Landgericht Simone glauben und sie freisprechen würde.

Damit war diese eigentlich unbedeutende kleine Anklage beim Amtsgericht die perfekte Gelegenheit, um Sebastian mit seinen eigenen Waffen zu schlagen: Auch Simone musste – wie Sebastian in ihrem Prozess – nun als sogenannte Nebenklägerin zugelassen werden. Immerhin behauptete sie ja neben Sebastians versuchter Nötigung des Handys wegen, von Sebastian vergewaltigt worden zu sein. Die Vergewaltigung war beim Amtsgericht zwar gar nicht angeklagt, wohl aber dieselbe »prozessuale Tat«: Denn nur weil die Staatsanwaltschaft Simones Vergewaltigungsvorwürfe nicht glaubte, musste das ja nicht zwangsläufig auch für den Amtsrichter gelten. Dieser konnte ja vor Simones Aussage noch gar nicht wissen, wem der beiden Beteiligten er am Ende was glauben würde – und Simone konnte zu der versuchten Nötigung wegen des Handys als Zeugin nicht im Zusammenhang aussagen, ohne zugleich damit auch die Vergewaltigung zu schildern.

Was nun folgte, war ein juristischer Machtkampf, mit dessen Details man ein eigenes Buch füllen könnte; im Ergebnis musste sich die Staatsanwaltschaft aber geschlagen geben. Das für diese Frage zuständige Oberlandesgericht entschied, dass Simone nach Aktenlage neben der versuchten Nötigung durchaus auch Opfer der behaupteten Vergewaltigungen sein könnte, eine andere Einschätzung könne ohne vorausgegangene Gerichtsverhandlung nicht blindlings unterstellt werden.

Dies wiederum führte dazu, dass Sebastian in dem Verfahren gegen Simone plötzlich umfassend von seinem Recht, die Aussage zu verweigern, Gebrauch machte. Denn nun war immerhin die Möglichkeit gegeben, dass man Simone auch die Vergewaltigungsvorwürfe glauben würde. Und der Vorwurf mehrfacher brutaler Vergewaltigung ist dann doch etwas anderes als der Versuch, sich ein Handy zu »erschleichen«.

Aufgrund von Sebastians Schweigen blieb der Justiz am Ende gar nichts anderes übrig, als sowohl Simone als auch Sebastian freizusprechen. Ohne die Aussage des vermeintlich »Geschädigten« Sebastian fehlte dem Gericht jegliche Möglichkeit, anhand seiner Aussage zu überprüfen, ob er die Wahrheit sagte. Und auch Simone verweigerte jede weitere Aussage: Ihr fehlte mittlerweile schlicht die Kraft dazu, und anders als Zeugen haben Angeklagte das Recht, umfassend zu schweigen.

Gleichwohl ließ es sich das Gericht nicht nehmen, recht ausführlich darzulegen, dass es Simones behauptete Vergewaltigungserlebnisse für lebensfremd erachtete und lediglich in dubio pro reo, also im Zweifel für den Angeklagten, freigesprochen hatte.

Nach ihrem Gerichtsverfahren begab sich Simone in eine Spezialklinik, wo bei ihr eine schwere depressive Episode sowie eine posttraumatische Belastungsstörung festgestellt wurden. Simone kehrte trotz ihres Freispruchs nie wieder in ihren Job zurück.

#KEINEKONSEQUENZENFUERLUKE

September 2021.

Luke Mockridge war zu diesem Zeitpunkt auf dem Höhepunkt seiner Karriere: Comedypreis, Bambi, Deutscher Fernseh- und Grimme-Preis, Moderator beliebter Samstagabendshows, große Tourneen: Aber das Leben des beliebten Komikers würde nie mehr so sein, wie es einmal war.

Im September 2021 machte das Nachrichtenmagazin *Der SPIEGEL* mit dem einleitenden Satz »Alles begann mit einem Podcast« einen Vergewaltigungsvorwurf gegen Mockridge einer breiten Öffentlichkeit bekannt, der zuvor vereits in den sozialen Medien kursierte und Mockridge veranlasst hatte, öffentlich seinen vorläufigen Rückzug von der Bühne zu erklären. Der Artikel bezog sich auf eine Podcastfolge der bekannten Comedienne und Podcasterin Ines Anioli mit dem Titel »Woran erkenne ich eine toxische Beziehung?« vom April 2019.

Zum Zeitpunkt der Podcast-Aufnahme war Frau Anioli gerade seit elf Tagen von Luke Mockridge getrennt, und auch wenn dieser in dem Podcast namentlich nicht genannt wurde, so ging es doch um ihn und maßgeblich um eine Nacht im März 2019.

Vier Monate später zeigte Frau Anioli ihren Ex-Partner bei der Staatsanwaltschaft an, die Tatvorwürfe: Körperverletzung, sexueller Übergriff, Vergewaltigung.

Ein von der Staatsanwaltschaft daraufhin eingeleitetes Strafverfahren gegen Mockridge wurde nach umfangreichen Ermittlungen eingestellt und von der Generalstaatsanwaltschaft bestätigt. Das war Ende 2020. Zum Zeitpunkt des Erscheinens des *SPIEGEL*-Artikels war seit der endgültigen Einstellung des Strafverfahrens gegen Luke Mockridge also schon fast ein Jahr vergangen.

Unter dem Titel »Die Akte Mockridge« versprach der *SPIEGEL* »bisher unbekannte Details zu Vergewaltigungsvorwürfen«:

»Für das, was in der Nacht in der Wohnung von Luke Mockridge geschah, gibt es weder Zeugen noch Videoaufnahmen. Aber: Ermittlungsakten geben Hinweise. Denn es existieren Chats zwischen Anioli und Mockridge vom Tag nach jener Nacht, Protokolle von Vernehmungen …«

Bei der Lektüre kann auch der neutrale Leser den Eindruck gewinnen, dass der *SPIEGEL* die Einstellung des Verfahrens gegen Mockridge für eine Fehlentscheidung hielt. Der Artikel – so wurde es auch im Nachgang stets betont – beruhe auf einer äußerst sorgfältigen Recherche und Abwägung sämtlicher gewonnener Erkenntnisse, einschließlich der gesamten strafrechtlichen Ermittlungsakte und Gesprächen mit mindestens zehn weiteren Frauen.

Die Einstellung des Strafverfahrens und die aus Sicht der *SPIEGEL*-Journalistinnen maßgeblichen Gründe dafür vermitteln das Bild des mutmaßlichen Täters Mockridge, der aufgrund (zu?) strenger juristischer Maßstäbe strafrechtlich gerade so noch einmal davongekommen ist: Zusammenfassend habe die Staatsanwaltschaft trotz Detailreichtums, innerer Stimmigkeit und logischer Folgerichtigkeit der Aussage Aniolis das Verfahren wegen Unstimmigkeiten eingestellt, etwa weil Anioli in ihrer Zeugenvernehmung nicht von sich aus erzählt habe, dass sie beim Kitzeln habe lachen müssen oder dass zwischen Tat und Anzeige vier Monate verstrichen seien und sie in den Wochen nach der Nacht mit Mockridge wieder über »beabsichtigte Zärtlichkeiten« kommunizierte. Auch dass »ein Hinwegsetzen über das vereinbarte Codewort« bereits in der Vergangenheit vorgekommen sei und es trotz »sexueller Blockaden« Aniolis einvernehmlichen Sex gegeben habe, sei laut Staatsanwaltschaft zu berücksichtigen gewesen. Außerdem habe die Staatsanwaltschaft ein Suggestionspotenzial gesehen, also die Möglichkeit, dass Freundinnen Anioli beeinflusst haben könnten.

»Ich habe damals den Glauben an die Menschheit verloren«, wird Anioli im besagten *SPIEGEL*-Artikel zitiert. Sie habe gegen die Einstellung des Verfahrens Beschwerde eingelegt, jedoch ohne Erfolg. Ende Juni 2020 sei sie am Ende des juristischen Weges angelangt.

Der *SPIEGEL* berichtet, dass sowohl die Recherchen als auch die Aussagen anderer Frauen das Bild eines Mannes zeichnen, »der sich nicht im Griff hat«. Der Artikel sieht die anekdotenhaften Schilderungen, zum Beispiel geschmackloser Anmache in der Disco, quasi als Beleg dafür, dass die strafrechtlichen Vorwürfe gegen Mockridge eben doch begründet waren. Im Text herrscht ein unausgesprochener kategorischer Imperativ, Empathie mit der Geschädigten Anioli zu empfinden, die von der Strafjustiz trotz all ihrer Bemühungen, an ihr Recht zu kommen, im Stich gelassen wurde.

Der zuvor schon schwelende Fall nahm mit dem *SPIEGEL*-Bericht noch einmal zusätzliche Fahrt auf. Viele Menschen zeigten ihre Solidarität gegenüber Anioli, teils durch Loyalitätsbekundungen. Und auch die schon zuvor in den sozialen Medien trendende Forderung nach #KonsequenzenFuerLuke bekam noch einmal weitere Dynamik. Bei der Verleihung des deutschen Comedy-Preises, nicht einmal eine Woche nach Erscheinen des Artikels, erschien ein bekanntes Komikerehepaar mit doppelseitig bedruckten Mottoshirts: »Konsequenzen für Comedian XY« stand auf der Vorderseite, gemeint war natürlich Luke Mockridge. Die Rückseite war mit dem Satz »Künstler ohne Rückgrat sind Künstler ohne Geschmack« versehen. Einige Tage später beklagte sich das in der Presse zitierte Paar, dass sich auf der Veranstaltung nicht mehr Künstler »gegen sexuelle Gewalt« positioniert hätten – gleichwohl auf ihren T-Shirts ja nicht mal ein Name stand.

Doch es sollte auch weiterhin eine Welle deutlich expliziterer »Solidaritätsbekundungen« geben. Mockridge wurde in den sozialen Medien systematisch und flächendeckend mit Schimpfwörtern wie »widerwärtig«, »ekelhaftes Schwein«, »Arschloch«, »Stück Scheiße« und vergleichbaren derben Kraftausdrücken bedacht – nicht selten von Menschen, die sich sonst als Vorkämpfer sprachlicher Sensibilität verstehen. Aufgrund des vermeintlichen Gewichts der Vorwürfe gegen Mockridge riefen »Aktivisten« zum Boykott seiner anstehenden Liveauftritte auf – welcher anständige Mensch lacht schließlich über die Witze eines nur aufgrund eines Justizirrtums nicht verurteilten Vergewaltigers?

Nur hin und wieder war auch zu lesen, dass doch niemand dabei gewesen sei und man daher den Fall auch nicht wirklich beurteilen könne. Schließlich stand es Aussage gegen Aussage, und die Staatsanwaltschaft hatte das Verfahren doch eingestellt?

Anders als in den Kapiteln zuvor habe ich mit dem Fall Mockridge nichts zu tun. Ich kenne Luke Mockridge nicht. Ich bin ihm auch bisher nie begegnet. Er war nie Mandant meiner Kanzlei. Doch das Medienecho auf den besagten *SPIEGEL*-Artikel und das anschließende »Twitter-Gericht« waren nicht zu übersehen.

Wie viele andere auch stellte ich mir die Frage, warum die Staatsanwaltschaft eigentlich keine Anklage gegen Luke Mockridge erhoben hatte. Denn eines weiß zumindest jeder Strafjurist sehr gut: Strafverfahren wegen des Vorwurfes eines

Sexualdelikts stellen die Staatsanwaltschaften alles andere als leichtfertig oder vorschnell ein. Im Gegenteil wird mittlerweile selbst bei ernstlichen Zweifeln an der Schuld des Tatverdächtigen dennoch regelmäßig Anklage erhoben. Schließlich können zweifelhafte Tatfragen am besten in einem Gerichtsprozess geklärt werden, so zumindest das derzeitige Credo in der ober- und höchstrichterlichen Rechtsprechung. Entsprechend darf die Staatsanwaltschaft auch bei einem nicht eindeutigen Beweisergebnis, insbesondere bei sich widersprechenden Aussagen, nur eine vorsichtige Prognose über den weiteren Verlauf des Verfahrens abgeben – die Aufklärung von möglichen Widersprüchen und Zweifeln soll gerade bei »Aussage gegen Aussage« der gerichtlichen Hauptverhandlung überlassen bleiben. Der Grundsatz »In dubio pro reo« – »im Zweifel für den Angeklagten« gilt für die Frage der Anklageerhebung durch die Staatsanwaltschaft gerade nicht. Anders gesagt: Sofern eine »nicht geringe Möglichkeit« für eine strafrechtliche Verurteilung besteht, muss die Staatsanwaltschaft Anklage erheben, selbst wenn sie bei Abschluss der Ermittlungen von dem angeklagten Sachverhalt nicht überzeugt und die Beweislage objektiv offen ist.

Damit gilt für die Anklageerhebung ein deutlich strengerer Maßstab als für das anschließende Gerichtsverfahren, in dem sich Zweifel zugunsten des Angeklagten auswirken. Vielfach wird in diesem Zusammenhang beim staatsanwaltschaftlichen Ermittlungsverfahren daher auch von »in dubio pro duriore« gesprochen: »im Zweifel für das Härtere«. Gerade wenn sich Staatsanwälte unsicher sind, klagen sie lieber an, sie müssen das sogar.

Das alles gilt logischerweise umso mehr im Falle einer Beschwerde gegen eine Verfahrenseinstellung – häufig wird dann nach Prüfung durch die Generalstaatsanwaltschaft die Wiederaufnahme der Ermittlungen oder auch gleich die Anklageerhebung veranlasst, weil der Sachverhalt eben oft offen genug ist, dass ein Gerichtsverfahren Aufklärung verspricht.

Die im *SPIEGEL*-Artikel wiedergegebenen Gründe für die Verfahrenseinstellung überzeugten mich überhaupt nicht, gerade auch weil die Staatsanwaltschaft in ihren Entscheidungsgründen zitiert wird, bei Aniolis Aussage seien »Detailreichtum, innere Stimmigkeit und logische Folgerichtigkeit hinreichend gegeben«.

In solchen Konstellationen ist die Rechtsprechung schließlich sehr klar: Auch wenn Aussage gegen Aussage steht, muss bei einer im Kern glaubhaften Aussage des mutmaßlichen Opfers Anklage erhoben werden – denn nur in einem Gerichtsverfahren kann sich dann die Justiz ein persönliches Bild von dem Angeklagten, der mutmaßlichen Geschädigten und der Glaubhaftigkeit der jeweiligen widerstreitenden Aussagen machen.

An einer im Kern glaubhaften Aussage ändern dann für die Frage der Anklageerhebung auch kleinere »Unstimmigkeiten« in der Aussage nichts. Ganz im Gegenteil: Eine gänzlich widerspruchsfreie Aussage wäre eher ein Alarmzeichen dafür, dass etwas nicht stimmt. Wer kann sich schließlich über Tage, Wochen und Monate hinweg zu 100 Prozent detailgetreu an vergangene Erlebnisse erinnern, Erlebnisse, die oft auch nur sehr kurze Zeit angedauert haben?

Den Anzeigezeitpunkt »erst vier Monate nach der Tat« als weiteren Grund für die Einstellung des Strafverfahrens anzuführen, machte mich erst recht stutzig. Gerade bei Sexualdelikten in Beziehungen ist eine sofortige Strafanzeige durch das Opfer eher untypisch. Vier Monate sind in den Maßstäben des Sexualstrafrechts keine lange Zeit, andernfalls gäbe es wohl kaum Verjährungszeiträume von bis zu fünfzig Jahren, während derer mutmaßliche schwere Sexualstraftaten noch zur Anzeige gebracht und verfolgt werden können.

Mit anderen Worten: Eine Einstellung am Schreibtisch der Staatsanwaltschaft kann bei Sexualdelikten nur erfolgen, sofern gewichtige Gründe eine Verurteilung des Beschuldigten objektiv sehr unwahrscheinlich erscheinen lassen. Ist die Beweislage offen, so muss Anklage erhoben werden.

Gab es also derartige gewichtige Gründe, die klar gegen eine Anklage sprachen, oder handelte es sich im Fall Mockridge um einen folgenschweren Justizirrtum? Ein Justizirrtum, der sich aber dann, nach der im *SPIEGEL*-Artikel beschriebenen Ausschöpfung des juristischen Weges, durch drei verschiedene Verfahren durchgezogen haben müsste: Bei der Einstellungsentscheidung der zuständigen Staatsanwältin, dem Beschwerdeverfahren gegen diese Verfahrenseinstellung bei der Generalstaatsanwaltschaft und im sogenannten Klageerzwingungsverfahren beim Oberlandesgericht – in jedem dieser Verfahren wird von neutraler Stelle geprüft, ob der Beschuldigte der mutmaßlich begangenen Straftat hinreichend verdächtig ist und eben doch angeklagt werden muss.

Der *SPIEGEL* hatte eigenen Angaben zufolge die Verfahrensakten ausgewertet und positionierte sich im weiteren Verlauf der postmedialen Auseinandersetzung sehr deutlich: Die Ermittlungen hätten die im Raum stehenden Vorwürfe »keinesfalls entkräftet«, es sei angesichts der Umstände des Falles »sicher möglich und zulässig«, die Einstellung des Verfahrens durch die Staatsanwaltschaft infrage zu stellen.

Wie lag der Fall nun? War es ein Justizirrtum oder nicht? Ohne genaue Kenntnis der Ermittlungsakte im Umfang von mehr als 300 Seiten sowie mehrerer Sonderbände kann man zu den Gründen einer rechtmäßigen oder möglicherweise unrechtmäßigen Verfahrenseinstellung der angezeigten Tatvorwürfe nichts sagen. Oder wie es ein Twitter-User im Zuge der heftigen Diskussion zur Causa Mockridge formulierte:

»Hatte hier mal versucht herauszufinden, auf welchem Sachverhalt eigentlich die Vorwürfe gegen @lukemockridge aufbauen, aus denen heraus #KonsequenzenFuerLuke gefordert werden. Viel war da nicht zu finden. Gibt es da inzwischen mehr?«

Fakt ist, sowohl Ines Anioli als auch Luke Mockridge haben sich in dem Strafverfahren von Topstrafrechtskanzleien mit ausgezeichnetem Ruf vertreten lassen. Frau Anioli hatte ihre Anzeige schriftlich über eine promovierte Fachanwältin für Strafrecht mit langjähriger Berufserfahrung erstattet, kein unwichtiger Punkt: Denn damit ist es sehr unwahrscheinlich, dass die Verfahrenseinstellung der Staatsanwaltschaft auf anwaltlichen »Anfängerfehlern« bei der Opfervertretung beruht; ich gehe davon aus, dass die Anwältin von Ines Anioli sehr genau um die Konsequenzen bestimmter Weichenstellung im weiteren Verlauf der Ermittlungen wusste und ihre Mandantin gründlich darüber aufgeklärt hat.

Denn an dieser Stelle sei schon mal erwähnt, dass Ines Anioli mitnichten alle juristischen Mittel ausgeschöpft hatte – wie in dem Artikel zu lesen war –, sondern bei den entscheidenden Weichenstellungen für mich nicht nachvollziehbare Entscheidungen getroffen hat, welche die spätere Einstellung des Verfahrens nahezu unausweichlich machten.

Bevor es aber um die juristische Bewertung des Falls geht, sollte – dem nachvollziehbaren Wunsch des unbekannten Twitter-Users folgend – zuerst einmal der Sachverhalt klar sein, über den die Staatsanwaltschaft zu entscheiden hatte.

Anioli und Mockridge waren nach einer Trennung im November 2018 seit Februar 2019 wieder ein Paar. Am 18. März 2019 besuchten die beiden den 41. Geburtstag einer Freundin, mit der Anioli am nächsten Morgen in den Urlaub fliegen wollte. Sie übernachtete dennoch bei Mockridge, Aniolis Stimmung war nicht gut. Als er sie in seinem Bett küssen und sich ihr körperlich annähern wollte, wies sie ihn zurück. Im Anschluss redeten sie lange und ausführlich über die zurückliegende Trennungsphase.

Laut Aniolis Schilderung des weiteren Geschehens in ihrer Strafanzeige lagen beide auf dem Rücken, teilweise kam es zu

Gesprächspausen. Irgendwann soll Mockridge sich über sie gebeugt und versucht haben, sie zu küssen und anzufassen. Sie habe ihren Kopf weggedreht und sinngemäß gesagt, dass sie in dieser Nacht keinen Sex mit ihm haben wolle, weil sie ihn für sein Verhalten in der Vergangenheit gerade »hasse« und nicht wüsste, wie sie über ihre negativen Gefühle hinwegkommen solle.

Kurz darauf habe er sie plötzlich mit beiden Armen jeweils an ihren Oberarmen gepackt, fest in die Matratze gedrückt, sie dann an ihren Armen hochgezogen und heftig geschüttelt. Dann fing er laut ihrer Aussage an, sie wild im Bett herumzuwirbeln und zu schleudern.

Anioli war laut Strafanzeige nicht in der Lage, sich zu wehren, da sie so müde war. Sie habe aber gerufen, dass sie das nicht wolle und er aufhören solle. »*Er ignorierte es*«, heißt es weiter in der Strafanzeige. »*Schon während dieser Aktion taten ihr die Oberarme weh. Herr Mockridge hatte die Anzeigeerstatterin sehr fest im Griff, er tat ihr weh. Sie verspürte Schmerzen am Rücken und an den Armen, wiederholt rief sie, dass sie das nicht wolle, dass es wehtue, worauf Herr Mockridge entgegnete, da müsse sie jetzt durch, weil er ›das Negative aus ihr rausholen‹ wolle.*«

Zehn bis fünfzehn Minuten soll das Schleudern nach der Erinnerung Aniolis gedauert haben. Zwischendurch habe er auch damit aufgehört und sie gekitzelt. »*Die Anzeigeerstatterin sagte mehrfach das zwischen ihr und Herrn Mockridge bereits früher verwendete Codewort ›Honig‹, das sie vereinbart hatten, um den anderen aufzufordern, das Kitzeln zu stoppen, und das beide auch schon mal verwendet hatten, wenn sie über etwas geredet haben und einer nicht mehr weiter darüber reden wollte. Der Angezeigte antwortete, das Codewort würde jetzt nicht gelten. Die Anzeigeerstatterin sagte es trotzdem mehrmals.*«

Daraufhin habe er sie wieder »*herumgewirbelt*« und »*durch das ganze Bett geschleudert*«. Irgendwann habe sie schließlich quer in der Mitte des Bettes gelegen und sich »*aus seinen Zwängen*« retten können und das Bett verlassen.

Mockridge sei aber direkt aufgestanden, habe sie wieder an den Oberarmen gepackt und sie erneut herumgewirbelt. »*Sie war kurz davor zu weinen, weil sie so verzweifelt war und nicht wusste, wie sie ihn stoppen könnte, verkniff sich das aber, weil der Angezeigte ihr gegenüber dies in der Vergangenheit schon häufig als ›manipulative Handlung von Frauen‹ bezeichnet hatte.*«

Sie habe nicht geweint, aber ihn angebettelt, damit aufzuhören – sie könne das nicht mehr aushalten. Dabei habe er sie immer noch fest im Griff gehabt und darauf wörtlich geantwortet: »*Boah, das macht mich gerade mega an.*«

Nach Aniolis Beschreibung standen sich die beiden in dieser Situation sehr nah gegenüber, einander zugewandt, direkt neben dem Bett. »*Dann drückte er vor ihr stehend wortlos den Oberkörper der Anzeigeerstatterin seitlich runter auf den unteren Bereich der Matratze, ihre Füße standen weiter auf dem Boden, und zog ihr mit beiden Händen die Unterhose runter. Dann fing er an, sie mit seinen Fingern zu penetrieren, und leckte sodann mit seiner Zunge an ihrer Vagina. Er zog seine Unterhose runter.*«

Ihrer Aussage nach lag Anioli auf dem Bett und war körperlich und seelisch völlig erschöpft. Er habe seinen Penis gegen ihre Vagina gerieben, dann aber aufgehört. Er sei zurückgetreten und habe gesagt: »*Boah, ich wollte dich jetzt echt vergewaltigen, weil du nicht mit mir schlafen wolltest, und das hat mich so geil gemacht, aber ich hab noch die Kurve gekriegt.*«

Daraufhin sei er auf die andere Seite des Bettes gegangen und sie habe sich sofort ihre Unterhose wieder hochgezogen.

Mockridge dagegen schilderte die Situation so:

»*Als wir bei mir ankamen, fühlte es sich vertraut an. Wir waren zwar noch nicht wieder ein richtiges Paar, aber verhielten uns so. Sie machte wie immer ihren großen Koffer auf, putzte sich die Zähne, und wir machten uns bettfertig. Es war wie zuvor in unserer Beziehung. Ich hatte das Gefühl, Ines störte, dass es mir zu einfach ge-*

macht worden war, und sie wurde immer stiller. Wir lagen nebeneinander im Bett und unterhielten uns. Ich versuchte, sie zu streicheln und ihr kleine Küsse zu geben. Wir nannten das immer ›kleine Kussis‹, und das war etwas, was sie süß fand. Doch sie war abweisend. Wir hatten uns bei unserer ›Wiederzusammenführung‹ immer unter ›besonderen‹ Bedingungen getroffen. Zum Klären, Reden und um dafür zu kämpfen, wieder ein Paar zu werden. Jetzt wirkte es so, als hätten wir künstlich ein paar Stufen übersprungen, und etwas passte nicht. Ines sagte mir, dass sie mich hasse für das, was ich ihr angetan hatte. Sie war wirklich traurig, und ich konnte vernehmen, dass sie viele Gedanken auf einmal hatte. Es gab immer wieder Pausen, in denen ich überlegte, was man tun könnte. Sie wirkte komplett ›ausgeschaltet‹ und starrte apart an die Decke.

Ich wollte sie ablenken und entschied mich, sie zu kitzeln. Sie ist extrem kitzelig, und wir hatten damit immer Spaß. Sie begann sehr stark zu lachen, und ich alberte rum. Als sie kaum noch an sich halten konnte, bat sie mich, auch indem sie das Wort ›Honig‹ verwendete, dass ich aufhören solle. Da sie aber so sehr lachte, wollte ich gern weitermachen und sagte: ›Honig zählt heute nicht.‹ Ich freute mich so sehr darüber, sie so zu sehen, und alles schien gut. Wir tollten, wie früher, im Bett herum, und ich sagte ihr, dass all die negativen Gedanken jetzt aus ihrem Kopf, Körper und diesem Zimmer fliegen. Dabei habe ich sie fest umarmt und von links nach rechts bewegt. Als ich merkte, dass ihr das zu viel war, ließ ich sie los. Sie sagte, ich solle aufhören, und lächelte dabei. Wir standen nun neben dem Bett. Wir sahen uns an. Wir hatten solche Momente in unserer Beziehung häufig. Momente, bei denen wir übereinander herfielen, nachdem wir kurz diesen besonderen Blick ausgetauscht hatten. Ich empfand diesen Moment so, dass sie ihre Trauer überwunden hatte und es mir gelungen war, sie wieder ›einzuschalten‹, das heißt, sie aus der Trauer herauszuholen.

Ich ging davon aus, dass sie nun bereit war, mit mir Sex zu haben. In solchen Momenten bin ich männlich, dominant, ich packte ihre Arme und drückte sie aufs Bett. Wir küssten uns intensiv, ich drehte sie um, legte sie mit dem Bauch auf das Bett und zog ihr die Hose runter. Ich zog auch meine Hose aus. Ich wollte nicht direkt in sie eindringen, sondern etwas tun, was sie gern hat. Ich leckte kurz ihre Scheide. Dann bemerkte ich, dass sie völlig passiv blieb und nicht reagierte. Ich fragte mich, ob ich mich geirrt hätte, und hörte sofort auf. Halb fragend sagte ich, ›das fühlte sich gerade an, als ob ich dich fast vergewaltigt hätte‹. Sie sagte so etwas wie, ›ich hab es nur über mich ergehen lassen‹, was ich als schockierend empfand, weil ich merkte, dass sie nicht mit dem Herzen dabei war. Ich habe deshalb jeden weiteren Versuch, sie noch zur Sexualität zu bewegen, unterlassen.

Sie zog sich an und legte sich zurück ins Bett. Ich lag neben ihr, und wir sprachen darüber. Ich wurde sehr traurig, da sie traurig war, und es schien mir, als ob unsere Beziehung noch sehr viel Arbeit vor sich hatte und es ein langer Weg sein würde, damit es wieder so wird, wie es mal war. Ich war sehr überfordert und traurig.«

Wer von den beiden sagt die Wahrheit? Sie erzählt es so, er erzählt es anders. Oder, wie es der *SPIEGEL* formulierte: *»In den Schilderungen darüber, was danach passierte, gibt es Abweichungen, die den Unterschied machen zwischen einem empathielosen Annäherungsversuch mit Missverständnissen – und Körperverletzung und Vergewaltigung.«*

Warum aber dann nicht ein Gericht entscheiden lassen? Nun, die Beweisstandards in einer »Aussage gegen Aussage«-Konstellation sind komplex. Hierzu sind zahlreiche Bücher geschrieben worden, auch von mir. Stark zusammengefasst sagt die Rechtsprechung hierzu Folgendes: Die Angaben eines mutmaßlichen Opfers haben nicht allein deshalb höheres Gewicht, weil man behauptet, Opfer einer Straftat zu sein. Um der einzigen Belastungsaussage mehr Glauben zu schenken als der bestreitenden Aussage des Tatverdächtigen muss die Aussage des mutmaßlichen Opfers deshalb derartig hochwertig und plausibel sein, dass allein auf ihr eine zweifelsfreie Überführung des Beschuldigten möglich erscheint – gerade auch in Gesamtschau mit allen sonstigen zur Verfügung stehenden Indizien.

Bei der Würdigung der gegenüberzustellenden Aussagen ist naturgemäß die Schilderung des wesentlichen Tatablaufs, des sogenannten »Kerngeschehens«, von zentraler Bedeutung – aber auch die gesamte Aussage muss auf Detailliertheit, Widerspruchsfreiheit, Aussagekonstanz, mögliche Falschbelastungsmotive und mögliche Erinnerungsverfälschungen hin bewertet werden. Und hierbei schnitt die Aussage von Frau Anioli gleich aus zahlreichen Gründen schlecht ab.

Das beginnt schon mit den ermittelten Geschehnissen im Zeitraum nach der vermeintlichen Tat am 18. 03. 2019. Denn in ihrer Strafanzeige vom 10. Juli 2019 schildert Aniolis Anwältin den weiteren Verlauf der Beziehung zu Luke Mockridge nach der mutmaßlichen Tat wie folgt:

»Die Anzeigeerstatterin wollte zunächst auch nach der Nacht am 18. 03. 2019 in Köln weiter mit Herrn Mockridge zusammenbleiben. Es kam zu weiteren wenigen Treffen mit dem Angezeigten. Die Anzeigeerstatterin sprach ihn auf sein gewalttätiges Verhalten an. Er entschuldigte sich und sagte, dass er sich bemühen möchte, dass diese Beziehung klappt. Die Anzeigeerstatterin konnte ihm das nicht mehr glauben. Sie hatte keine Hoffnung mehr, dass der Angezeigte sich in Zukunft nicht mehr gewalttätig, wütend und übergriffig verhalten werde. (...) Die Anzeigeerstatterin spürte, dass sie sich nicht mehr auf ihn einlassen kann. Es wurde ihr immer klarer, welches Ausmaß diese Übergriffe in der Tatnacht hatten und dass dieses Verhalten nicht tolerierbar ist. Am 30. 03. 2019 erfuhr die Anzeigeerstatterin zudem, dass der Angezeigte wieder versucht hatte, eine andere Frau zu überreden, mit ihm eine Nacht zu verbringen. Das war schließlich der Auslöser dafür, dass die Anzeigeerstatterin sich noch am gleichen Tage von ihm trennte.«

In ihrer knapp vierstündigen Zeugenvernehmung bei der Kriminalpolizei am 30. September 2019 schilderte Frau Anioli keine weiteren Details zu diesem Zeitraum. Dabei hatte sie jede einzelne Seite des ausgedruckten Vernehmungsprotokolls im Anschluss abgezeichnet und teils noch handschriftliche Verbesserungen auch kleinerer Details veranlasst.

Luke Mockridge schilderte der Staatsanwaltschaft den Zeitraum nach dem 18.03.2019 bis zur Trennung am 30.03.2019 indes so:

»Ich hatte mit meiner Agentur einen Termin im Phantasialand, welches ich für meinen Geburtstag buchen wollte. Im Laufe der nächsten beiden Tage ging es Ines sehr schlecht. Sie bekam Fieber, kotzte und hatte Gliederschmerzen. Sie betonte auch, dass ihr Rücken meinetwegen wehtat, was mir sehr leidtat. Bezogen auf den WhatsApp-Text dazu kann ich sagen, dass Ines, wenn es ihr schlecht ging, gern in eine Art Kindersprache verfiel. Dazu gehörte auch das Wort ›Auatsch‹, das sie nicht etwa für arge Schmerzen verwendete, sondern allgemein für ›Wehwehchen‹ einsetzte. Ich sprach mit Charlotte und fragte, ob ich was tun könnte. Ich bot an, sie abzuholen oder per Privatjet einzufliegen. Sie fühlte sich dann wieder besser, und die beiden hatten eine gute Zeit in den Bergen und riefen mich zu meinem Geburtstag (21.03.) um 0:00 Uhr gemeinsam an, um mir ausgiebig zu gratulieren und um mir ein Ständchen zu singen. Die beiden kamen wieder, und ich lud Ines ins Disneyland nach Paris ein. Ines schenkte mir zum Geburtstag eine Jeansjacke, eine Karte und eine Tasse. Ich freute mich sehr über die Geschenke. Sie übernachtete vom 23.03. auf den 24.03. bei mir in Köln, wo wir zweimal miteinander schliefen. Wir fuhren dann früh mit dem Thalys ins Disneyland nach Paris und frühstückten voller Vorfreude im 1.-Klasse-Waggon und verschickten viele Bilder an unsere Freunde. Es war Tradition in meiner Familie, zum 6. Geburtstag mit den Eltern allein ins Disneyland zu fahren, und ich wollte zu meinem 30. Geburtstag diese Tradition mit Ines fortsetzen, was sie sehr

freute. Wir kauften Mickey-Mouse-Ohren, und da ich einen extra ›Fast-Pass‹ gekauft hatte, mussten wir nicht anstehen und konnten sehr viel Achterbahn fahren.

Wir waren sehr verliebt. Wir schliefen miteinander im Hotel, aber sprachen auch über unsere Beziehung und wie man nun weitermachen könne. Nach zwei schönen Tagen verpassten wir absichtlich unseren Zug, da wir noch mal mit unserer Lieblings-Achterbahn fahren wollten. Ich lieh uns ein Auto und fuhr uns nach Hause, und sie war der Radio-DJ. Wir redeten, sangen Lieder mit und kamen müde, aber glücklich bei mir zu Hause an. Ines fuhr am nächsten Tag dann auf Tour. (...)« – Es folgt die Schilderung des Flirts mit einer Künstlerin, welcher im Ergebnis nach übereinstimmender Schilderung beider Parteien Auslöser der Trennung am 30.03.2019 werden sollte. Danach fährt Mockridge wie folgt fort:

»Ines hatte am 29.03. ihren letzten Tourstop in Köln. Sie übernachtete vom 28.03. bis 29.03. bei mir, und nachdem wir am Morgen miteinander geschlafen hatten, erzählte sie mir, wie nervös sie sei, dass ich heute Abend kommen und ihren Comedy-Auftritt sehen würde. Ich freute mich und legte alle Termine so, dass ich es pünktlich schaffen konnte. Ich kam zum Auftritt und begrüßte Luisa. Sie machte Ines' Merch-Stand, was ich sehr süß fand. Ihre Freundin Giulie machte das Tourmanagement. Charlotte stand neben mir, und wir schauten uns den Abend gemeinsam an. Sie hatte Wasser mitreingeschmuggelt und gab mir konspirativ augenzwinkernd eins ab. Nach der Veranstaltung war ich sehr stolz auf Ines und hatte Tränen in den Augen. Wir tranken alle auf Ines (...) und gingen noch eine Pizza essen. Wir machten Musik an und tanzten in der Pizzeria. Wir gingen dann noch weiter in einen Club, tranken und tanzten. Wir feierten sehr ausgelassen. Ines beschloss dann wieder, bei mir zu schlafen. Wir nahmen ein Taxi und holten noch Blumen aus einem Hotel ab, welche dort für sie abgegeben worden waren. Wir gingen zu mir und waren überglücklich. (...)

Es folgt die Schilderung zweier weiterer einvernehmlicher Sexualkontakte im Rahmen dieser gemeinsamen Übernachtung.

Am nächsten Morgen (...) ging ich zur nächsten Aufzeichnung von ›Luke! Die Schule und ich!‹. Ich sprach mit meiner Agentin über meinen neuen/alten Beziehungsstatus und war glücklich. Um ca. 16:00 Uhr, mitten in meiner Probe, klingelte mein Handy, und Ines war dran. Das Erste, was sie sagte, war: ›Willst du mich komplett verarschen?‹ Ich ahnte sofort, worum es ging (...)« – Ines Anioli hatte von dem Flirt mit der anderen Frau erfahren.

»Wir beendeten völlig unklar das Gespräch. Die Beziehung war offiziell nicht beendet. Ich moderierte meine Sendung und kam spät, um circa 23:00 Uhr, nach Hause. Mein Nachbar hatte mir vorher eine SMS geschickt, dass es in meiner Wohnung nach Gas roch. Ich konnte meine Tür kaum öffnen, da alles voll mit Glasscherben war. Ines hatte noch einen Schlüssel und hatte – wie ich annehme – meine komplette Wohnung verwüstet. Es waren Dutzende Weingläser, Teller und Becher durch die Wohnung geflogen. Mutmaßlich zerstörte sie Kunstbilder an der Wand, zerschnitt Kinderfotos von mir. Schnitt mir auf anderen Bildern den Kopf ab, beschmierte sämtliche Preise und Auszeichnungen mit Edding, und es fehlten zwei wertvolle Fernsehpreise wie auch die Jeansjacke, welche sie mir zum Geburtstag geschenkt hatte. Sie verschüttete Rotwein und legte ein Feuer in meiner Badewanne, wo ein Gutschein für ein Wellness-Wochenende und ein Familienalbum komplett abbrannten. Ich stand in diesem Scherbenhaufen (... und ...) beschloss, den Schaden an der Wohnung nicht zu melden, da ich das Gefühl hatte, ihn wegen meines Fehlverhaltens verdient zu haben, und betrachtete die Beziehung als gescheitert. Ich fuhr direkt zu meinen Eltern und übernachtete bei ihnen in Bonn. Später räumte ich den Schaden mit Freunden auf und schlief erst einmal im Hotel. Ich hab mich bei Ines nie wieder gemeldet.

Ines meldete sich im Sommer bei mir mit einem Bild von einem Fan von mir. Der Fan hatte Ines wohl erzählt, dass ich sie gefragt hatte, ob sie mit in mein Hotelzimmer wolle. Ines schrieb mir diesen Verlauf mit den Worten ›Du machst es mir so leicht, meine nächsten Schritte zu planen‹. Seitdem gibt es keinen Kontakt mehr. (...)

Bereits nach unserer Wiederaufnahme der Beziehung im Februar 2019 haben wir mehrfach bei verschiedenen Gelegenheiten miteinander geschlafen. Dabei war es durchaus typisch, dass Ines sich zunächst zurückhielt, weil sie noch an ihren Problemen mit mir zu knabbern hatte, dass es uns aber ausnahmslos gelungen ist, die anfängliche schlechte Stimmung zu überwinden. Unsere wechselseitige Anziehungskraft war stärker als unsere Differenzen. Wenn Ines mir zu erkennen gab, dass sie keinen Sex wollte, habe ich das stets respektiert, das hat uns indes nicht daran gehindert, anschließend übereinander herzufallen. Unsere Beziehung war impulsiv, intensiv und mit wechselseitigen körperlichen – einverständlichen – Zugriffen verbunden. Das gehörte sozusagen dazu.

Es war wohl so, dass ich die Situation am 18. 03. 19 nicht richtig interpretiert habe, sobald ich aber gewahr wurde, dass ich falschlag, habe ich sofort alle sexuellen Avancen eingestellt.

Ich habe alle Gespräche und Reaktionen von Ines nach dem 18. 03. bis zum 30. 03. 19 so verstanden, dass Ines die Ereignisse aus der Nacht nicht als gegen ihren Willen gerichtet verstanden hat.

Wir sind nach dem 18. 03. 19 in Paris gewesen und hatten eine richtig schöne Zeit, die wir in ausgelassener Stimmung genossen haben, vor der Abreise nach Paris hat Ines in Köln bei mir übernachtet. Wir hatten in allen diesen Nächten Sexualverkehr.

Das Gleiche gilt für die Nächte vom 28. und 29. 03. 19, in denen wir beide miteinander sehr glücklich waren und sich abzeichnete, dass wir wieder eine dauerhafte Beziehung haben würden.

Wäre da nicht mein Flirt mit (…) gewesen (…), wären wir wahrscheinlich – jedenfalls nach meinen Gefühlen – heute noch zusammen.

Es tut mir wirklich leid, dass ich mich zu diesem Flirt habe verleiten lassen. Es war ein Fehler.

(…)

Gerade weil wir vor dem 18. 03. 19 mehrfach wieder miteinander geschlafen hatten, bestand für mich nach dem Entschluss, am Abend des 18. 03. gemeinsam bei mir zu Hause zu übernachten, keinerlei Anlass anzunehmen, dass es nicht auch in dieser Nacht geschehen würde. Von einer Erklärung, an diesem Abend sollten keine körperlichen Annäherungen stattfinden, habe ich nichts gehört. Es wäre auch schwer nachvollziehbar, dass ein solcher Einwand in etwa zwei Jahren Beziehung erst- und einmalig an diesem Abend ausgesprochen worden sein soll.«

Eine ganz andere und sehr ausführliche Geschichte, insbesondere was das Geschehen nach der vermeintlichen Tat angeht. Folgt man Luke Mockridge, so hatte das Paar nach der infrage stehenden Tatnacht vom 18.03. bis zur Trennung am 30.03. in jeder gemeinsam verbrachten Nacht Sex, teilweise intensiv und mehrmals.

Erinnert man sich hingegen an die Darstellung des Zeitraums durch die Anzeigeerstatterin weiter oben, heißt es: »*Es kam zu weiteren wenigen Treffen mit dem Angezeigten.*«

Kein Widerspruch, aber eine mehr als erklärungsbedürftige Auslassung – oder hätten Sie sich nach Aniolis Darstellung den weiteren Verlauf der Beziehung bis zur Trennung auch nur ansatzweise so vorgestellt, wie von Luke Mockridge geschildert?

Nun könnte man an dieser Stelle natürlich durchaus die Meinung vertreten, dass Luke Mockridge viel sagen kann. Wer einer schweren Straftat beschuldigt wird, hat durchaus ein Interesse daran, seinen Hals aus der Schlinge zu ziehen, ohne Frage. Wer weiß, ob das alles überhaupt stimmt! Doch gegen Lukes Darstellung der Ereignisse in der Zeit nach dem mutmaßlichen Tatgeschehen wurden weder seitens Aniolis noch ihrer Anwältin Einwände erhoben, wenngleich hierzu umfassend Gelegenheit bestanden hätte, zum Beispiel auch in ihrer 31-seitigen Beschwerdebegründung gegen die Einstellungsverfügung der Staatsanwaltschaft. Lediglich mit einem einzelnen Absatz befasst sich Aniolis Beschwerde mit diesem Zeitraum:

»Zutreffend ist zugleich, dass die Geschädigte und der Beschuldigte an dem Wochenende vor ihrer Trennung noch zwei Tage im Disneyland in Paris verbracht haben und dort auch Sex hatten. Das hat die Geschädigte stets so angegeben. Sie befand sich zu diesem Zeitpunkt noch in der Beziehung. Sie wollte die Beziehung zu diesem Zeitpunkt trotz der Vorfälle in der Tatnacht weiter fortführen. Sie hat sich dazu erklärt. Sie könnte dazu noch weiter in einer Hauptverhandlung befragt werden. Ein Grund für die Ermittlungsbehörde ergibt sich daraus nicht, nach Aktenlage zu entscheiden, dass der Zeugin grundsätzlich nicht geglaubt werden kann.«

Das bemühte Argument, es sei keine Lüge, wenn man stets die Wahrheit sagt und einfach »nur« etwas weglässt. Im Strafrecht wird das aber – völlig zu Recht – anders gesehen. Die Aussage eines Zeugen muss vollständig sein, bei wahrheitsgemäßer Aussage müssen auch potenziell entlastende Tatsachen mitgeteilt werden.

Das gilt umso mehr, wenn eine Zeugin zu einem Thema durchaus ausführlich Angaben gemacht hat, diese aber in wichtigen Aspekten unvollständig sind und durch diese Auslassung ein ganz anderes Bild des zugrunde liegenden Lebenssachverhalts vermitteln. Und genau so liegt der Fall hier.

In der Strafanzeige von Aniolis Anwältin vom 10. Juli 2019 spricht sie sehr viel (geradezu unnötig ausführlich) von ihrem Gefühlsleben, von ihrer emotionalen Entwicklung und ihren Schwierigkeiten, sich bei dem neuen Versuch einer Beziehung ab Februar 2019 auf Sexualität mit Mockridge einzulassen. Die Anzeige liest sich bei unbefangener Lektüre so, als ob Anioli zu dieser Zeit jegliche Sexualität mit dem Beschuldigten als belastend empfunden und im Ergebnis klar abgelehnt habe. Man könnte sogar denken, sie habe jeglichen sexuellen Kontakt in dieser Zeit weitestgehend verweigert, da es ihr an dem hierfür notwendigen Vertrauen fehlte – so auch in der vermeintlichen Tatnacht.

In ihrer kriminalpolizeilichen Zeugenvernehmung am 30. September 2019 gibt Frau Anioli auf Nachfrage dann zwar an, nach ihrer Schätzung habe sie mit dem Beschuldigten in dem Zeitraum seit Februar 2019 bis zum Ende der Beziehung insgesamt etwa fünf- bis zehnmal einvernehmlichen Sex gehabt; auch hier stellt sie die Sexualität in dieser Zeit aber als schwierig dar, ohne weiter ins Detail zu gehen.

Das liest sich nicht nur in Lukes Sachverhaltsschilderung anders, sondern auch in den zahlreichen WhatsApp-Nachrichten, die das Paar im Nachgang an die infrage stehende Nacht ausgetauscht hat.

Der lockere und sexualisierte Ton der Nachrichten, welche der Staatsanwaltschaft im Wortlaut vorlagen und die auch von mir gesichtet wurden, passt nach meiner Sicht nicht recht zu der Schilderung in Aniolis Strafanzeige, aber durchaus zur Schilderung von Luke Mockridge – insbesondere auch in Bezug auf das vom ihm erinnerte »Verliebtsein« in den Wochen nach der angeblichen Tat.

Wenige Stunden nach einer letzten Nachricht vom 30. 03. 2019, in welcher sie sich noch einmal sehr positiv über die gemeinsam verbrachte Zeit äußerte, vollzog Anioli dann plötzlich eine brachiale und melodramatische Trennung: Sie verschaffte sich in Mockridges Abwesenheit mit einem Zweitschlüssel Zutritt zu seiner Wohnung und verwüstete diese so heftig, dass sie vorübergehend unbewohnbar war und Mockridge erst mal in ein Hotel ziehen musste.

Einen sehr direkten Ton, der wohl dem Vandalismus in Mockridges Wohnung an Heftigkeit und Manier in nichts nachsteht, schlug Frau Anioli dann nur wenige Tage später an.

In ihrer Podcastfolge zum Thema »Toxische Beziehungen« vom 11. April 2019 übergießt sie ihren Ex – ohne ihn dabei namentlich zu nennen – mit Spott und Häme: Ein »toxischer« Narzisst und »manipulativer, schlechter Mensch« mit einem

»stinkigen Penis«. Die Folge endet mit der Aufforderung, Geschichten oder Fragen zu toxischen Erfahrungen zu teilen – »Vielleicht ist auch mein Ex-Freund mit dabei!«. Der habe schließlich nicht so viel ausgelassen, es könne gut sein, »dass der auch mal bei euch reingedippt hat« – »wenn jetzt alle abonnieren würden, die der schon mal bestiegen hat, dann haben wir Platz 1 Podcast!«.

Diese Podcastfolge sollte auch im Zuge der staatsanwaltschaftlichen Ermittlungen eine wichtige Rolle spielen, die Staatsanwaltschaft ließ sogar ein komplettes Transkript anfertigen. Denn auch das verfahrensgegenständliche Geschehen in der Nacht vom 18. März 2019 war in der Folge ausführlich Thema, die immer noch frei zugänglich gehört werden kann. Die Unterschiede in den Schilderungen sind auffällig. Während es ab der Strafanzeige vom Juli 2019 im Kerngeschehen fast nur um den vermeintlichen sexuellen Übergriff ging, lag der Schwerpunkt der ausführlichen Schilderung der Podcastfolge vom 11. April 2019 – also weniger als einen Monat nach der vermeintlichen Tat – klar beim »Herumwirbeln«:

»Irgendwann ist der halt so durchgedreht und war total zappelig und so und hat mich halt so gepackt und angefangen so zu wirbeln im Bett. (...) Man könnte jetzt sagen, es war lustig gemeint, das war so 'nen bisschen im Spiel und so. Ich hab aber gesagt, ich will das nicht. (...) Und es war halt einfach ein zu heftiges Wirbeln, und er hatte halt so gesagt so, nein, die schlechten Vibes müssen jetzt hier raus, und so was halt, das ist so, weißt du, wie wenn du jemanden so packst und schüttelst. So von wegen so, hey, komm, gute Laune. Lass es los und so was halt, aber so in 'ner viel heftigeren Version. Und ich hab halt die ganze Zeit gesagt, ich will das nicht, und der meinte so, doch, du musst das jetzt hier durchmachen, weil wir müssen jetzt die schlechten Vibes aus dir rauskriegen und so was halt, ne, und der war wirklich wie so total drauf auf einmal. Wo ich auch ein bisschen Angst bekommen habe, weil ich gedacht hab, das ist mir alles zu viel, aber ich war halt so, ja, okay, ich lass es mit mir machen.

Und irgendwann hab ich dann so versucht, mich in so 'ner Situation einfach aus dem Bett so raus; also einfach aus diesen Fängen rauszukriechen, und ich stand dann halt vorm Bett, und dann hat der da weitergemacht. Und ich war so, ich möchte das halt einfach nicht, ne, und dann hat der mich halt auch noch gekitzelt, und dann ist es so, weißt du, dann muss ich lachen. (...) Und dann ist es so wie, ja, ach, nicht ernst nehmen. Weißt du, weil sie lacht ja. Aber ich hab mich halt krass unwohl gefühlt, und es tat halt auch weh. Und irgendwann hat der mich halt einfach mit meinem Oberkörper so aufs Bett gedrückt, und hat mir meine Hose runtergezogen und hat angefangen, an mir rumzuspielen. Und das Ding ist, ich weiß halt noch, ich lag einfach so da und dachte so, ja, okay, komm, ich lass es einfach jetzt über mich ergehen, und dann hat der aber zum Glück aufgehört, wenn man dann noch zum Glück sagen kann. Und hat aber selber dann die Worte gesagt, boah, ich wollte dich jetzt einfach vergewaltigen, aber ich hab's dann doch nicht gemacht. (...)«

Das infrage stehende Ereignis habe sie aber »eigentlich verdrängt«, sagt sie im Podcast. Erst im Nachhinein habe sie gemerkt, dass es eigentlich »schlimm und furchtbar« gewesen sei. Ihre Erinnerungsfragmente (»Puzzlestücke«) an diese Situation habe sie erst im Nachhinein in Gesprächen mit Freunden wieder »zusammengesetzt«. Erst im Zuge dieser Gespräche habe sie anhand der Reaktionen ihrer Freunde gemerkt, dass »das eigentlich an dem gleichen Abend auch noch passiert ist«, und »erst wirklich begriffen, dass das nicht okay ist«.

Die im Folgenden in der Anzeige und bei der Polizei geschilderte intensive verbale Gegenwehr kommt im Podcast nur am Rande vor und steht im Widerspruch zu Aniolis Selbstbeschreibungen »*ich war halt so, ja, okay, ich lass es mit mir machen*« und »*ich lag einfach so da und dachte okay, komm, ich lass es einfach jetzt über mich ergehen, und dann hat der aber zum Glück aufgehört*«.

Wenn Frau Anioli selbst sich erst im Nachhinein, nach Gesprächen mit Freunden, sicher war, es habe sich um einen körperlichen und sexuellen Übergriff gehandelt – wie soll sich dann die Staatsanwaltschaft oder ein Gericht sicher sein, wie sich die Nuancen der Situation für einen neutralen objektiven Beobachter dargestellt hätten? Als albernes und einvernehmliches Rumschleudern, als übergriffige Machtdemonstration oder eben als ambivalente Handlung? Hätte Luke Mockridge einen möglicherweise entgegenstehenden Willen überhaupt erkennen können – gerade auch bei den später infrage stehenden sexuellen Handlungen? Hat er ihn erkannt? Nichts davon ist bei neutraler Betrachtung sicher oder auch nur überwiegend wahrscheinlich. Ganz abgesehen davon, dass jedem beim Sex zugemutet werden kann, einen ablehnenden Willen klar oder zumindest durch schlüssiges Verhalten zu äußern. Das ist im Übrigen nicht nur meine Meinung, sondern die der höchstrichterlichen Rechtsprechung.

Denn Sex ist – wie es der Jurist ausdrückt – eine sozialadäquate Verhaltensweise, also die natürlichste Sache auf der Welt. Sex ist daher nicht per se strafbar, sondern logischerweise nur dann, wenn er gegen den erkennbar entgegenstehenden Willen erfolgt. Um aber dem verfassungsrechtlich verankerten Schuldprinzip Rechnung zu tragen, kann dem Täter nicht das Risiko eines nur inneren, nicht klar (oder zumindest schlüssig) geäußerten entgegenstehenden Willens auferlegt werden. Entscheidend ist, dass das Opfer den entgegenstehenden Willen gegenüber dem Täter kommuniziert, »Nein heißt nein«.

Nun wird man auch bei einer objektiv ambivalenten Situation ein moralisierendes Urteil des Twittermobs erwarten können, getreu dem Motto: »Auch ein ›inneres‹ Nein heißt nein! Übergriff ist Übergriff!« Derartige Rhetorik verkennt aber die Komplexität zwischenmenschlicher Beziehungen. Anders gesagt: Anioli schrieb Mockridge an seinem Geburtstag: »*Ich bring dich um. Mir egal, ob du Geburtstag hast.«* Hier von einer strafbewährten »Morddrohung« zu sprechen, wäre wohl abwegig. Ebenso wäre es eine gefährliche Bagatellisierung »realer« Gewalt, bereits das Eingeständnis von Luke Mockridge, seine Partnerin im Scherz zu heftig gekitzelt zu haben, als »Geständnis« und »Beweis« für Aniolis Version eines »Übergriffs« zu werten.

Entscheidend ist nicht, was ungefähr vom äußeren Handlungsablauf passiert ist, sondern wie die Stimmung in der Situation von einem Außenstehenden, aber auch den beiden Beteiligten in diesem Moment verstanden wurde – als harmloses, vielleicht etwas heftiges Rumalbern? Als unsensible Grobheit? Gar als Übergriff bis hin zur Beinahevergewaltigung? Wer soll das wissen?

Eines jedenfalls ist klar: Menschen äußern und verhalten sich im öffentlich wahrgenommenen Raum ganz anders als im privaten und intimen Bereich – und das erst recht beim Sex. Ein festes Schema gibt es dabei nicht: Auch »resolute Feministinnen« oder »harte Kerle« können im Privatleben ganz andere Vorlieben haben, als die öffentliche Meinung ihnen bei rein oberflächlicher Rollenzuschreibung zubilligen mag. Anders gesagt: Man kann Menschen nicht moralisierend vorschreiben, welche Praktiken sie gut zu finden haben und wie sie privat untereinander aushandeln, einvernehmlich »zur Sache« zu kommen.

Immerhin hat Ines Anioli selbst (!) ja noch knapp drei Tage später im Rahmen ihrer Whats-App-Nachrichten sogar noch Scherze über einen Teil der in der Anzeige beschriebenen Gesamtsituation gemacht.

Anders gesagt: Ende März witzelt Anioli noch mit Mockridge über den Vorfall, besucht mit ihm als verliebtes Paar Disneyland und hat Sex mit ihm. Anfang April, kurz nach der Trennung, schildert sie denselben Vorfall dann als »Grenzüberschreitung« in einer »toxischen Beziehung«. Bei der Strafanzeige im Juli wird derselbe Vorfall als Vergewaltigung gewertet.

Lässt sich bei dieser rasanten Aussageentwicklung noch ausschließen, dass sich Frau Anioli nach dem unschönen Ende der »toxischen Beziehung« immer mehr in den Vorfall reingesteigert hat, bis am Ende aus einem möglichen Missverständnis ein in ihrer Erinnerung grenzüberschreitender Übergriff mit strafrechtlichen Folgen wurde? Der Vorfall ist offenkundig Gegenstand zahlreicher Gespräche und ständiger Umwertung gewesen.

Dass Frau Anioli zum Zeitpunkt der Podcastaufnahme das Geschehen noch als zumindest ambivalent betrachtet hatte, ergibt sich schließlich nicht nur aus ihrer oben zitierten Schilderung, sondern auch aus dem lockeren Ton und dem Kontext der Folge – die ja auch den Titel trägt: »Woran erkenne ich eine toxische Beziehung?«, und nicht etwa »Ich wurde vergewaltigt«.

Die erste Schilderung eines Tatgeschehens ist aber die wichtigste. Sie hat den höchsten Beweiswert, gerade bei »Aussage gegen Aussage« – da ist die Erinnerung noch frisch und einigermaßen unverfälscht. Aniolis eigener Podcast war also ein entscheidender Grund für das Scheitern ihrer späteren Strafanzeige wegen Vergewaltigung. Denn was auffällt: Die Schilderung im Podcast ist mit den Angaben von Mockridge, zumindest was den äußeren Ablauf angeht, ganz gut vereinbar, beschreibt aber eben keine Straftat. Warum die im Juli 2019 eingereichte Strafanzeige eine deutlich heftigere Schilderung beinhaltet, bleibt unklar.

So weit also zu den Fakten, welche sich aus der Ermittlungsakte ergeben. Nach Lektüre der Verfahrensakte und der sehr umfangreichen Einstellungsverfügung war mir klar, dass die zuständige Staatsanwältin bei der Staatsanwaltschaft Köln sich ihre Entscheidung gründlich überlegt hatte. Ich halte diese Entscheidung für richtig – nicht weil Luke Mockridge ein Mann ist, sondern weil sie der gegebenen schwachen Beweislage der Sach- und Rechtslage entspricht. Zu der Beweislage hatte Ines Anioli auch selbst maßgeblich beigetragen.

Das beginnt schon mit der zuvor erwähnten, unvollständigen Schilderung der Zeit nach der vermeintlichen Tat. Bei der massiv unterschiedlichen Darstellung der Geschehnisse handelte es sich keineswegs um ein paar »kleine Unstimmigkeiten«. Durch Weglassen und Verfälschen kleinerer Details kann man eine ganz andere Geschichte erzählen, nicht nur bei der Schilderung der infrage stehenden »Tatnacht«, sondern auch im gesamten Kontext der Beziehung. Wer aber selbst in einer schriftlichen Strafanzeige – und nicht etwa bei einer spontanen, möglicherweise überraschenden und schambehafteten Zeugenvernehmung – vor einer verfälschenden Darstellung nicht zurückschreckt, ist auch insgesamt weniger glaubwürdig – gerade was die Schilderung zur Frage der Einvernehmlichkeit des infrage stehenden Geschehens angeht.

Aber auch wenn man unterstellt, dass es sich bei den Auslassungen in der schriftlichen Strafanzeige um ein ausräumbares Missverständnis handelt, was den Umfang der Wahrheitspflicht angeht, werden auch im weiteren Verlauf des Ermittlungsverfahrens von Frau Anioli Entscheidungen getroffen, welche die spätere endgültige Einstellung des Verfahrens nahezu unausweichlich machen.

»›Ich habe damals den Glauben an die Menschheit verloren‹, sagt Anioli. Sie legt Beschwerde gegen die Einstellung des Verfahrens ein, doch ihr wird nicht stattgegeben. Ende Juni 2020 ist sie am Ende des juristischen Weges angelangt«, so der *SPIEGEL*-Bericht.

Doch wie eingangs erwähnt, war dem nicht so. Die Anzeigeerstatterin hatte weder alle juristischen Rechtsmittel ausgeschöpft noch die Entscheidungen getroffen, welche – aus ihrer Perspektive – geeignet gewesen wären, die Beweissituation zu verbessern und damit die Staatsanwaltschaft vielleicht doch noch von einer Anklageerhebung zu überzeugen. Will man nämlich als mutmaßliche Geschädigte eine Verfahrenseinstellung durch die Staatsanwaltschaft angreifen, dann ist die Beschwerde bei der Generalstaatsanwaltschaft nur der erste Schritt.

Diese sogenannte Vorschaltbeschwerde zu erheben ist die Voraussetzung für das eigentliche Rechtsmittel: das Klageerzwingungsverfahren beim zuständigen Oberlandesgericht.

Dieses Rechtsmittel hat Frau Anioli nach Zurückweisung ihrer 31-seitigen Beschwerdeschrift seitens der Generalstaatsanwaltschaft aber gar nicht erst eingelegt. Die Frage darf erlaubt sein, warum dies nicht geschehen ist. Der juristische Weg war nicht zu Ende; die Anzeigeerstatterin hat sich stattdessen offenbar dafür entschieden, einen anderen Weg zu gehen: die Tatvorwürfe nicht weiter über die Justiz zu erheben, sondern über die »vierte Gewalt«, die Medien.

Nun mag man einwenden, dass Klageerzwingungsverfahren schwierig sind und oft nicht zum gewünschten Erfolg führen. Das ist sicherlich richtig. Wenn man aber von seinem eigenen Fall überzeugt ist und bereits eine 31-seitige Beschwerdeschrift eingereicht hat: Warum dann auf halber Strecke aufgeben? Und gleich noch »den Glauben an die Menschheit verlieren«?

Wir erinnern uns: Anioli wurde von einer erfahrenen Fachanwältin für Strafrecht aus einer Topkanzlei vertreten. Die Kollegin wusste zu 100 Prozent um die Möglichkeit eines Klageerzwingungsverfahrens und wird ihre Mandantin auch mit Sicherheit hierzu beraten haben. Und es gibt weitere Ungereimtheiten dieser Art.

Wie gezeigt sind die Beweisstandards in einer »Aussage gegen Aussage«-Konstellation komplex: Für eine Verurteilung muss die Belastungsaussage hochwertig und plausibel sein, um eine zweifelsfreie Überführung des Beschuldigten möglich erscheinen zu lassen. Deshalb müssen für eine Anklageerhebung und Verurteilung mögliche Fehlerquellen ausgeschlossen werden, welche geeignet sind, die Qualität der belastenden Zeugenaussage zu mindern. Neben Detailliertheit und Widerspruchsfreiheit ist insbesondere die Konstanz einer Aussage ein wichtiges Kernkriterium für den Beweiswert einer Zeugenaussage.

Aus diesem Grund sollten sämtliche Vernehmungen und Befragungen möglichst sauber dokumentiert werden, um Fehlerquellen ausschließen zu können und eine unbeeinflusste, freie Aussage der Belastungszeugin belegen zu können. Entsprechend sollen die Aussagen von mutmaßlichen Geschädigten bei Sexualdelikten stets in Bild-Ton-Aufzeichnungen festgehalten werden, damit sich die Verfahrensbeteiligten in einem späteren Gerichtsverfahren ein besseres Bild von der Aussage machen und die Aussagequalität sowie Aussagekonstanz besser beurteilen können.

Das alles ist kein esoterisches Geheimwissen, sondern wissenschaftlich erwiesen und unter Strafjuristen allgemein bekannt – und war es auch schon 2019. Ende 2019 wurde die audiovisuelle Vernehmung durch eine Gesetzesänderung in Sexualstrafverfahren sogar verpflichtend. Eine Fachanwältin für Strafrecht vom Kaliber der Vertreterin von Ines Anioli weiß das. Ganz sicher. In so ziemlich allen Fachkommissariaten ist die sogenannte audiovisuelle Vernehmung bei Sexualdelikten seit Jahren Standard, und das aus sehr guten Gründen. Auch die zuständige Staatsanwältin wusste das natürlich, weshalb sie schon unmittelbar nach Anzeigeerstattung eine Vernehmung von Frau Anioli in Bild und Ton durch die Kriminalpolizei angeordnet hatte.

Stellt sich nur noch die Frage, warum Frau Anioli eher unwillig war, an einer solchen mitzuwirken. Die Staatsanwältin vermerkte in diesem Zusammenhang sogar einen Anruf bei Aniolis Anwältin, bei welchem sie diese auf die Bedeutung einer solchen Vernehmung für die Beweisführung ausdrücklich hinwies. Sollte sie Sorge haben, der Beschuldigte Mockridge könne über seinen Verteidiger an die Aufzeichnung herankommen, so wäre diese unbegründet, denn sie könne jeglicher Herausgabe an diesen wirksam widersprechen. Das entspricht der Sach- und Rechtslage: Die aufgezeichneten Vernehmungen unterliegen selbstverständlich dem Daten- und Persönlichkeitsschutz und dürfen nur für justizinterne Zwecke genutzt werden. Widerspricht die Betroffene, so dürfen selbst die Verteidiger als Organe der Rechtspflege keine Kopien davon erhalten, sondern nur ein Transkript – das Video darf dann nur unter Aufsicht in den Räumen der Staatsanwaltschaft oder des Gerichts angesehen werden.

Man muss sich das einmal vor Augen führen: Frau Anioli ist zögerlich, ihre Vernehmung bei der Kriminalpolizei aufzeichnen zu lassen, obwohl dies den aktuellen Beweisstandards entspricht und obwohl die Staatsanwältin das ihrer Anwältin in einem eigens hierfür geführten Telefonat mit Verweis auf die aussagepsychologische Notwendigkeit dringend nahegelegt hat – gleichzeitig hat Anioli aber die gesamte Geschichte in ihrem Podcast erzählt, der immer noch online ist ...

Ähnlich verhielt es sich bei der Frage einer aussagepsychologischen Begutachtung. Lassen Sie mich auch dies kurz erklären: Bei schwieriger Beweislage in der Konstellation »Aussage gegen Aussage« greifen Staatsanwaltschaften und Gerichte regelmäßig zusätzlich auf die Expertise eigens geschulter psychologischer Sachverständiger zurück. Diese nähern sich der Aussage nicht von einem formaljuristischen, sondern vom Standpunkt der Aussagepsychologie, einer im deutschen forensischen Kontext allgemein akzeptierten Art von »Wahrheitsforschung«. Verkürzt gesagt achten Psychologen oft auf andere Aussagemerkmale als Juristen – hieraus lässt sich mitunter ein Erkenntnisgewinn ziehen, der nicht von der Hand zu weisen ist. Wenn eine renommierte Aussagepsychologin die Aussage einer mutmaßlichen Geschädigten als »erlebnisbasiert« einstuft, dann ist dies regelmäßig ein gewichtiges Indiz für den Wahrheitsgehalt der Aussage und damit ein fast zwingender Grund für eine Anklageerhebung.

Auch hier muss die Frage erlaubt sein, warum Frau Anioli – die doch nach eigenem Bekunden den juristischen Weg ausschöpfen wollte – sich hier ebenfalls zurückhaltend zeigte. Bereits zu einem frühen Zeitpunkt hatte die Staatsanwältin nämlich angefragt, ob Frau Anioli für eine solche aussagepsychologische Exploration zur Verfügung stehen würde, was bei Frau Anioli offenbar auf wenig Begeisterung stieß.

Luke Mockridge seinerseits hätte offenbar das Votum der Aussagepsychologie akzeptiert: Jedenfalls beantragte sein Anwalt eine entsprechende Begutachtung und schlug hierfür eine der renommiertesten Aussagepsychologinnen Deutschlands vor.

Warum hat sich Frau Anioli so wenig kooperativ gezeigt, wenn sie doch eine Verurteilung von Luke Mockridge anstrebte und die Wahrheit sagte? Warum hat sie nicht wenigstens in ihrem 31-seitigen Beschwerdeschriftsatz angeboten, einer aussagepsychologischen Begutachtung zuzustimmen, um damit eine bessere Beweisgrundlage für eine Anklageerhebung zu schaffen? Nichts davon ist erfolgt, dabei – ich wiederhole mich – sind das die ganz normalen Vorgänge in Sexualstrafverfahren.

Die Justiz erst nicht ihre Arbeit machen zu lassen, dann aber »den Glauben an die Menschheit zu verlieren« und sich über die »unfaire« Verfahrenseinstellung beschweren?

Trotz aller Ungereimtheiten ging die Staatsanwaltschaft aber im Zuge der Verfahrenseinstellung fairerweise von der Variante aus, dass sie den Vorfall nachträglich durch auto- und fremdsuggestive Prozesse innerlich anders bewertet hat und bei Anzeigeerstattung tatsächlich auch von einer Vergewaltigung überzeugt war.

Auch diese Entscheidung der Staatsanwaltschaft erscheint mir richtig. Denn abgesehen von einer bewussten Falschanzeige, die wir hier nicht unterstellen wollen, kann man eine unbewusste Beeinflussung (Scheinerinnerungen) genauso wenig beweisen wie einen tatsächlich stattgefundenen sexuellen Übergriff.

»Schuldig bis zum Freispruch« – sollte der Untertitel dieses meines Buches ursprünglich lauten. Doch was, wenn es kein gerichtliches Verfahren gibt – und damit weder Frei- noch

Schuldspruch? Anders als freisprechende Urteile haben Verfahrenseinstellungen durch die Staatsanwaltschaft keine derartige Bindungswirkung. Der Gesetzgeber formuliert die Voraussetzungen für eine Verfahrenseinstellung höchst unglücklich: Besteht kein genügender Anlass zur Erhebung der öffentlichen Klage, stellt die Staatsanwaltschaft das Verfahren ein. In diesem Zusammenhang ist oft von »keinem hinreichenden Tatverdacht« die Rede. Auch ein gänzlich Unschuldiger ist »nicht hinreichend tatverdächtig« – aber für den juristischen Laien bleibt, anders als beim Wort »Freispruch«, etwas hängen. Der »nicht hinreichende Tatverdacht« lädt sprachlich geradezu dazu ein, die Gründe für eine Verfahrenseinstellung einer ganz eigenen Interpretation zuzuführen und diese Spekulation dann zu verbreiten – nicht selten unter Phrasen wie »Freispruch zweiter Klasse«, »An der Sache wird schon was dran gewesen sein« oder wie im Fall Mockridge gar die Forderung von außergerichtlichen »Konsequenzen für Luke«.

Bei Vergewaltigungsvorwürfen gibt es regelmäßig drei Möglichkeiten für die Entstehung der Belastungsaussage: 1. ein tatsächlich stattgefundener sexueller Übergriff, 2. eine falsche Verdächtigung oder 3. Scheinerinnerungen durch un(ter)bewusste Suggestion, also das Einreden durch Dritte.

Im ersten Fall ist der Beschuldigte Täter, im zweiten ist die Anzeigeerstatterin Täterin, im dritten Fall sind beide juristisch unschuldig.

In vielen Fällen ist keine dieser drei Varianten objektiv überwiegend wahrscheinlicher. Diese Wahrheit zu akzeptieren mag schwerfallen, aber im Ergabnis muss man akzeptieren, in zahlreichen Fällen nie aufklären zu können, wer »Täter« und wer »Opfer« ist – die Grenzen können hier durchaus verschwimmen, besonders bei ambivalentem Verhalten, Alkohol- und Drogenkonsum sowie der Bildung nachträglicher Scheinerinnerungen – das heißt einer nachträglichen Umbewertung der Situation und des eigenen Verhaltens.

Auch im Fall Mockridge konnte man nach Aktenlage kaum entscheiden, ob eine Straftat, strafloses Fehlverhalten, ein eigentlich harmloses Missverständnis oder eine bewusste Falschanzeige vorlag. Hierfür wären weitere Ermittlungen nötig gewesen, welche aus unterschiedlichen Gründen (keine Mitwirkung Aniolis, keine Gegenanzeige Mockridges) nicht durchgeführt wurden. Der Vorwurf einer Straftat ist gegen Mockridge jedenfalls nicht haltbar. Das sage nicht nur ich als (in dieser Sache immerhin neutraler) Strafjurist. Mehr als zehn Strafrichterinnen und Strafrichter sowie Staatsanwältinnen und Staatsanwälte aus ganz Deutschland mit Praxiserfahrung im Sexualstrafrecht, zur Hälfte Frauen, zur Hälfte Männer, haben mir ihre unabhängige Einschätzung der Aktenlage in der Sache Mockridge schriftlich mitgeteilt – alles meinungsstarke Kolleginnen und Kollegen, mit denen ich in der Vergangenheit schon heftig (aber immer sachlich) diskutiert und gestritten habe. Nicht im Fall Mockridge: Jede und jeder Einzelne hielten nach eigener gründlicher Prüfung die Einstellungsverfügung der Staatsanwaltschaft im Fall Mockridge für richtig – wie gesagt, nach Lage der Akten, die nicht zuletzt aufgrund der Entscheidungen von Frau Anioli kein ganz umfassendes Bild geben können.[1]

Eine öffentliche Verurteilung von Luke Mockridge geschah aber nach und trotz der Einstellung des gegen ihn geführten Strafverfahrens. Die Initiatoren von *#KonsequenzenFuerLuke* haben es geschafft, einen Unschuldigen öffentlich als Straftäter hinzustellen. Dieser »besondere Mut« zum öffentlichen Mobbing ist absolut unangebracht, übrigens auch umgekehrt in Bezug auf Frau Anioli. Wenn aber ein Rechtsstaat niemanden richten kann, dann ist es seine Aufgabe, Frieden zu schaffen. *#KeineKonsequenzenFuerLuke* ist der einzig logische Schritt, denn bis zum Beweis des Gegenteils gilt die Unschuldsvermutung!

1 Alle Zitate der Richter*innen, Staatsanwält*innen nachzulesen auf meinem Twitter-Account (@realalexstevens) oder bei instagram (@dr.alexanderstevens)

NACHWORT

Mit dem letzten Kapitel schließt sich der Kreis: Das Buch beginnt mit einem rechtsgeschichtlichen Fall aus der Anfangszeit der Bundesrepublik und endet mit einem Fall aus der jüngsten Rechtsgeschichte – ein langer Bogen über mehr als 50 Jahre, vom brachialen Axtmord zum medialen Rufmord. Während das erste Kapitel also noch einen »klassischen Justizirrtum« aus den Fünfzigerjahren behandelt, hat im letzten Kapitel nicht die Justiz geirrt, sondern die »vierte Gewalt«.

Zu jedem einzelnen Fall habe ich auch im Nachgang gründlich recherchiert und ihn von allen Seiten durchleuchtet, dies mit Unterstützung meines Kanzleikollegen Philip Müller, dem ich an dieser Stelle noch einmal herzlich für seine Hilfe danken möchte.

Immerhin scheint das vorliegende Buch dank der überwältigenden Medienberichterstattung bereits kurz nach Erscheinen der ersten Auflage eines geschafft zu haben: Aufmerksamkeit für das Thema falsche Verdächtigung zu erregen. Vorverurteilung und Fehlurteile sind keine Relikte dunkler Zeiten, sondern realer denn je. Und genau deshalb habe ich mich entschlossen, auch den Fall Mockridge in diesem Buch zu behandeln.

Ich persönlich halte Luke Mockridge für unschuldig und das Opfer einer perfiden Kampagne. Selbstverständlich muss hier niemand meiner Meinung sein; das gilt für alle in diesem Buch besprochenen Fälle. Gleichwohl wurde die abschließende Bewertung aller Fälle in diesem Buch immerhin durch eine Vielzahl erfahrener Strafjuristen mitgetragen. Ob freisprechende Urteile, Verfahrenseinstellungen, Wiederaufnahmeverfahren oder rechtskräftige Verurteilungen – stets waren in den hier beschriebenen Verfahren neben meinen Kanzleikollegen und mir naturgemäß auch Staatsanwälte und Richter tätig.

Dennoch: Auch erfahrene Strafjuristen können sich irren. Vielleicht ist der eine oder die andere am Ende der drohenden gerechten Strafe doch entkommen. Man weiß es nicht, eine hundertprozentige Wahrheit gibt es vor Gericht nicht. Um so mehr gilt: Solange etwas noch nicht rechtskräftig entschieden ist, gilt die Unschuldsvermutung.